混合学习环境中协作知识建构策略研究

童　慧◎著

电子工业出版社
Publishing House of Electronics Industry
北京·BEIJING

内 容 简 介

本书聚焦信息时代高等教育教学改革问题，采用基于设计的研究方法，对混合学习环境中协作知识建构的理论与实践进行了深入考察。在构建混合学习环境中协作知识建构理论模型与组织模型的基础上，确定了混合学习环境中协作知识建构的关键要素，并通过三轮"策略设计"—"策略实施"—"策略改进"的实证研究，探究了如何促进全日制在校大学生在日益普及的混合学习环境中有效地开展协作知识建构活动。

图书在版编目（CIP）数据

混合学习环境中协作知识建构策略研究 / 童慧著. —北京：电子工业出版社，2017.7
ISBN 978-7-121-32063-7

Ⅰ. ①混… Ⅱ. ①童… Ⅲ. ①高等教育－教育改革－研究－中国 Ⅳ. ①G649.21

中国版本图书馆 CIP 数据核字（2017）第 146551 号

策划编辑：秦绪军　朱雨萌
责任编辑：赵　平
特约编辑：赵海军　罗树利等
印　　刷：北京七彩京通数码快印有限公司
装　　订：北京七彩京通数码快印有限公司
出版发行：电子工业出版社
　　　　　北京市海淀区万寿路 173 信箱　　　　邮编：100036
开　　本：720×1000　　1/16　　印张：17　　　字数：272 千字
版　　次：2017 年 7 月第 1 版
印　　次：2022 年 4 月第 4 次印刷
定　　价：68.00 元

凡所购买电子工业出版社图书有缺损问题，请向购买书店调换。若书店售缺，请与本社发行部联系，联系及邮购电话：（010）88254888，88258888。
质量投诉请发邮件至 zlts@phei.com.cn，盗版侵权举报请发邮件至 dbqq@phei.com.cn。
本书咨询联系方式：（010）88254750。

前　言

　　混合学习是高等教育发展的重要趋势，对高等教育的变革有着巨大的推动力。美国麻省理工学院的开放式课程、中国的精品课程，近几年的大规模网络开放课程（MOOC）、翻转课堂、微课等都在不同程度上推动了混合学习的发展。而混合学习的进一步深入发展需要落实到课堂教学，才能切实优化学生的学习体验，提高学生的学习效果。这是因为高等学校的课堂教学担负着积累知识和培养能力的双重任务。协作知识建构作为学习科学领域关注的热点问题，对于互联网经济时代重新思考学习产生了深远的影响，也成为培养学生创新能力的有效途径。本书聚焦信息时代高等教育教学改革问题，采用基于设计的研究方法，对混合学习环境中协作知识建构的理论与实践进行了深入考察，探究了如何促进全日制在校大学生在日益普及的混合学习环境中有效地开展协作知识建构活动。

　　本书首先对高等教育的主要发展方向"混合学习"和大学生创新能力培养的有效途径"协作知识建构"两部分内容的研究现状及发展趋势进行了深入分析；其次，在社会文化学习理论、建构主义学习理论、联通主义学习理论和分布式认知理论的指导下，构建了混合学习环境中协作知识建构的理论模型和组织模型；再次，在分析和梳理传统协作学习关键要素和计算机支持的协作学习关键要素的基础上，提取并确定了混合学习环境中协作知识建构的关键要素；然后，以关键要素为依据，分阶段设计了混合学习环境中协作知识建构的策略体系，并在三门课程的教学实践中逐步改进、完善了策略体系；最后，从共同体成长分析、空间融合程度分析及协作知识建构效果分析三个方面对混合学习环境中协作知识建构策略的实施效果进行了系统、全面的考察。本书的主要观点有五个。

（1）混合学习与协作知识建构的研究现状及发展趋势。随着信息化教学条件的不断改善，混合学习已被广泛地应用于普通学校教学领域，尤其在高等教育中的应用更是引人注目。美国新媒体联盟发布的"地平线"报告连续两年将混合学习视为高等教育发展的主要趋势，可见基于泛在接入环境的以课程为依托的混合学习将成为高等学校教学改革的重要探索领域。同时，协作知识建构作为学习科学领域关注的热点问题，对互联网经济时代重新思考学习产生了深远的影响，也成为培养学生创新能力的有效途径。已有的协作知识建构相关研究大都强调在网络环境中开展，并且以协作知识建构模式研究、机制研究、分析方法研究较为常见。而对在混合学习环境中如何开展协作知识建构，以及如何发挥混合学习环境的优势来促进协作知识建构深入发展的研究并不多。作者认为，单纯的网络环境并不能推动协作知识建构的有效开展，因为协作知识建构的部分环节无法得到网络环境的全力支持。因此，只有将面对面学习环境与在线学习环境相互融合才能促进协作知识建构各环节的有效开展。

（2）混合学习环境中协作知识建构模型研究。作者在社会文化学习理论、建构主义学习理论、联通主义学习理论和分布式认知理论等理论基础的指导下，以 Crawley 协作学习会话模型、Stahl 协作知识建构过程模型和 Smith 协作知识建构的信息流模型为参考，重点依据混合学习环境的特征、协作知识建构的过程要素和两者之间的相互关系，构建了混合学习环境中协作知识建构的理论模型与组织模型。混合学习环境中协作知识建构的理论模型是对混合学习理论和协作知识建构理论的完善与创新。它的核心理念是，在面对面学习环境与在线学习环境相结合的学习环境中，以学生的全面参与为导向，以线上空间和线下空间的融合为支撑，推动协作知识建构的深入发展。线上与线下空间的相互融合、共同体的逐渐成长和协作知识建构的深入开展是相互促进、相互推动、共同发展的。混合学习环境中协作知识建构组织模型具体指导混合学习环境中协作知识建构活动的组织与实施，主要涉及协作知识建构活动的安排及混合学习环境对其的支持作用。

（3）混合学习环境中协作知识建构要素研究。通过对经典文献的梳理，总结归纳了与本书密切相关的传统协作学习关键要素和计算机支持的协作学习（CSCL）关键要素。在此基础上，从小组组织、协作知识建构和空间融合三个方面出发，提取了混合学习环境中协作知识建构的要素38项，最终确定了混合学习环境中协作知识建构的关键要素19项，分别是小组目标1、混合学习活动设计、教师指导、评价方式、小组目标2、个体职责、观点收敛、观点陈述、学习共同体、数字资源获取、小组作品最优化、成员关系、小组作品社会化、协作平台功能、数字资源发布、面对面的交流、冲突解决方式、意义解释和冲突焦点确认。

（4）混合学习环境中协作知识建构策略研究。混合学习环境中协作知识建构是以线上空间和线下空间相互融合为大背景，以学习共同体为活动主体，以协作知识建构为核心而开展的。混合学习环境中协作知识建构的策略也是空间融合策略、学习共同体成长策略及知识建构策略三者相互促进、相互作用而形成的一个策略体系。三个部分相互作用、相互依赖，又各自有所侧重。空间融合策略重点关注混合学习环境的物质层面，为推动线上空间与线下空间的相互融合而设计；共同体成长策略重点关注在班级原有人际关系的基础上快速创建协作小组，继而发展成为班级学习共同体的过程；知识建构策略则重点关注如何推动协作知识建构从肤浅的表面层次逐步走向深入。与此同时，考虑到不论是学习者对线上空间和线下空间融合的适应，还是学习共同体的成长与发展，还是协作知识建构的过程，都是划分为不同的阶段的，策略的提出应该针对每一个阶段的特点而设计。最终建立了纵向上由"适应策略"、"发展策略"、"深化策略"，横向上由"空间融合策略"、"共同体成长策略"、"知识建构策略"构成的混合学习环境中协作知识建构策略体系。

（5）混合学习环境中协作知识建构策略实施效果研究。对于混合学习中协作知识建构效果的评价，首先要考虑到协作知识建构是被置于学习共同体中，共同体是建构公共知识的实体；同时，线上与线下优势互补的混合学习环境是支撑协作知识建构顺利开展的基础条件。因此，混合学习环境中协作知识建构策略实施效果的分析评价应该从三个方面开展，分别是共同体成长分析、空间融合程度分析及协作知识建构效果分析。在分析方法上，采取综合量化分析和质性研究，运用社会网络分析、内容分析、话语分析、统计分析等方法，对混合学习环境中协作知识建构策略的实施效果进行了全面的考察。数据分析的结果显示，混合学习环境中协作知识建构策略的有序稳步实施，有效地促进了学习共同体的成长，增进了线上空间与线下空间的融合，推动了协作知识建构的深入发展。

本书从理论层面而言，关于全日制在校大学生在混合学习环境中开展协作知识建构的基本原理与基本过程的阐译，对进一步完善混合学习理论及知识建构理论具有重要意义。从实践层面而言，为期一年多的实证研究，包括三轮循环递进的策略设计与教学实践活动，为高等学校在一对一数字化环境中开展教学改革提供了重要参考。因此，本书对相关理论的完善与教学实践的改进都具有重要的借鉴意义。

作　者

2017 年 3 月

目　录

第1章
绪　论

1.1 研究背景

1.1.1 知识经济时代教育理念的转变

在人类历史上教育形态大致经历了三个时代，即农业社会的学徒制教育时代、工业社会的普通学校教育时代以及知识经济社会的终身学习与终身教育时代，每个历史时期赋予教育的使命是不同的。现在我们正在进入教育的第三个时代。随着知识总量的指数增长和知识半衰期的逐渐缩短，学校已不可能教给学生未来生活中需要的所有知识，通过一味延长学校教育年限来适应新知识的剧增已经不再是可行的策略。由此，教育的终身学习时代到来了。当传统教育在知识经济时代遇到前所未有的挑战时，"教育应该教给学生什么"的问题成为世界教育领域亟须回答的问题。联合国教科文组织提出的"四大支柱"教育观和 21 世纪技能合作组织提出的 21 世纪技能框架对这一问题做了较好的解答。

20 世纪末，国际 21 世纪教育委员会向联合国教科文组织（UNESCO）提交的名为《教育——财富蕴藏其中》的报告（又称"德洛尔报告"），对 21 世纪教育系统的变革进行了系统的思考，提出 21 世纪的教育必须围绕学会认知、学会做事、学会共同生活、学会生存这四种基本学习能力，即"四大支柱"进行重新设计和重新组织。（1）学会认知（Learning to know）是指学会学习，这种学习与以获取显性知识或事实性知识为主要特征的传统学习有着本质区别，它更加强调对获取知识所需能力和技能的培养，如记忆力、想象力、推理能力、问题解决能力、批判性思维能力等方面的系统发展。知识的学习是一个永无止境的过程，只有具备学习的能力才能终生受益。学会认知是学习和生活本身的目的和手段，它可以让学生体验获得知识和发现知识的乐趣。（2）学会做事（Learning to do）是指学习者将知识应用于实践、形成技能并转化为能力的过程，是发展高阶能力（Higher-Order skills）的必经之路。学会做事具体包括学会与他人高效沟通交流的技能、学会建立人际关系网络的社交技能、逐渐具备开展团队合作的意识、适应工作生活新变化的能力、将知识转化为实践创意的能力、敢于承担风险和善于管控冲突的能力等。（3）学会共同生活（Learning to live together）要求学习者具备在全球化的背景下理解他人及其历史、理解他人传统及精神的意识和能力。学会共同生活通过"发现他人（Discovery of others）"和"体验共享目标（Experiences of shared purposes）"两个互补的渠道来实现。前者旨在使学习者认识到种族的多样性、认识到不同种族文化之间的相似性和独立性；后者旨在使学习者通过参与能够给予各自以不同体验的共赢项目，达到消除彼此之间隔阂、偏见与敌对情绪的目的。（4）学会生存（Learning to be）就是学会做人，通过获取知识、技能和价值观，促进个体智能、道德、文化和体格全面发展的过程。包括培养学习者的想象力和创新力，获取人类共享价值，开发个体潜能，发展个体推理、审美、体格和社交能力，发展批判性思维和独立判断能力等。

美国政府 2002 年在联邦教育部的主持下，成立了 21 世纪技能合作组织（Partnership for 21st Century Skills），并以合作伙伴的形式将教育界、商业界、社区和政府联合起来，致力于探索 21 世纪人才技能的结构及培养问题。2007 年该组织发布了更新版的《21 世纪技能框架》，认为 21 世纪的教育应该为学生 21 世纪技能做准备。21 世纪技能包括学习与创新技能、数字化技能、生活与职业技能三个主要方面。其中，学习与创新技能又可细分为批判性思维和问题解决能力、创造性和创造能力、交流与合作能力；数字化技能包括信息素养、媒体素养和 ICT 素养三方面。信息素养是指能够有效的获取与评估信息、创造性地使用与管理信息。媒体素养是指能够恰当分析媒体的特点与作用，合理选用媒体创作工具表达自己的思想。ICT（信息传播技术）素养是指将技术作为探究、组织、评估与交流信息的工具，合理运用数字化技术获取、管理、诠释、评估与创造信息，并具备相应的信息伦理道德、信息案例与法律意识；生活与职业技能则强调了在生活和工作中应该具备灵活性与适应性、主动性与自主性、社交与跨文化交流能力、生产能力与绩效能力、领导能力与责任感等。

1.1.2　混合学习在高等教育领域的巨大发展前景

信息技术的快速进步推动了社会的发展，并对人类生活的方方面面产生了深刻的影响。这种影响可谓是颠覆性的、浸透性的，从政治领域、经济领域到文化领域无处不在。同样，信息技术对教育领域的变革作用也从未停止过。20 世纪后期，计算机技术和互联网技术的普及推动了在线学习的繁荣发展，这使得90 年代的国际教育界对"没有围墙的大学（在线教育）是否最终会取代有围墙的传统大学"这一问题展开过激烈的辩论。进入21 世纪，在冷静思考在线学习的优势与不足之后，当代教育专家和教育技术专家认为，在线学习能很好地实现某些教育目标，但是不能代替传统的课堂教学。对在线教育的冷静客观思考为混合学习的提出与发展奠定了基础。

混合学习就是将传统学习方式的优势和在线学习的优势结合起来，达到既发挥教师在教学过程中的主导作用，又充分体现学生的主动性、积极性和创造性的目的。混合学习自提出之时起，便以极其迅猛的速度风靡全球。美国麻省理工学院的开放式课程、中国的精品课程、近两年的大规模网络开放课程（MOOC）、翻转课堂、微课等都在不同程度上推动了混合学习的发展。截至目前，混合学习已被广泛地应用于教育教学领域，其在高等教育领域的发展潜力尤为引人注目。2005 年 4 月，美国专门致力于在线教育研究和实践的组织——斯隆联盟（Sloan Consortium）举办了一场"高等教育与混合学习"研讨会，来自三十多所学校的参会者认为"混合学习就像是沉睡中的巨人，具有改变教育的潜能。它在整合面授与在线活动的过程中，要求我们重新思考教与学的方式"。2009 年，美国教育部（US Department of Education）对1996 年到 2008 年间在高等教育中开展的实证研究数据进行元分析发现，与单纯的课堂面授教学或单纯的远程在线学习相比，混合学习是三者当中最有效的学习方式。据《美国高等教育年鉴（Chronicle of Higher Education）》报道，宾夕法尼亚州立大学校长 2002 年曾把在线学习和传统学校教育两者的结合看作"当今高等教育领域最广为人知的发展趋势"。美国培训与发展协会（ASTD）也将混合学习列为知识传播产业中涌现的最重要的十大趋势之一。印第安纳大学的柯蒂斯·J·邦克（Curtis J. Bonk）教授预测，在 2020 年之前，高等教育中的大多数课程都将以混合学习的形式存在。由此可见，混合学习将成为高等教育领域改革与发展的主要趋势。

1.2　问题提出

1.2.1　高等教育质量内涵式发展的新要求——深层微观研究

21 世纪以来，面对高等教育质量问题，我国政府、行政部门和广大高等学校做了大量工作。继 2001 年教育部《关于加强高等学校本科教学工作，提高教学质量的若干意见》之后，教育部 2004 年发布的《2003—2007 年教育振兴行动计划》把"高等学校本科教学质量与改革工程"作为其中的重要内容。2007 年，教育部和财政部联合印发《高等学校本科教学质量与教学改革工程专项资金管理暂行办法》，正式启动"高等学校本科教学质量与教学改革工程"，这项工程是直接针对提高高等教育质量而采取的具有深远意义的重要举措。工程主要包括以下六方面的建设内容：专业结构调整与专业论证，课程、教材建设与资源共享，实践教学与人才培养模式改革创新，教学团队和高水平教师队伍建设，教学评估与教学状态基本数据公布，对口支援西部地区高等学校。"质量工程"的实施极大地推动了高等学校积极开展教学改革的实践，对高等教育质量的提高产生了巨大的促进作用。

但正如研究者所指出的，纵观我国高等教育教学质量建设的进程，可以总结出它所具有的两个鲜明特点：首先，长久以来，我国高等教育教学质量建设走的是一条自上而下、由外而内的改革路径；其次，我国高等教育教学质量建设十分注重硬件环境和宏观层面的改革，而对软件建设和微观机制较为忽略。教学质量的提升是实现高等教育内涵式发展的重要途径，而它又是一个系统且复杂的过程，涉及各种因素。教学质量建设既要考虑外围的、基础性的管理体制和教学条件、学科平台等问题，还应当进一步考虑课堂教学、教师能力、学生素质、教学观念等更加微观的、深层次的因素。可以说，数十年来的高等教育教学质量建设更多关注的是教学质量的基础性工作或外围工作，而对于具体教学过程和微观层面的、影响教学质量的因素则没有给予充分重视。当前高等教育依然未能从根本上改变以知识接受为主要特征、以批量生产适应工业时代工作需求的同质化人才为目标的教育模式，因而无法满足培养具备 21 世纪技能的创新型人才的需要。在高等教育教学质量建设的基础性工作得到大力推进、基本硬件条件得到有效改善的情况下，以内涵式发展为诉求的高等教育质量建设已经进入改革的深水区。处于改革深水区的高等教育教学质量建设需要有新的方向。具体而言，首先，在人才培养目标上要注重学习者 21 世纪技能的培养；其次，在着眼点上要关注具体教学过程和教学内部的微观机制；其三，需要教师和学生的全面广泛参与；其四，要大力关注课堂教学方法和教学模式的改革创新；最后，要大力关注师生教学和学习观念的转变。

1.2.2 混合学习实践的逐步深入——落实到课堂

我国学历教育中的大部分课程是以课堂面授的形式存在的，随着信息技术的日益进步、互联网接入端口的增加和上网设备的普及，促使越来越多的教师尝试将课堂学习扩展到互联网上，从而推动了我国混合学习研究与实践的发展。然而，综观已有的混合学习实践，不难发现绝大多数混合学习实践者都走了一条开发数字资源、建设网络课程的道路。这条道路的确为学生提供了更多的学习资源和更多的交流机会，较好地解决了高等教育机构所面临的成本、效能、机会等挑战。但是不得不说这些实践仍然处于混合学习的外围层次，是计算机辅助教学和网络辅助教学的延续。它们大多以课程面授教学为主要教学形式，辅之以网络教学资源和在线讨论。这导致了在线活动与面对面的教学处于两张皮的分离状态，而不是相互融合的整体。

大多数混合学习实践之所以还处于外围层次，是因为大多数实践者缺乏对混合学习理念的深入理解。混合学习潜能的发挥不是通过简单的课堂讲授与网络资源、网络课程或网络讨论区相互叠加就能实现的。开展混合学习需要从本质上重新思考师生关系、重新思考课程设计，包括教学结构、活动组织与学习环境的重新设计，只有做到这些才能真正发挥混合学习对教育的变革作用。对普通师生来讲，许多学校已经尽力为师生创造了较好的信息化条件，开展混合学习的技术难度不断降低，学生对混合学习的需求也日益强盛。多方面的有利条件促使我们必须在现有混合学习实践基础上再向前走一步，改变在线活动与面对面教学两张皮状态和网络资源辅助课堂教学的状态，真正将混合学习落实到课程中和课堂中，切实优化学生的学习体验，增强学生的学习效果，使混合学习不仅为学生提供更多的学习资源和交流互助的机会，而且为改进课堂教学和提高教学质量发挥应有的作用。

1.2.3　创新能力培养的有效途径——协作与建构

为了应对知识经济时代日益激烈的国际竞争，各国都加强了对创新人才的培养。我国政府也于 2010 年发布了《国家中长期人才发展规划纲要（2010—2020 年）》，明确指出"在继续发挥我国人力资源优势的同时，加快形成我国人才竞争比较优势，逐步实现由人力资源大国向人才强国的转变"。由此可见，创新人才的培养已上升为国家发展的重要战略。而创新人才培养的核心在于培养学生的创新能力。自 20 世纪 80 年代中期起，我国就开始倡导学生创新能力的培养；90 年代以后对学生创新能力的培养有了更为广泛深入的研究。研究者认为改革课堂教学模式是培养创新人才的主渠道。因为教学是学校培养人才的基本途径，也是实现人才培养目标的主要渠道。大学教学的基本任务除了使学生积累扎实的专业基础知识、优化知识结构外，还有另一项重要的任务就是发展学生的能力。因此，要培养创新型人才，就需要从改革教学模式入手，形成有利于发展学生创新精神和创新能力的教学模式。

研究者指出，培养创新能力的教学模式应该具备四个基本特征：从知识传授角度来看，要从"占有知识"转换为"理解知识"；从课程资源来看，要从"单一资源"发展为"多元资源"；从教学方法来看，要把"置入教学"转变为"对话教学"；从师生关系来看，要由"专制"模式转为"民主"模式。至此，基于问题的学习、基于案例的学习、探究式学习以及基于项目的学习等以建构主义理论为基础发展而来的教学模式，便成为培养学生创新能力的最佳首选模式。基于问题的学习需要学习者解决贯穿课程的大量案例并进行自我导向的学习；在基于案例的学习中，学生通过学习案例和进行案例总结得知识、发展思维技能；基于项目的学习主要是相对长期的、整合的教学单元，学习者需要聚焦于多个案例的复杂项目，在学习中对观点进行辩论，设计并开展实验，交流发现的成果。仔细考察以上教学模式可知，虽然它们各自有所侧重，但它们却共享着关于学习的共同假设，即学习是主动探索的过程，学习是在真实学习任务中，通过对话、协商来共同建构知识的过程。因此，协作与建构才是创新能力培养的有效途径。

综合以上分析可知，混合学习是普通学校教育系统、特别是高等教育领域发展的重要趋势，对高等教育的变革有着巨大的推动力。然而，混合学习的进一步深入发展需要落实到课堂教学中，只有这样才能切实优化学生的学习体验和学习效果。这是因为，在国家政策的指导下，高等学校的课堂教学担负着积累知识和培养能力的双重任务。为了有效地完成这两项任务，高等学校的教学模式必须朝着协作、建构的方向改革。协作知识建构作为学习科学领域关注的热点问题，对互联网经济时代重新思考学习产生了深远的影响。基于以上认识，作者以"混合学习环境中协作知识建构策略研究"为题，开展了深入的研究工作，希望能够探索如何促进全日制在校大学生，在日益普及的混合学习环境中有效地开展以协作知识建构为主要形式的深度学习。本书将具体针对以下四个研究问题给予论证和解答：

（1）指导混合学习环境中协作知识建构活动开展的理论模型是什么？

（2）在混合学习环境中开展协作知识建构的关键要素有哪些？

（3）怎样依据关键要素设计策略体系以促进全日制在校大学生在混合学习环境中进行协作知识建构？

（4）混合学习环境中协作知识建构策略的实施效果如何？

1.3　研究设计

1.3.1　核心概念界定

1. 混合学习环境

2003 年，美国杨百翰大学的 Osguthorpe 和 Graham 在联合发表的"混合学习环境：定义与方向"一文中将混合学习环境（Blended Learning Environments）定义为：将传统面对面教学和以技术为媒介的教学整合而形成的一种学习环境。在 2008 年出版的《教育传播与技术研究手册》（第三版）中，Graham 又将混合学习环境的定义完善为"在信息技术的支持下，促使面对面教学与分布式（即"以技术为媒介"的）学习环境之间相互融合而形成的一种学习环境"。作为最早将混合学习概念介绍到中国的学者，北京师范大学的何克抗教授认为，混合学习就是把传统学习方式的优势和 E-learning 的优势结合起来，既发挥教师引导、启发、监控教学过程的主导作用，又充分体现学生作为学习主体的主动性、积极性和创造性，支持这种混合学习开展的学习环境就是混合学习环境。

在本书中，考虑到研究者普遍认同学习环境不仅仅指物质环境，还包含非物质因素，而人际关系被认为是学习环境中十分重要的一个方面。最终，作者将混合学习环境界定为，"混合学习环境是指以课程为依托，开展所有正式学习和非正式学习活动所涉及的在线学习环境、课堂学习环境和人际关系环境的总和"。

2. 协作知识建构

研究者对于知识建构的定义都有自己的侧重点。张建伟认为知识建构是学习者通过新旧知识经验之间的相互作用而丰富和调整原有认知结构，以实现知识经验生长的过程。Nancy Law 和 Elaine Wong 认为知识建构就是一个社群通过知识转化型会话，有目的地促进集体知识发展的协作过程。马琳•斯卡达玛丽亚（Scardamalia，M.）和卡尔•巴雷特（Bereiter，C.）将知识建构定义为共同体有价值的观点和思想的产生与不断改进的过程。研究者认为知识建构可以从个体建构和协作知识建构两个维度理解，个体知识建构是个体独立学习的过程，协作知识建构是通过成员间的协作互动来完成的。基于以上认识，谢幼如教授将协作知识建构定义为："协作知识建构（Collaborative Knowledge Building，简称 CKB）是个体在特定的组织中互相协作、共同参与某种有目的的活动，最终形成某种观点、思想、方法等智慧产品的过程。协作知识建构的目标是为学习群体形成具有某种价值的公共知识，而不是简单地提高个体头脑中的内容，它关注的是群体知识的建构和改善"。本书也将沿用协作知识建构的这一概念。

3. 策略

策略是个典型的中国化的词语，在西方是没有策略这一说法的，也没有与策略一词对等的表达。基本上，策略与西方的战略相近。英语的 strategy 在很多翻译著作中，常常被当作策略。然而，在汉语中，战略和策略是有相当大的区别的。现代汉语源于古汉语。在古汉语中，"策"和"略"是两个词。所谓"策"，是计算的筹码，比如"算无遗策"；也指赶马用的棍子，一端有尖刺，通过刺马使马迅速奔跑，所以就有"鞭策""策马前进"的说法。而"略"，是指方略、计划，两个字合起来解释，应当解释为"根据形势和环境而制订行动的方案和计划"。本书中的"策略"一词其实与"教学策略"同义，指"在特定教学情境中为适应学生学习需要和完成教学目标而诊察作出的，并随情境变化而进行调整的教学谋划和采取的教学措施"。

1.3.2 研究目标及意义

1. 研究目标

本著作是关于全日制在校大学生在混合学习环境中开展协作知识建构的理论与实践，旨在探索如何顺应高等教育发展的主流趋势，充分发挥混合学习环境的优势，在课程教学中促进在校大学生的协作知识建构水平，优化学生的学习体验，提高学习效果。具体研究目标如下：（1）系统构建混合学习环境中协作知识建构的理论模型和组织模型，指导研究与实践的开展；（2）在理论模型和组织模型的指导下，设计教学策略来促进混合学习环境中的协作知识建构活动。

2. 研究意义

本研究的实施与开展，从理论层面而言，阐释了全日制在校大学生在混合学习环境中开展协作知识建构的基本原理与基本过程，对进一步完善混合学习理论及知识建构理论具有重要意义；从实践层面而言，为期一年的策略设计与教学实践，为高等学校在一对一数字环境中开展教学改革提供了重要参考。因此，本研究对理论的完善与实践的改进都具有重要的借鉴意义。

1.3.3 研究的主要内容

本书通过对四部分内容的具体探究来实现研究目标、解决研究问题：

1. 混合学习环境中协作知识建构的理论探究

在社会文化学习理论、建构主义学习理论、联通主义学习理论与分布式认知理论的指导下，借鉴分析协作知识建构的已有经典模型，构建混合学习环境中协作知识建构的理论模型与组织模型，为发展混合学习环境中协作知识建构的策略体系提供理论指导。

2. 混合学习环境中协作知识建构的关键要素研究

通过对传统协作学习关键要素和计算机支持的协作学习关键要素的梳理归纳，从小组组织、协作知识建构、混合学习环境三个方面出发，提取了混合学习环境中协作知识建构的要素项，并通过专家调研最终确定混合学习环境中协作知识建构的关键要素。

3. 混合学习环境中协作知识建构的策略设计与实施

依据确定的关键要素，设计了由空间融合策略、共同体成长策略及知识建构策略三者组成的策略体系，并通过三轮教学实践的迭代循环，逐步改进和深化策略体系，以促进混合学习环境中协作知识建构的稳步有序开展。

4. 混合学习环境中协作知识建构的效果分析

最后，综合运用质性与量化的分析方法，从三个方面对混合学习环境中协作知识建构的效果进行了分析，具体包括学习共同体成长分析、空间整合程度分析和协作知识建构效果分析。

1.3.4 研究思路

研究思路如图 1-1 所示，具体经历了前期分析与问题聚焦、理论探究、策略设计与实施、效果分析与反思四个研究阶段。

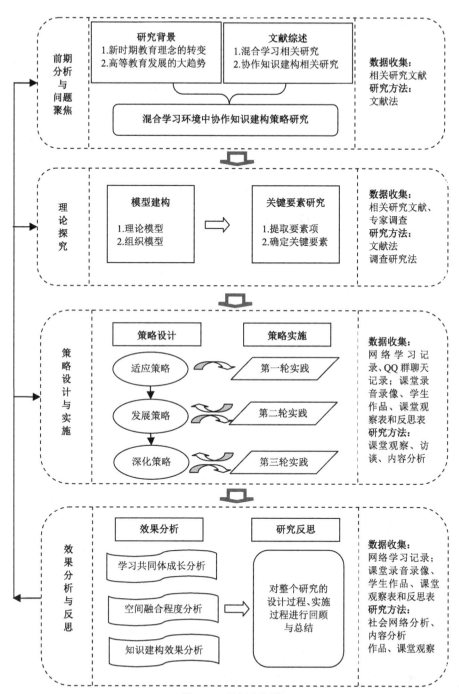

图 1-1 研究思路图

1.3.5 研究方法

研究方法是指收集资料的工具或研究技巧，研究方法论是研究过程所秉持的哲学。研究方法同科学方法一样是一个体系，可分为三个层次：（1）方法论层次；（2）研究方式或研究法层次；（3）具体方法与技术层次。方法论主要探讨研究的基本假设、逻辑、原则、规则、程序等问题，它是指导研究的一般思想方法和哲学。研究方式是指贯穿于研究过程的程序和操作方式，它表明研究的主要手段和步骤。具体方法与技术是在研究各个阶段采取的资料收集、资料分析和其他技术手段或工具。因此，从方法论层面来看，教育科学研究的方法论是马克思辩证唯物主义与历史唯物主义的认识论和方法论，强调要以辩证的、历史的、发展的、相互联系的观点来分析教育现象，并揭示教育现象变化发展的一般规律，本研究也不例外；从研究范式层面来看，本研究属于基于设计的研究和个案研究；在具体方法与技术层面，综合运用了课堂观察法、调查研究法、内容分析法、社会网络分析法、统计分析法等数据收集与分析方法。

1. 研究范式

1）基于设计的研究

基于设计的研究被视为一种研究范式，在国内外得到普遍认可。Wang, F. 和 Hannafin, M. J 认为"基于设计的研究是一种系统而又灵活的方法论，其目的是在真实情境中，以研究者与实践者的协作为基础，通过分析、设计、开发和实施的反复循环，来改进教育实践，并提炼对情境敏感的设计原则和理论"。余胜泉等人认为"基于设计的研究，旨在通过形成性研究过程，采用'逐步改进'的设计方法，把最初的设计付诸实施，检测效果，根据来自实践的反馈不断改进设计，直至排除所有缺陷，形成一种更为可靠而有效的设计"。总而言之，基于设计的研究是研究者、设计者和实践者在一定的理论指导下，在真实情境中共同分析和鉴定具有普遍性的教育问题，综合运用多种研究方法，通过分析、设计和实施的迭代循环来完善实际问题的解决方案和发展理论。本研究是针对混合学习环境中协作知识建构策略的研究，作者先通过文献研究和专家调研的方法确立了研究的理论模型和组织模型，确定了混合学习环境中协作知识建构的关键要素。在此基础上，通过三轮"策略设计"—"策略实施"—"策略改进"的迭代循环，逐步完善混合学习环境中协作知识建构的策略体系。因此，在研究方法的范式层面上，本研究首先是典型的基于设计的研究。

2）个案研究

顾名思义，"个"即个体，"案"即案例。作为一种研究方法，个案研究就是一种对某个人或某个团体、机构运用多种手段进行较为长期的跟踪研究，弄清研究问题的现状、原因乃至如何进行干预的研究方法。我们可以从研究对象、研究过程、研究目的三个层面分析这一含义。从研究对象来看，个案研究所涉及的对象主要是教育教学活动有关的个人、团体或机构，如学生、教师、班级、学校等。研究者可以根据某类特征选择某类个人或群体进行研究，如学困生、优秀教师、心理素质偏差者、先进班集体、优秀学校等，不管研究对象的绝对数量有多少，个案研究将研究对象都当作一个整体的"单元"来研究。从研究过程的角度来看，个案研究是通过对研究对象进行较长时间的持续性追踪调查，全面深入地把握研究对象典型特征的过程，故个案研究法有时又被称为"个案追踪法"。从研究目的来看个案研究可以是描述性的，阐述个案的问题是什么；也可以是解释性的，剖析问题产生的原因；还可以是探索性的，通过解答"怎么办"来寻找各种应对措施，进行干预，评价干预效果。个案研究的特点是研究对象的单一性、研究过程的深入性和研究手段的多样性。本研究通过三轮"策略设计"—"策略实施"—"策略改进"的迭代循环，逐步完善混合学习环境中协作知识建构的策略体系。从中可知，有一个重要的环节是"策略实施"。策略实施必须以课堂教学为实践场地，因此，作者在项目学校确定了合作教师以后，作为课程助教，以该教师2014 年秋季学期的三门课程为依托开展教学实践，全程跟踪、考察策略实施的具体情况。所以，在研究方法的范式层面上，本研究也属于个案研究。

2. 数据收集的方法

整个研究在综合运用基于设计的研究和个案研究的研究范式基础上，作者根据研究过程各环节的需要灵活运用了以下一些具体的数据收集方法：

（1）课堂观察法。研究者在整个研究过程中对学生学习行为、互动对话等开展自然观察，并适当采用录音、录像等技术手段记录关键过程，随后通过撰写观察笔记的方式及时记录整理观察结果；在课堂教学过程中深入课堂展开结构化的课堂教学观察，了解学生课堂行为的发展变化。

（2）在线学习记录。本研究是在混合学习环境中开展的，因此，学生在网络协作平台中的学习记录数据是研究需要收集的重要数据之一。具体而言，在线学习记录包括平台访问记录、资源库的建设、讨论区发帖、小组作品及学生电子档案。

（3）访谈法。在研究过程中，采取个别访谈、集体座谈等形式收集研究数据。在每一轮策略实施完毕后，都采取半结构化访谈的方式对学生开展访谈，采用关键事件访谈的形式对学生在该轮策略实施过程中的学习体验、学习效果进行考察。

（4）问卷调查法。在研究中运用问卷调查法对学生的学习条件、班级成员关系、每一轮实践中的参与情况和实践情况进行了调查；同样，在提取到混合学习环境中协作知识建构的要素项之后，也通过向领域专家发放调查问卷的方式确定关键要素。

3. 数据分析的方法

在收集到研究数据后，本研究灵活运用以下一些数据分析方法对研究所得的数据展开深入的分析，揭示混合学习环境中协作知识建构的机制：

（1）内容分析法。美国学者贝雷尔森（Berelson，B.）认为"内容分析法是一种对外显传播内容进行客观、系统和定量地描述的研究技术"。本研究采用内容分析法，对协作知识建构的过程、在线学习记录、课堂学习活动等进行编码分析，以提示混合学习中协作知识建构的具体过程。

（2）社会网络分析法。社会网络分析是借助邻接矩阵和图论等数学工具，对关系数据进行精确、定量、可视化分析的一套技术。本研究运用社会网络分析法，对混合学习环境中协作知识建构初期和后期的班级成员关系加以分析。

（3）教学录像分析法。由于课堂教学的情景是非常复杂的，研究者仅凭个人能力，无法捕捉课堂中的所有细节，为了解决这一问题，研究者使用摄像机记录课堂活动开展的所有细节，并采用教学录像分析法对数据进行分析。

（4）统计分析方法。运用统计分析软件对调查问卷收集到的相关数据，以及质性数据量化处理结果进行统计学分析。

1.4　本书的内容体系

本书共包括七章内容，具体如下：

第 1 章是绪论。主要阐述了研究的背景、提出并聚焦研究问题，界定了核心概念，明确了研究的目标和意义，提出了研究思路与方法，并说明了本书的内容体系。

第 2 章是文献综述。通过对混合学习相关研究、知识建构相关研究及学习共同体相关研究的述评，清晰地梳理了与本课题相关的已有研究成果，为课题的进展指明方向。

第 3 章是混合学习环境中协作知识建构模型构建。本章由三个小节组成，第一节介绍了社会文化学习理论、建构主义学习理论、联通主义学习理论与分布式认知理论的基本观点及对本研究的启示。这四种理论是本研究开展的重要理论基础，对厘清研究的关键问题和架构研究的整体框架都具有重要的指导作用；第二节详细分析了与协作知识建构密切相关的三个经典模型，为本书中模型的构建提供参考；第三节是在理论基础的指导下，参考经典模型的精华之处并结合作者对本研究的深入思考，构建了混合学习环境中协作知识建构的理论模型与组织模型。

第 4 章是混合学习环境中协作知识建构要素研究。在本章中，首先通过对经典文献的梳理，总结归纳了与本课题密切相关的传统协作学习要素及计算机支持的协作学习（CSCL）关键要素；其次，在分析相关要素研究的基础上，从小组组织、协作知识建构和空间融合三个方面出发，提取了混合学习环境中协作知识建构的要素项；最后，根据已提取的要素项设计调查问卷，通过对领域专家的调研最终确定了混合学习环境中协作知识建构的关键要素。

第 5 章是混合学习环境中协作知识建构策略设计与实施。通过三轮"策略设计"—"策略实施"—"策略改进"的迭代循环，稳步有序地促进了混合学习环境中协作知识建构的开展。最终形成了纵向上由"适应策略"、"发展策略"、"深化策略"，横向上由"空间融合策略"、"共同体成长策略"、"知识建构策略"构成的混合学习环境中协作知识建构的策略体系。空间融合策略重点关注了混合学习环境的物质层面，为推动线上空间与线下空间的相互融合而设计；共同体成长策略重点关注了在班级原有人际关系的基础上快速创建协作小组，继而发展成为班级学习共同体；知识建构策略则重点关注了如何推动协作知识建构从肤浅的表面层次逐步走向深入。

第 6 章是策略实施效果分析。本章从三个方面分析了混合学习环境中协作知识建构策略的实施效果。这三个方面分别是共同体成长分析、空间融合程度分析及协作知识建构效果分析。

第 7 章是研究结论与展望。提出了本研究的结论，反思了本研究存在的不足与问题，并提出了后续研究问题。

第 2 章
文献综述

本章将从混合学习、知识建构、学习共同体三个方面综述相关研究。这样安排文献综述的内容是出于以下考量：首先，对于"混合学习环境中协作知识建构策略研究"这一课题，有两个最为重要的核心概念——"混合学习"和"知识建构"是文献综述必须涉及的；第二，学者对于混合学习环境的认识较为统一，认为混合学习环境就是面对面传统课堂学习环境与技术媒介支持的分布式学习环境融合而形成的学习环境。那么，在混合学习环境中如何组织开展混合学习才是本研究应该关注的内容；第三，由于参与知识建构的主体不同，可将知识建构细分为个体知识建构和协作知识建构，本研究重点关注协作知识建构；第四，不论是混合学习的研究还是知识建构的研究都无法回避学习共同体的内容。混合学习的有效性体现在对学习共同体的培育，而知识建构本身就是学习共同体的原型之一。因此，将从混合学习相关研究、知识建构相关研究和学习共同体相关研究三个方面进行综述。

2.1 混合学习相关研究

2.1.1 混合学习的本体研究

混合学习提出以来，有关其本体问题的探讨从未停止过。研究者对于"什么是混合学习"以及"混合什么"的认识和理解并不完全一致。

1. 什么是混合学习

国内外学者对混合学习的概念都有各自的理解。Kaye Thorne 认为混合学习是从 E-learning 发展而来的概念，它将在线学习与传统学习及资源开发方法混合起来，是学习过程中最合理和最自然的进程。混合学习为构建个别化需求的学习过程和学习资源提供了极好的解决方案。Michael Orey 从学习者、教学人员和管理人员三个不同视角对混合学习进行了界定，认为从学习者的视角看，混合学习是学习者从所有可获得的学习资源或工具中，根据自己原有知识结构和学习风格等个性特点选取学习内容以完成学习目标的能力；从教师和教学设计者的视角看，混合学习是教师根据实际情况，恰当地组织或分配所有可以利用的教学资源和工具以实现教学目标的过程；从教育管理者的视角看，混合学习是管理者尽可能经济地组织和分配必要的、有价值的资源和活动以实现效益最大化的过程。Purnima Valiathan 认为混合学习经常被用于描述一种将不同内容传递方式（如协作软件、网络课程、EPSS）结合起来的教学解决方案或知识管理实践，亦用于描述将基于不同事件的活动（包括课堂面对面、实时在线学习和自定步调学习）结合起来的学习经验。混合学习这一概念自 2003 年由何克抗教授引入国内后，我国研究者也对其进行了深入研究。何克抗认为混合学习就是把传统学习方式的优势和 E-learning 的优势结合起来，使二者优势互补，获得最佳的学习效果。李克东将混合学习看做是人们对 E-learning 进行反思后，出现在教育领域、尤其是教育技术领域较为流行的一个术语，其"核心思想是根据不同问题、要求，采用不同的方式解决，在教学上就是要采用不同的媒体与信息传递方式进行学习，而且这种解决问题的方式要求付出的代价最小，取得的效益最大"。黄荣怀认为混合学习的"混合"含有"配合"、"融合"、"调和"等意义，具体包括学习理论、学习资源、学习环境、学习方式与学习风格等多方面的混合。

2．混合什么

对于混合学习究竟要混合什么，即混合学习的维度问题，国内外学者各持己见。黄荣怀认为，从学习形式看，"混合"的维度主要包括以下五个方面：（1）混合在线学习与离线学习；（2）混合自定步调学习与协作学习；（3）混合结构化学习与非结构化学习；（4）混合特定的学习材料与灵活的学习材料；（5）混合"工作"与"学习"。从教学媒体与传播技术的角度看，"混合"维度主要包括同步的物理形式、同步的在线形式及自定步调与异步的形式等。彭绍东认为混合学习中的"混合"，应该包括所有学习要素的整合与充分利用。具体如下：（1）不同学习方式的混合：网上学习+网下学习，同步学习+异步学习，自主学习+协作学习，接受学习+探究学习；（2）不同学习资源的混合：书本资源+实物资源+数字媒体资源，自制的学习资源+他人制作的学习资源；

（3）不同学习内容的混合：在同一课程、同一活动中学习多种不同形式的内容；（4）不同学习时空的混合：课堂讲授+网络虚拟学习时空；（5）不同学习参与者的混合：生+师+机；（6）不同学习目标的混合：知识建构+技能形成+情感态度培养。中国台湾学者谢盛文将混合学习分为三种类型：（1）实体同步+网络非同步学习；（2）网络同步+网络非同步学习；（3）实体同步+网络同步+网络非同步学习。并且将前两者称为是传统的混合学习，将第三种类型称为全面性混合学习。综合分析上述国内外已有研究，可以将对混合学习维度的划分总结为三种观点：第一种观点认为混合学习是混合不同的教学方式或不同的信息传播媒体；第二种观点认为混合学习是混合不同的教学方法；第三种观点认为混合学习是混合在线学习和面对面学习。《混合学习手册》的作者 Bonk 和 Graham 明确指出，前两种对混合学习维度的界定过于宽泛，几乎涵盖了整个学习系统，因为所有的教学系统都涉及多种教学方法和多种传输媒体，很难找到只涉及单一方法和媒介的学习系统。这样宽泛的界定反而会使混合学习失去它的真正意义。

2.1.2　混合学习的层次与类型

对于"混合学习究竟要混合什么"这一问题，研究者和实践者都有各自不同的认识和见解。为此，有必要从全局角度出发，对混合学习的层次与类型进行剖析，帮助我们更加清楚地认识混合学习的本质。

1. 混合学习的层次

从整体来看，已有的混合学习实践和研究都分属于以下四个层次之一，这四个层次分别是活动层次的混合学习、课程层次的混合学习、项目层次的混合学习和机构层次的混合学习。在四个层次中，混合学习的本质是由学习者、设计者或教师决定的。当混合学习处于机构层次或项目层次时，混合学习究竟混合什么由学习者自己决定；而当混合学习处于课程层次和活动层次时，其本质更多地由设计者或教师来决定。

（1）活动层次的混合学习。活动层次的混合学习是指学习活动的安排既有面对面的部分，也有基于技术媒介的部分。比如小组讨论开始于课堂面对面环境，课后将讨论主题拓展到网络空间。

（2）课程层次的混合学习。课程层次的混合学习是指一部分课时在面对面环境中进行，而另一部分的课时则在网络上进行。国外绝大多数的混合学习都是课程层次的混合学习，占到 83%左右的比例。

（3）项目层次的混合学习。项目层次的混合学习分为两种模式，取决于项目的规定：对于一些主修科目，学习者只能在面对面的课程和在线课程两者之中选择其一学习，而对另一些主修科目，学习者既可以学习面对面的课程也可以参与在线课程。

（4）机构层次的混合学习。机构层次的混合学习是指某一组织承诺开展混合式教学，将面对面教学和网络教学相结合。比如，佛罗里达中央大学在整个学校开展混合学习，设计开发了网络课程取代部分面授内容，从而减少了集体面授的课时量；杨百翰大学也在学校层面实施了混合学习，要求学生必须有学习一门在线课程的经历才能获得学位。

2. 混合学习的类型

混合学习研究与实践不仅有不同层次的区分，也有不同类型的区分。每一类型的混合学习都对"怎么混合"这一实际问题给出了不同的答案。总体而言，混合学习可分为使能型混合、增强型混合、变革型混合三种类型。

（1）使能型混合学习。使能型混合学习主要聚焦在通过运用某些技术手段来解决教学中的可获得性和便利性的问题。比如通过混合式课程为学习者提供更为灵活的课程选择，通过提供网络课程，为无法接受面授教学的学生提供同样的学习机会等。需要特别强调的是，使能型混合学习深深沿袭了远程教育的传统，一方面试图为远程学生提供与面授学习经历等价的课程，另一方面又希望降低学生的学习成本和时间限制，由此便开设完全的在线课程或混合式课程来实现上述目的。

（2）增强型混合学习。增强型混合学习在一定程度上对传统的教学模式和教学方法有所改变，但是这种改变却没有触及教与学的实质内容。较为典型的增强型混合学习是在传统面对面学习环境的基础上，为学生提供额外的在线资源，大多为课程补充材料。在传统大学中，由于学习管理系统和多媒体教室的广泛使用，教师运用技术手段来促进课堂教学这一现象变得日益普遍，也由此导致了传统大学对增强型混合学习的极大关注。

（3）变革型混合学习。变革型混合学习是对传统教学模式和教学方法的彻底变革，试图将学习者从传统课堂的信息接收者彻底转变为积极参与互动的知识建构者。变革型混合学习最为显著的特征是，借助技术手段来促进某些没有技术支持便无法实施的智力活动顺利开展，这也是变革型混合学习与增强型混合学习的本质区别。然而，变革型混合学习更多地出现在企业培训中，在大学教学中极为少见。越来越多的企业开始使用知识管理系统、电子绩效系统和移动设备来增强职工的学习效果；而在高等教育中，由于受到课程周期、课程规模、技术设备等多种因素的限制，阻止了变革型混合学习在高等教育中的广泛进行。

2.1.3 高等教育中的混合学习实践

1. 高等教育中的混合学习效果研究

赵国栋以北京大学教学网为案例，对混合学习的学生满意度及其影响因素进行了研究。他根据相关理论构建了混合学习满意度分析模型，并对学生实施了调查研究。结果表明，学生对电脑学习适应性、认知有用性、教师关于作业及考试回应及时性、认知易用性以及课程适用性是影响混合学习学生满意度的显著因素。赵呈领等人将基于社会性软件的混合学习引入免费师范生教育技术能力的培养中，分别分析了自主答疑式、讨论交流式、协同设计式、操作示范式四种混合学习模式在师范生教育技术能力培养中的作用。案例研究表明，这四种模式的混合运用提高了免费师范生的学习参与度，提升了学习者的教育技术能力。张玉茹采用准实验研究法，对比了混合学习与传统教学对大学生研究计划写作学习效果的影响。研究结果表明，适用于大学生研究计划写作的混合学习方式是以面对面学习为主再融入数字化学习。实施混合学习与传统学习的学生在研究计划写作态度、班级气氛与研究计划写作品质等方面有显著差异存在，开展混合学习的学生在这三方面均优于传统学习的学生。美国教育部对 1996 年到 2008 年间在高等教育中开展的有关面对面教学、混合学习以及在线学习的实证研究进行了元分析，并于 2009 年公布了调查报告《对在线学习的实证研究评价：对在线学习的元分析与评论》。该报告的研究结果表明，在面对面教学、混合学习和在线学习三者之中，混合学习是最有效的学习方式，其次是在线学习，而单纯的面对面教学是最低效的。Siobhan Smyth 等人在对爱尔兰一所护理和助产学院研究生开展的研究中发现，学生在混合学习中获得了积极的学习体验，而且，混合学习在提高学生护理实践能力和改善学生学习方面作用明显。

2. 高等教育中的混合学习机制研究

庄谦本等人以台北市某公立高工电子专业两个班 74 名学生（实验班 38 人，对照班 36 人）为研究对象，开展了为时一学期的混合式教学实验，探讨了传统面对面教学与数字化学习的最佳使用比例。作者将传统课堂教学与数字化学习的比例分配为 3∶1、2∶1 和 1∶1 三个层次，分析了学习者在三种情形中学习效果的差异。研究结果表明，在传统课堂和数字化学习的混合比例中，2∶1 比例学习成效最佳，其次为 1∶1 比例，最后为 3∶1 比例。作者在结论中认为，在学校教育中，传统面对面教学对学生的学习成效未能达到最佳化；数字化学习亦不能完全取代教师的教学与授课。廖春燕则从教师角色期待的角度对英语教学的混合学习模式、机制进行了研究。她指出："在混合学习模式下教师的角色发生了一定变化，学生有更多的期待。教师虽然已不再是知识的唯一传授者和权威，但却是学习者学习过程中不可或缺的组织者、引导者、帮助者和促进者，由教师所设计的行之有效的教学模式对促进学生学习起着举足轻重的作用。如果没有教师对教学过程、教学内容的有效组织和对学习活动的精心策划，学生的学习就比较盲目"。具体来看，混合学习模式下大学教师应担负以下角色：（1）学习的引导者、帮助者和促进者；（2）咨询提供者；（3）动力维持者和兴趣激发者；（4）资源建设与组织管理者；（5）监督评价者。Jung-Chuan Yen 以大学生在混合学习中的问题解决模式为切入点，探讨了混合学习的微观机制。该研究收集了学生在混合学习中的自我评价数据、每周访谈录音和网络资源的使用记录，通过聚类分析和内容分析，将学生的问题解决模式划分为具有显著特征的三种类型，即混合导向型、技术导向型和效率导向型。混合导向型的学习者，均等地参与课堂教学、移动学习和网络学习，跟随教师的教学进度，被动地接受教师安排的所有任务；技术导向型的学生花费更多的时间在移动设备和网络工具上，但是这类学生的问题解决能力仍浮于表层，明显地缺乏对问题的深入理解和详细计划；效率导向型的学生所具有的特征是，能够有效地监控自己的学习过程，在多任务的问题解决中，他们的表现优于其他两种类型的学生。

3. 高等教育中的混合学习原理研究

D. Randy Garrison 和 Norman D. Vaughan 对高等教育中的混合学习进行了长期持续的研究，并于 2008 年合作出版了《高等教育中的混合学习：框架、原则和指南》（Blended Learning in Higher Education: Framework, Principles, and Guidelines）一书。在该部著作中，两位作者深入地阐释了高等教育中开展混合学习的基本原理。

Garrison 和 Vaughan 认为目前高等教育正在面临着 21 世纪的巨大挑战，在互动技术影响下成长起来的一代学习者对信息传输式的课程讲授模式并不满意，他们期待更多参与式的学习经历。高等教育最为理想的状态是协作知识建构的过程，即为学习者提供与教师、与同伴共同参与、彼此互动的机会，在批判性和创造性的氛围中展开对话与反思。而通过对混合学习的重新设计极有可能重新捕捉到高等教育的理想状态。但是，仍然应该清楚地认识到，混合学习不能只停留在对课堂讲授的补充或叠加，而应对学习环境与学习经历彻底地重新思考与重新设计。当混合学习的真谛被很好地理解并付诸实践时，高等教育将迎来自 1940 年以来的第二次重大变革。混合学习对高等教育教学变革的巨大潜力在于，通过恰当地设计混合学习便可以创建探究学习共同体，这与高等教育的核心恰好吻合。一方面，混合学习通常以"课程教学+在线学习共同体"的方式通过对学习共同体的培育增加学生参与互动的机会；另一方面，面对面环境与在线环境的优势互补促进了以协作知识建构为核心的学生探究过程，同时促进了在批判性和创造性对话与反思中的深度学习。

（1）混合学习环境对学习共同体的支持。在高等教育中开展混合学习，面临的首要关键问题是学习共同体的创建，这是因为，创建持续发展的学习共同体是有一定难度的。而以课程为依托的学习共同体是一种特殊的、有目的的共同体，它要求快速地创建并维持相对较短的时间。完全的在线共同体需要花费大量时间去发展社会性存在和认知性存在以支持成员的贡献和协作，而完全的面对面共同体却提供了快速建立社区感和联通性的机会。因此，以课堂为依托的学习共同体最好能够通过混合学习环境来创建。原因在于，尽管课堂面对面的动态交互为学习共同体的创建提供了绝好的机会，但是若要使学习共同体持续发展则不得不依赖于网络环境所提供的持久、灵活的通信功能和连接其他资源的便利性。

（2）混合学习环境对协作对话的支持。学习者对混合学习环境中的面对面学习和在线学习的感知是完全不同的，究其根源在于交流方式的差异——也就是口语交流与文字交流的差异。面对面学习时的口语交流快速且短暂，更加容易激发新的想法和观点，然而这种快速流畅的交流反馈也使得发言者无法对自己的表达深思熟虑。因此，课堂面对面的学习是协作性先于反思性的，它的优势在于其自发性将教学强化为一种社会活动，而它的劣势便是缺乏反思与思考。在线学习环境中的交流以文字为主要媒介，这种交流方式具有间接性，需要学生付出更多的认知参与，必须先仔细阅读、理解他人发表的观点后才能给予回应。因而，在线学习环境中的交流与学习任务的相关性更强，而且易于产生更重要、更公正的观点，使在线学习呈现出反思性先于协作性的特征，与面对面学习优势互补。由此可知，只有将面对面学习环境与在线学习环境相结合而形成的混合学习环境，才能够为协作知识建构提供完整的协作性对话和反思性对话。

2.2　知识建构相关研究

2.2.1　知识建构的核心内涵

1．知识建构的概念

尽管目前"知识建构"一词得到了十分广泛的应用，但是它在教育领域的应用则是由马琳·斯卡达玛丽亚（Scardamalia，M.）和卡尔·巴雷特（Bereiter，C.）首次引进的。在此之前，"知识建构"一词主要为商业研究所用，其含义指知识创建。1988 年，由苹果公司资助的"协作知识环境设计"项目的立项标志着马琳·斯卡达玛丽亚和卡尔·巴雷特团队知识建构研究工作的正式启动。知识建构理论作为创新教育的一个有效尝试，自提出以来引起了包括加拿大、美国、英国、瑞典、日本、中国等十余个国家的广泛关注。研究者从不同的角度和侧面对知识建构的概念进行了界定。

作为知识建构在教育领域的创始人和最为活跃的研究者，加拿大学者马琳·斯卡达玛丽亚和卡尔·巴雷特将知识建构定义为对共同体有价值的观点和思想的产生与不断改进的过程。共同体成员通过建构性的互动过程发展对于共同体有价值的思想，使知识建构成为一个创造和改进公共知识的社会过程。知识建构的价值则通过共同体成员共同的贡献大于个体贡献之和来实现。在同一时期，Nancy Law 和 Elaine Wong 将知识建构定义为，知识建构就是一个社群通过知识转化型会话，有目的地促进集体知识发展的协作过程。在我国，张建伟是最早关注知识建构的学者之一，也是将知识建构理论不断引入我国的学者之一。他对知识建构是这样界定的："知识建构是学习者通过新、旧知识经验之间的反复的、双向的相互作用，来形成和调整自己的经验结构的过程"。赵建华将知识建构定义为："知识建构是个体在某种特定共同体中互相协作、共同参与某种有目的的活动（如学习任务、问题解决等），最终形成某种观念、理论或假设等智慧产品，并且个体在该公共知识的形成过程中获得相关知识的过程"。

2. 知识建构与学习的区别

马琳·斯卡达玛丽亚和卡尔·巴雷特在刚提出知识建构时，并没有明确定义知识建构，也没有明确阐释知识建构与学习之间的区别。这致使在一段时间内，教育领域常常将知识建构作为学习的同义词使用，而没有区分两者之间的重要区别。直到 1994 年，马琳·斯卡达玛丽亚和卡尔·巴雷特在发表的论文 "The CSILE Project: Trying to Bring the Classroom into World 3" 中明确将知识建构与学习区分开来。

大多数学习理论认为知识存在于人的大脑中，学习是发生在个体内部的不可观察的过程，学习的结果将导致个体信念、态度或技能的改变，使个体知识得以增强或行为得以改变；而马琳·斯卡达玛丽亚等人却认为，知识是共同体的公共财产，独立于有形物体和人的思维过程，存在于哲学家波普尔（Kar Poper）描述的"第三世界"中，知识建构的目的就是发展共同体的公共知识。与此同时，有研究者遵行了马琳·斯卡达玛丽亚知识建构理论的核心理念，深入考察了知识建构与学习之间的区别，并将其总结为以下四点：其一，学习强调对快速增长的社会文化资本的传播；而知识建构则强调对增加社会文化资本的贡献；其二，学习强调学习者个人信仰、态度或者技能改变的结果，而知识建构强调对社会具有价值的公共知识的生成和持续改进的过程；其三，学习强调学习者个人的行为和活动，而知识建构强调共同体成员之间的共享、论证、协商、创作和反思；其四，学习强调学习者对知识的理解和技能的掌握，而知识建构强调观点、思想、方法等智慧产品的形成。对知识建构与学习的区分有助于深刻领会知识建构的核心理念。

2.2.2　知识建构的发展历史

知识建构由加拿大学者马琳·斯卡达玛丽亚和卡尔·巴雷特于 20 世纪 80 年代提出，目前已成为学习科学领域研究的热点问题。尽管继马琳·斯卡达玛丽亚和卡尔·巴雷特之后，许多教育工作者都投入到知识建构的研究和实践中，并从各自不同视角发展扩充了这一概念，但是在知识建构这一领域中最活跃且贡献最为显著的仍是马琳·斯卡达玛丽亚和卡尔·巴雷特团队。知识建构理论的形成和发展以几个核心概念的相继提出为主要标志，经历了较长的时间，理论创立者马琳·斯卡达玛丽亚和卡尔·巴雷特将其归结为三个阶段：

1．1977—1983 年，"知识陈述"和"知识转换"

在最开始的阶段，马琳·斯卡达玛丽亚和卡尔·巴雷特对儿童书面作文的写作过程进行了长期跟踪研究。他们发现，写作文对信息处理的要求水平相当高。当时研究的目标之一就是解释儿童如何应对这些要求。由此，马琳·斯卡达玛丽亚和卡尔·巴雷特提出了知识陈述策略（Knowledge-Telling Strategy）和知识转换策略（Knowledge -Transforming Strategy）来解释儿童的写作规律。对于年幼的儿童，知识陈述策略能够顺利地引导学习者在一系列体裁限定和有上下文背景的情形中陈述出其所知道的内容，使学习者能够快速简便地完成更成熟的学习者才能应对的写作任务。但是知识陈述策略仅仅关涉知识的转录过程，不会改变存储于写作者长时记忆中的知识结构，因此不适用于较成熟的写作者。对于更加成熟的学习者需要为其提供更为复杂的"知识转换"策略。知识转换策略能够促进学生在写作与思考两个过程之间进行不断循环往复，而不单是长时记忆的转录。知识转换策略激发了学习者主动的、带有意向性的认知，使他们的知识和想法得到发展。"'知识陈述'和'知识转换'两种策略之间的显著区别在于，前者旨在减少学生思考的难度，帮助其高效地完成学习任务；而后者则是促进学生积极调动其已有经验来深入思考。由此可见，他们研究工作的中心也逐渐从先前的提高学生写作能力，转移到支持写作过程中更加活跃的认知加工，也为'意向性学习'（Intentional Learning）的提出奠定了基础"。

2．1983—1988 年，"意向性学习与认知"

在第二阶段中，卡尔·巴雷特和马琳·斯卡达玛丽亚通过对专家型作者和新手型作者的对比研究中发现：专家型作者在分析问题时会有意地投入更多的精力，考虑更多的因素，这使得他们的问题解决成为一种"前进式"的过程，也由此造成了专家与非专家作者的重要差别。据此，两位教授提出了"意向性学习"（Intentional Learning）这一概念，认为学习者在学习的过程中也应该像专家型作者那样努力建构对问题的全面认识，并且对自己的学习负责。卡尔·巴雷特和马琳·斯卡达玛丽亚强调意向性学习比通常所说的自主学习、主动学习都高出一个层次。意向性学习是一种积极探究的心理状态，它不仅要求学生要达到教师提出的学习目标，而且要为达成这些目标投入大量的心智资源。为了支持学习者有效开展意向性学习，卡尔·巴雷特和马琳·斯卡达玛丽亚研究团队于 1983 年开发了计算机支持的意向性学习环境 CSILE（Computer Supported Intentional Learning Environment）原型，这也是世界上最早的计算机支持的协作学习环境之一，它为意向性学习后续几年的理论研究和技术开发指出了更加明确的方向。在意向性学习（Intentional Learning）这一过渡性理论中，已经出现了一些日后知识建构理论所强调的概念，这些概念随后逐渐被融合到后一阶段知识建构教学法和技术的研究当中。

3．1988 年至今，"知识建构"

CSILE 的成功试验，让学习者取得了意想不到的学习效果。随着试验的深入展开，学生出于归属的需要都试图为班级知识的发展作出自己的贡献，进而培养了一种"知识建构文化"。至此，共同体和公共知识的概念逐渐形成，知识建构理论渐成体系。在早期研究中，研究者并没有对知识建构的概念做出较为明确的界定，也未将其与传统意义上的学习进行区分。直到 1994 年，知识建构和学习两个概念才被进行了明确区分。马琳·斯卡达玛丽亚和卡尔·巴雷特认为，知识建构指的是出于共同目标，通过集体讨论，以综合多种思想、创造新的认知人造物的过程。知识建构的目的是发展共同体的公共知识，而学习的目的只是促进个人知识或行为的改变。可以说，知识建构活动是以"观点"为中心，而学习则以任务或活动为中心；知识建构是一个通过个人努力而增加文化资本的过程，而学习则是一个向后代分布文化资本的过程；知识建构是为共同体利益而创造公共知识的过程，而学习则侧重于个体的发展。这种区分也将意向性学习和知识建构之间的差异揭示出来，意向性学习是个体学习向知识建构的过渡性概念，在意向性学习阶段，研究者仍然追求对个体技能和心智内容的提升，而知识建构则希望增强学生的认知意识，主动创造和改进对其所在共同体有价值的知识。知识建构代表了从根本上对传统教育进行革新的有益尝试，它鼓励每位学习者融入知识创造文化的潮流当中。知识建构不仅要求学习者形成知识建构的能力，还需要他们将自己的行为视为推进人类知识不断演进、增加社会文化资本所付出的努力。

2.2.3 协作知识建构的研究进展

1. 协作知识建构机制

谢幼如等从心理学和教学论的视角，探究了协作知识建构的群体动力学机制。群体动力学是揭示群体发展规律、群体内聚力、群体与个体和其他群体关系的心理学理论。从群体动力学视角看，群体行为的引起以及强弱，有外部力量的作用，但更主要的是内部力量的作用。群体动力学非常重视民主领导的重要性，强调成员参与决策以及群体内合作气氛的重要性。从教学论视角来看，教学动力是教学过程运行和发展的动力。它是一种特殊形式的动力，除具有一般动力的特点外，还具有方向性、多样性、动态性等主要特征。网络课堂协作知识建构中的群体互动是在师生、生生之间的交流与对话、交往与互动、接触与碰撞中展开的，是网络课堂教学主体之间矛盾对立的统一。网络课堂教学内外部各种因素的相互作用产生的矛盾会转化为个体动力和群体动力，并不断推动着协作知识建构的发展和智慧产品的形成。基于以上分析，谢幼如等认为"合理的教学目标、学习型的群体、基于网络的活动、在协作知识建构中各种关系的协调所发生的功能性变化及其过程和方式，便是网络课堂协作知识建构群体动力的生成机制。其一，合理的教学目标是协作知识建构群体动力的开启；其二，学习型组织是协作知识建构群体动力的保障；其三，基于网络的活动是协作知识建构过程运行与发展的动力源泉；最后，各种关系的协调是促使协作知识建构充满活力的主要原因"。

张学波等采用社会网络分析法，以 K12 教育论坛作为虚拟学习社区代表，分析各问题讨论式帖子之间的内在交互联系，并用社群图揭示虚拟学习社区的知识建构过程，从密度、中心性、凝聚子群三大方面分析了协作知识建构的特征，探讨了如何利用虚拟学习社区进行有效的协作知识建构。研究表明：首先，社会网络分析法（SNA）能帮助研究者了解协作知识建构的内在过程，揭示协作知识建构的途径，并能进一步了解到知识建构的水平、总体关系指向等特征和知识建构过程中的关键环节；社群图有利于揭示知识建构的知识内容间的内在关系。其次，在虚拟学习社区问题讨论式主题中，对问题的不断阐述、观点的交流与反复协商，对问题进一步提出综合的观点和问题反思是知识建构的主线，形成了协作知识建构网络的核心。再次，虚拟学习社区中问题讨论式主题的协作知识建构是一个以五个阶段为基础的循环往复、螺旋上升的过程，显示出阶段性和上升趋势。

王佑镁以协同学习技术系统为实验情境，采用口语报告法与内容分析法，以某大学本科课程"信息技术与学科教学整合"课堂教学为实验环境，分析了学习者在学习过程中的知识建构动力学机制。该研究在知识建构与协同学习机制之间建立了一种发生机制。总体来看，该学习群体在信息共享阶段体现了学习群体的合作性；在观点比较阶段，学习者之间除了合作建构和资料共享以外，还有相当一部分体现了学习群体的多场协调意识；在合作协商阶段，主要就不同的问题、不同的观点进行群体协商；在知识建构阶段，主要体现了对新知识的合作建构；在意义达成阶段，不同程度地体现了各个协同学习的原则，并且有比较长时间的深度交互。同时也发现，该学习群体在知识的建构过程中，深度交互较少，只是在协作知识建构的意义达成阶段才有所体现。

2. 协作知识建构模式

庄慧娟和柳婵娟等认为：协作知识建构过程是一个循环的动态过程，特别强调人际互动的重要性。在这个过程中，既有个体层面的自我解释，又有集体层面的交互解释，这两种解释交互进行，共同形成共享的意义网络。在整个过程中，隐性知识的有效表达和传播（交互解释）以及成员对显性知识的内化（自我解释），不论对个体层面的知识建构还是集体层面的协作知识建构都至关重要。作者基于解释的视角，针对成员在协作知识建构各阶段知识形态的转化、产生与获取过程，充分利用计算机作为信息表达和传递工具方面的优势，从促进自我解释和交互解释的有效性角度建立了基于解释的协作知识建构过程模型，旨在支持和促进协作知识建构顺利完成。

谢幼如在其博士学位论文中，从理论框架、模式构建、效果评价等方面对网络课堂协作知识建构模式进行了深入的研究。该研究从建构主义的视角出发，遵行"基本过程"—"网络共同体"—"建构活动"—"群体动力"四个方面对网络课堂协作知识建构进行理论探索与分析，从而形成一套创建网络课堂协作知识建构模式的理论框架，并在该理论框架的指导下，分别构建了概念性问题、解释性问题和设计性问题等三类问题的网络课堂协作知识建构模式，比较分析了网络课堂协作知识建构模式的具体教学效果。实验数据和资料表明，网络课堂协作知识建构模式的应用具有明显的教学效果，体现在提高了学生的小组协作能力、提高了学生的问题解决能力、提高了学生的学习成绩等方面。

赵海燕在已有协作知识建构理论的基础上，对网络环境下基于问题的协作知识建构的内涵、特点、基本要素、相关教学设计活动进行了探讨，并提出了基于问题的协作知识建构的主要阶段与关键环节，如表2-1所示。作者以此为框架，对暨南大学应用化学专业大学生"结构化学"建构活动开展个案研究，并构建了网络环境下协作知识建构的教学模式。

表2-1 基于问题的协作知识建构主要阶段与关键环节

主要阶段	关键环节
第一阶段：学习共同体	学习共同体的创建：创设情境、设置问题、小组规划、任务分工
第二阶段：基于认知冲突的协作知识建构	组内协作建构共识：共享、协商、论证、共识、反思和创作 组间协作综合建构：成果展示、组间对抗、协作知识、互评反思 问题解决：形式化与客观化、智慧共享
第三阶段：基于整合的协作知识建构	多元评价总结反思 协作知识多维建构

3．协作知识建构的分析方法

研究者认为，协作知识建构是一个多维的现象，试图理解协作知识建构，必须先要弄明白学生参与协作知识建构时的对话机制，以及技术工具对知识建构过程的支持作用。因此，对协作知识建构的分析，需要综合运用量化分析、质性分析等多种分析方法才能较好地理解协作知识建构中的各种互动关系，避免陷入过度简化论的风险。

在协作知识建构的分析方法相关研究中，刘黄玲子做了最为全面和系统的探究，她对协作知识建构分析方法的主要贡献在于：首先，作者从活动理论入手，确定了从交互分析视角探讨协作知识建构的三个重要维度，即话题空间、社会关系、过程模式；第二，在理论框架的指导下，作者进一步借助隐马尔可夫模型（HMM）、层次分析法（AHP）及代理技术，实现了协作知识建构过程识别、个体和小组综合表评估、实时监控知识建构过程的方法和技术实现问题；第三，作者提出了基于文本聚类技术的话题自动识别算法，并对话题特征进行了量化分析；最后，作者借鉴了社会网络分析法，系统阐释了影响协作知识建构的成员关系特征变量及其计算方法，并且以远程协作学习小组和混合式教学中的虚拟学习共同体作为分析个案，具体测量并分析了学习者之间的社会网络关系。这些分析方法的综合应用对于协作知识建构效果的分析具有实际的指导意义。

2.3 学习共同体相关研究

2.3.1 学习共同体的由来

1. "学习"与"共同体"的结合

"共同体"（Community）是社会学的一个基本概念，是从"社会"这一概念中分离而来的。德国著名社会学家和哲学家斐迪南·滕尼斯（Ferdinand Tonnies）在 1881 年的社会学名著《共同体与社会》中最先提出了共同体这一概念。滕尼斯认为人类的群体生活存在两种基本结构，一是共同体，一是社会。共同体建立在具有自然基础的群体中，如家庭、宗族。因此，最初的共同体是由血缘共同体、地缘共同体和精神共同体三者浑然生长在一起而形成的整体。社会则是一种有目的联合体，是一种"人工制品"。然而，随着工业化与城市化进程的加快，原始的共同体处于崩溃的边缘，随之而来的是现代共同体的"脱域"现象。脱域是指逐步将人们的社会关系和社会行为从它们所处的特定地域情境中提取出来，并跨越广阔的时空距离去重新组织社会关系。现代共同体的脱域机制引起了一些明显的变化，一方面，一个具有明晰边界的社区、组织或其他类型的团队，不一定就能形成共同体的精神与实践；另一方面，一个对其成员的知识建构、身份认同起着决定意义的共同体，也不一定存在于同一个有形的组织边界内。因此，从社会心理和社会文化基础而非地理基础来重构"共同体"的意义已经十分必要。

现代共同体的意义与其原始意义相比已经截然不同，主要表现在四个方面：首先，共同体的本质特征从本体性的共同理解转变为经过协商的"共识"；其次，共同体要素的结构从基于同质性转变为基于异质性；第三，共同体成员从共同生活在同一地域到成员关系的脱域；第四，个体由于劳动分工或交互媒介的作用，有可能在多个共同体中拥有不同的身份认同。赵健博士认为，当代语境下对学习共同体的探讨，应当站在包含着协商、异质、脱域和多重互嵌的共同体的意义上。而这种对现代共同体社会学意义的重新建构，恰恰与当代对知识与学习问题上的认识论达成了深深的共识，这便是"学习"与"共同体"组合的最根本理由。赵健这样定义学习共同体："学习共同体是一种关于学习和学习者的社会性安排。它提供给学习者围绕共同的知识建构目标而进行社会交互的机会，以活动为载体的社会交互中蕴涵着多种层次的参与：边缘的和核心的，在场的和虚拟的。每一个成员从不同水平和不同角度加入到围绕知识的合作、争论和评价中，并且从中获得来自他人的和人工制品的支持，在形成共同体的共识性知识的过程中确立自己的身份感"。

2. 学习共同体的三种原型

Brukman 在深入研究学习共同体的基础上指出，学习共同体是共同体的一个子范畴，它有自己的基本成员。其中，Lave 和 Wenger 的实践共同体（CoPs）、马琳·斯卡达玛丽亚和卡尔·巴雷特的协作知识建构共同体以及 Papert 的桑巴舞学校就是学习共同体的三个重要原型。

学习共同体的第一种原型是 Lave 和 Wenger 提出的实践共同体。Lave 和 Wenger 研究了传统手工业中学徒学习的过程，提出了合法的边缘性参与模型来表征实践共同体的学习过程。通过对 Vai 和 GOLA 两地裁缝铺的长期观察，Lave 和 Wenger 发现学徒的学习历程并不是从学习裁剪和缝纫这些专业活动开始的，而是要从扫地、修线头等一些没有技术含量的活计做起。Lave 指出，尽管这些活动是没有技术含量的，但它却是合法的，因为地确实需要打扫，线头也确实需要修剪，这些活动属于边缘性的活动。但是，正是由于学徒对这些边缘性活动的全程参与，使他了解了裁缝店里发生的一切活动，并获得了通过多次观察来学习的机会，与裁缝师傅一起组成了实践共同体。学徒在师傅的带领下，通过"合法地边缘参与"整个专业实践来掌握技能。可见，学习共同体的第一种原型——实践共同体，与课堂教学模式有很大区别。

学习共同体的第二种原型是马琳·斯卡达玛丽亚和卡尔·巴雷特提出的知识建构共同体。马琳·斯卡达玛丽亚和卡尔·巴雷特受到科学家工作方式的启发，即科学家群体通过相互批判彼此的观点，在整体水平上推动对科学内容更深层次的理解。于是，他们建议学校应该创建学习共同体，促使学生像科学家那样工作。使学生通过参与到这种协作的、多种思想交互的、充满批判性的对话过程来学习，达到对知识的共同理解。为此，马琳·斯卡达玛丽亚和卡尔·巴雷特设计开发了计算机支持的意向性学习环境 CSILE（Computer Supported Intentional Learning Environment），为创建新的课堂对话方式提供了有力支持。

学习共同体的第三种原型是巴西的桑巴舞学校。巴西的桑巴舞学校是一种社会俱乐部，其中的成员共同合作，一起准备狂欢节的表演。桑巴舞学校成为学习共同体的第三种原型是因为它具有支持学习的如下特征：其一，它支持局外人的灵活加入。只要购买一身服装，在狂欢节上与团队一起表演节目，就可以参与到桑巴舞学校的核心活动；其二，桑巴舞学校的公共活动。学校中所有的活动都集中在一件年度性的、引人注目的事情上，从而有助于创造学校内部的生活节奏，并激发大家参与；其三，桑巴舞学校成员的多样性。桑巴舞学校的成员在年龄、种族和社会经济地位等方面均存在差异，这与学校教育情形恰好相反。在学习共同体中，参与者群体的多样化使其产生的协作类型也越丰富。

2.3.2 学习共同体的分析框架

赵健认为，所有对学习共同体的研究和分析都可划分为三个不同的层次，分别是宏观层次的学习型社会、中观层次的实践共同体和微观层次的实习场，如图 2-1 所示。

1. 宏观层次——学习型社会

从宏观层面来讲，创建学习型社会是学习共同体的终极目标。它包含了这样的假设，即每个社会成员都是一个终身学习者，在从幼年一直到成年的成长历程中，其学习经历是一条完整的而非割裂的、系统化的而非孤立的学习轨迹。学习者在教室、学校、工作场所、家庭、社区以及其他社会环境中都能够获得学习的资源和工具以及"脚手架"的支持。从学习的角度看，在学习型社会中，人人都是学习者，不同的只是在学习轨迹中所处的位置有新手和专家之分。

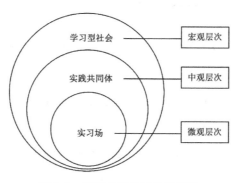

图 2-1　学习共同体的分析框架

2. 中观层次——实践共同体

学习共同体的三个原型，实践共同体、知识建构共同体和桑巴舞学校基本上都属于中观层次的学习共同体模型，它们共同表达了"学习即实践"的内在本质。其中，最有代表性的当属 Lave 和 Wenger 的实践共同体。

3. 微观层次——实习场

"实习场"是微观层次的学习共同体。由于学校教育的现实状况所限，在很多情形下，学生无法像裁缝学徒那样进入实践场所学习，实习场的提出便是希望为学习者提供一个逼真的共同体情境。实习场是对实践共同体中的各个要素的模拟，以促使学习者在相互参与、共同解决问题以及使用其中各种工具作为"脚手架"的过程中，不断进行协商，从而确定知识在真实情境中的意义。实习场是实践共同体的雏形，它设计的焦点是如何在一个互动参与的系统中促进知识的建构，设计的内容包括模拟真实环境的两难困境、为学习者提供问题解决的模拟情境，以及引导学习者进行有效的协商等等。

除此之外，赵健还指出，课堂学习共同体的创建需要必备以下条件，具体包括：（1）需要有效的学科参与；（2）需要明确共同学习的责任；（3）强调学习者在学习活动中的自主、合作和交互；（4）同时促进个人学习绩效的提高和集体知识的创新。只有这样才能创建有效的课堂学习共同体。

2.3.3　学习共同体的生命周期

Wenger 认为共同体与其他有生命的事物一样，并不是一生下来就处于最终状态的，而是同样要经历出生、成长和死亡等不同的发展阶段。在此基础上，Wenger 将共同体的成长划分为五个阶段，并对每一阶段共同体面临的关键问题进行了总结，如表 2-2 所示。

表 2-2　共同体不同发展阶段的关键问题

	领域问题	社团问题	实践问题
1. 潜在期	定义领域的范围，既要明确表达成员们真正的兴趣，又要与整个组织的重要事项保持一致	找到那些已经就这个主题形成网络的人们，帮助他们设想网络的扩展和知识分享活动会发挥怎样的价值	识别共同的知识需要
2. 接合期	建立在这个领域内分享知识的价值	充分发展关系和信任，使成员们能够讨论实践中真正复杂的问题。信任在接合期过程中极为重要；没有它，社团成员很难发现领域最重要的方面和社团体真正的价值	明确哪些知识应该分享以及怎样分享
3. 成熟期	定义在组织中的角色以及与其他领域的关系	管理社团的边界，因为这时的社团已不仅是从事同一职业的朋友的网络。在定义新的、更广阔的边界时，社团必须保证不脱离它的核心目的	不再简单地分享是非题见解，而是认真地组织和管理社团的知识。随着社团形成更强的自我意识，核心成员开始认识到知识的真正前沿和社团知识的差距，感到需要更系统地定义社团的核心实践
4. 管理期	保持领域的合理性，在组织中发出自己的声音	保持有活力、吸引人的风格和关注点	保持前沿地位
5. 转变期	社团以不同的方式进行转变，有些社团会渐渐衰落，有些则分解为几个不同的社团，还有一些会与其他社团合并		

同时，其他学者也对实践共同体的发展阶段进行了划分，Palloff 将共同体的周期划分为形成、规范、强化、成熟和灭亡五个阶段；Levin 认为基于项目的共同体会经历建议、强化、组织、实施、总结、发布等阶段；Moingeon 则参照传统组织发展的三阶段模型，将在线实践共同体的生命周期划分为形成阶段、发展和制度化阶段、下降和过渡阶段。考虑到以课程为依托的学习共同体是建立在有一定人际关系基础的班级之上的，同时，课程共同体要求在短期内快速创建并维持到课程结束。因此，作者将本研究中学习共同体的生命周期划分为形成期、成长期和成熟期三个阶段。

2.4　本章小结

通过对混合学习、知识建构和学习共同体等三部分内容的综述，作者对本书的定位和方向有了更加明确的认识。

第一，作者更加确信"混合学习环境中协作知识建构策略研究"这一课题的价值和意义所在。一方面，对混合学习环境中教与学的探索，实际上是紧紧跟随了教育未来发展的大趋势；另一方面，以协作知识建构作为研究的主体内容又与高等教育的核心内涵相契合。因此，不论是对理论的完善，还是对实践的探索，本课题都具有重要的研究价值和意义。

第二，混合学习实践可分为四种层次和三种类型。从混合的层次来看，由于受制于体制机制等现实问题，以及作者的能力所限，无法开展课程层次、项目层次或机构层次的混合教学实践。因此，本研究属于活动层面的混合，主要以课程教学为依托，充分发挥混合学习环境的特性，分别在面对面学习环境和在线学习环境中安排恰当的协作知识建构活动，促进协作知识建构的深入发展。从混合类型来看，本研究属于变革型的混合学习实践。整个策略体系的设计和教学实践的推进都以协作知识建构为主线，是对传统以信息传输为主的课堂讲授教学模式的彻底变革。

第三，已有的协作知识建构相关研究大都强调在网络环境中开展，并且以对协作知识建构模式研究、机制研究、分析方法研究较为常见。而对在混合学习环境中如何开展协作知识建构，以及如何发挥混合学习环境的优势来促进协作知识建构的深入发展的研究并不算多。作者认为，单纯的网络环境并不能推动协作知识建构的有效开展，因为协作知识建构的部分环节不能靠网络环境得以完成。因此，只有将面对面学习环境与在线学习环境相互融合才能促进协作知识建构各环节的有效开展。

第四，依据赵健对学习共同体的分析框架，本研究对学习共同体的分析属于微观层面的实习场研究。实际上本研究是在模拟实践学习共同体中各个要素的基础上，为学习者提供了一个实习场，使学习者在相互参与、解决共同问题以及使用其中各种工具作为"脚手架"的过程中，不断进行协商，从而确定知识在真实情境中的意义。

第3章
混合学习环境中协作知识建构模型构建

模型是关于现实或某一理论的抽象的或简化的表征。混合学习环境中协作知识建构模型是对混合学习环境中协作知识建构理论与实践的抽象化表征,是作者研究理念和研究思路的充分体现。因此,一方面,混合学习环境中协作知识建构模型对后续研究的开展具有重要的指导意义;另一方面,模型的构建也成为本研究的一项基础性工作。本章共包括三部分内容:首先,系统阐释了社会文化学习理论、建构主义学习理论、联通主义学习理论与分布式认知理论的基本观点及其对本研究的启示;第二,重点考察了协作知识建构的三个经典模型,为本研究中模型的构建提供了有力参考;第三,在理论基础的指导下,参考经典模型的精华之处并结合作者对本研究的深入思考,构建了混合学习环境中协作知识建构的理论模型与组织模型。

3.1 理论基础

开展任何形式的教育科学研究与实践,都需要以相关理论作为指导。本研究的开展与实施也是在以下理论的指导下进行的,具体包括社会文化学习理论、建构主义学习理论、联通主义学习理论和分布式认知理论。本节将简要阐释这些理论的基本观点及其对本研究的启示。

3.1.1 社会文化学习理论

社会文化学习理论起源于心理学的文化—历史学派(也称维列鲁学派),其创始人是前苏联杰出的心理学家维果茨基(Vygosky,L. S,1896—1934年)。维果茨基是前苏联早期一位十分有才华且极富开拓创新意识的杰出心理学家,他是前苏联心理科学的奠基者之一,在普通心理学、儿童心理学、教育心理学、病理心理学和艺术心理学领域都开展过理论和实验研究。维果茨基的主要贡献之一在于,强调有社会性意义的活动对人类意识的重要影响,这也是文化—历史学派的基本观点。文化—历史学派强调人类所处的外部环境与人类自身的内部心理机能有着密切的联系,人们生活在由先辈们创造的历史文化环境及其物化成果中。因此，人的高级心理机能是受到人类社会文化历史的影响和制约的。

维果茨基的理论强调人际（社会）关系、文化－历史和个人因素的互动是人类发展的关键。三者对人类发展的影响，最重要的是人际（社会）关系，这一点尤其受到西方研究者和实践者的关注。因此，使得维果茨基的理论成为了社会建构主义的主要基础，而社会建构主义乃是建构主义理论中十分重要的一个流派。维果茨基认为社会环境对学习很重要，社会互动是学习经验的重要来源。社会行为不仅能够帮助解释意识的变化现象，而且能够建立起使外在行为表现与内在思想观念相统一的心理活动。社会环境正是通过其"工具"来影响人类认知。工具是指社会文化产品、社会语言和社会机构。认知发展源于在社会交互作用中文化工具的使用，源于将这种交互作用内化和心理转换的过程。维果茨基认为人类创造了两种工具：一种是用来从事物质生产和劳动操作的物质工具，如石刀和石斧，以及现代化的生产机器等。这些物质工具的创造、发明和使用使人类脱离了动物界；另一种则是人类用来进行文化传承与思想交流的认知工具，如符号、语词和语言等认知制品。维果茨基认为动物没有也不可能创造出这种工具，所以动物的心理机能只能永远停留在低级水平上。

综上所述，社会文化学习理论的主要观点是：

（1）社会文化是人类认知发展的来源，社会关系、历史文化和个人因素的互动是人类认知发展的关键，人所特有的心理机能不是从内部自发产生的，而只能产生于人们的协同活动和人际交往之中。学习者在学习共同体中的互动激发认知过程，促进认知发展。

（2）人所特有的高级心理机能是以符号、语言、认知制品等社会文化产物为中介的。人类认识的发展深受人类历史文化变迁的影响。人类与动物最本质的区别就在于能否创造并使用物质工具和认知工具，正是通过物质工具的运用和以认知工具为中介的文化传承，才导致了人类从低级心理机能向高级心理机能的发展。在所有工具和符号中语言尤其重要，它是思考与认知的工具，是进行社会性互动活动的基础，是学习者自我调节和反思的工具。

（3）个体的认知发展是一个"内化"的过程。维果茨基将发展定义为社会共享活动向内部转化的过程。他提出人所特有的高级认知技能最初都是在人与人的交往互动过程中，以外在的动作和行为表现出来的，之后经过多次重复与变化，才内化为内在的智力结构。也就是说个体所具有的高级心理机能都是通过内化社会关系而形成的，被内化了的社会关系就构成了个体的社会结构。

（4）维果茨基用"最近发展区"的概念解释了教学与发展的关系问题。他认为个体认知发展具有两个水平，一个是自己独立解决问题的水平，也称为现有水平；另一个是需要别人帮助才能够解决问题的水平，也称为可能的水平。因此，"教学必须走在发展前面"，即教学不能仅依据学习者过去已完成的状态，而应依据其最近发展区的潜力状态。

3.1.2　建构主义学习理论

建构主义是认识人类学习过程和认知过程的一次质的飞跃，对教与学的各方面都产生了深远的影响，尤其是对学校教学与学校课程影响甚远。但是，由于建构主义诸多学者对一些问题的看法存在分歧，比如对知识的本质理解不一致，对知识建构过程中各要素的重要性也未能达成共识等，这使得建构主义学习理论不止存在一种形式。总体看来，建构主义学习理论又可分为外源建构主义、内源建构主义和辩证建构主义三种不同的形式，如表 3-1所示。

表 3-1　建构主义的三种形式及基本观点

类　　型	基本观点
外源建构主义	外源建构主义强调知识的获得是对外部世界的重新建构；外部世界通过经验、榜样示范和教育教学等影响人的信念；知识的正确性在于它反映外部客观现实的程度

续表

类　　型	基本观点
内源建构主义	内源建构主义则强调知识的产生源于先前获得的知识，而不是直接从环境互动中产生的。知识不是外部客观现实的镜子，它是通过认知的抽象而发展起来的
辩证建构主义	在外源建构主义与内源建构主义两级之间的观点是辩证建构主义，它强调知识产生于人与其周围环境的互动，知识的建构既不是一成不变地基于外部世界，也不完全是内部心理世界活动的结果。知识反映的是个人与环境互动所产生的心理矛盾结果

追溯建构主义的渊源，发现对 20 世纪建构主义思想发展作出重要贡献并将其应用于课堂和儿童学习与发展中的，当首推瑞士著名心理学家皮亚杰（J. Piaget）和与之齐名的前苏联心理学家维果茨基（Vygosky，L. S）。维果茨基的理论在前文已有所介绍，这里主要关注皮亚杰的理论。

皮亚杰的建构主义学习理论具体体现在图式、认知结构、同化、顺应、认知平衡等一些关键概念中。（1）皮亚杰建构主义学习理论中最为核心的一个概念便是图式。他认为图式是学习者个体认识事物的基本条件，它是学习者个体感知外部世界、理解外部世界和思考外部世界的基本方式，也是学习者个体内部心理活动的基本框架或组织结构。图式最开始来自于先天的遗传，经过不断地与外部环境的相互作用，就会在适应环境的过程中逐渐发展变化或日益丰富，由此而形成了一系列的图式系统，这些图式组合在一起便构成了人们的认知结构；（2）平衡是指在认知结构与环境之间生成一种最佳的适应状态。平衡是认知发展的一个核心因素和动机力量，它将生物性成熟、有关物理环境的经验和有关社会环境的经验三个因素协调起来，使内部认知结构与外部现实环境相互一致；（3）学习的机制是追求一种平衡状态，然而，只有存在不平衡或称认知冲突时，才会促进认知的发展。当学习者的认知结构遭遇干扰事件时，会使他的观念与他所观察到的事实无法匹配，由此产生了认识冲突。为了重新达到平衡状态，需要通过同化和顺应的过程来解决认知冲突，从而推动认知的发展；（4）"同化"和"顺应"是皮亚杰用来阐释个体内部认知发展与外部环境之间相互关系的两个概念。同化是指学习者个体将外界刺激有效地融入自己已有的图式之中；顺应是指当学习者个体无法将外部刺激融入已有图式时，便会改变内部图式以适应现实的过程。一般而言，当学习者个体遭遇认知冲突时，会首先尝试使用原来的认识结构，也就是用已有的图式去同化新的刺激物，如果同化过程获得成功，则学习者在认知结构上便达到了平衡状态；如果原有认知结构不能顺利同化，此时就会发生顺应的过程，也就是学习者将会修正已有的认知结构，或重新建立新的认知结构，以此来重新达到认知上的平衡状态。

综合分析皮亚杰的理论和维果茨基的理论，以及外源建构主义、内源建构主义和辩证建构主义各自对知识的本质和知识建构的观点，可以看出，尽管建构主义存在多种表达形式和观点分歧，但是大多数建构主义者对学习的理解仍然是有所共识的。通常有以下四个方面的共识：首先，学习者才是学习的主体，学习者积极主动地建构自己对于外部世界的理解与看法；其次，新知识的学习是依靠对知识现有的理解程度而进行，学习者已经具备的知识和经验是新的学习发生的基础；再次，社会性的互动过程可以有效地促进学习，社会性的互动过程所激发的各种不同观点可以帮助学习者去除自我中心化，更有效地优化、完善自己的认知结构；最后，意义学习发生于真实的学习任务之中，真实的学习任务含有认知过程发生所依赖的一切物理和社会背景，也就是认知情境。

3.1.3　联通主义学习理论

联通主义（Connectivism），在我国又被译为"关联主义"和"连接主义"。联通主义学习理论的产生源自三个方面力量的直接推动。首先，21世纪是个知识大爆炸的时代，被称为知识经济时代。在这个时代，知识和信息的更新速度远远超出了农业时代和工业时代所能想象的数字。信息衰变周期的急剧缩短，知识信息呈指数增长的现实，使身处知识经济时代的每个人必须解决如何在有限的生命里，尽快尽多地掌握新知识，使自己保持不落伍这样的难题；第二，同样是在这个知识经济时代，计算机技术和互联网技术的突飞猛进对人类社会方方面面产生了深刻的影响。技术产品和技术工具的使用改变了人的思考方式和认知方式，使之呈现出与以往时代不同的特征；第三，综观已有的学习理论，包括行为主义、认知主义和建构主义，都创建于 21 世纪之前，那时各种技术产品及互联网络对人类生活的影响还没有达到现在这种弥漫的状态，因此，这些学习理论都关注了发生在学习者个体内部的学习现象。它们的中心法则认为学习是发生在个体内部的过程，甚至连社会建构主义的观点都认同了个人在学习中的重要性。这些理论都没有提及学习还发生在个体外部的情况。由此可知，不论是从现实角度出发，还是从技术层面考虑，都会发现已有的学习理论存在许多问题。同时，由于在某种程度上我们如今所面临的基本条件变化太大，不宜再对已有理论作进一步的修正，而是需要对学习理论作全新的思考。

西蒙斯（George Siemens）正是在这样三种力量的推动下提出了联通主义学习理论，创立了学习理论的又一座里程碑。在联通主义学习理论提出之初，西蒙斯本人认为联通主义是否能够严格地称为学习理论、它能否很好地解释人类学习现象还有待商榷。经过近十年的发展，研究者对联通义的哲学取向、知识观、学习观、课程观、教师观、学生观、学习环境观等进行梳理和总结后认为，联通主义学习理论已经相对成熟并自成体系。

联通主义的主要观点是：

（1）联通主义学习理论是以混沌理论、网络理论、复杂性理论与自组织理论为基础整合形成的，认为学习是一种发生在模糊不清的环境中的过程，学习不只发生在学习者个体内部，还可以发生在学习者个体之外。当学习者个体联通外在于自身的学习系统后，能够获得更多资源来丰富和完善自我的知识体系。

（2）联通主义的起点是个人，个人的知识组成了一个网络，这种网络被编入各种组织与机构，反过来各组织与机构的知识又被回馈给个人网络，供个人继续学习。这种知识发展的循环使学习者通过他们所建立的连接在各自的领域保持不落伍。

（3）联通主义将学习看作是一个联结的过程，通过联结使学习者的内部认知网络和概念网络以及外部的社会网络都得以优化。联通主义把对学习情景的视野扩展到了网络社会结构的变迁当中，认为学习是在已有的知识网络结构中创建新的节点，发展新的知识网络。个人创建由人和网络等可信节点构成的技术增强型个人学习网络，学习者通过连接新的结点来发展个人知识网络。因此，学习不是单一的事件，也不是最终的目的，而是不断发展的过程。

（4）联通主义学习理论有八条基本原则。原则 a：学习和知识建立在多样性的观点之上；原则 b：学习的过程其实是与特定的节点和信息资源建立连接的过程；原则 c：学习也可能存在于物化的应用中；原则 d：持续学习的能力比当前掌握的知识更重要；原则 e：为了促进持续学习，需要培养和维护各种连接；原则 f：发现领域、观点和概念之间关系的能力是最核心的能力；原则 g：流通（准确、最新的知识）是所有联通主义学习的目的；原则 h：决策本身是学习的过程。

最后，研究者也指出联通主义学习理论并不适合所有阶段的学习者，它对学习者的学习能力至少有两项基本要求：其一，学习者具备较好的学习经历，对运用各种技术手段开展学习具有十足的信心和较强的能力；其二，学习者要有参与联通主义学习的能力，能够对所获取信息的价值作出正确的判断。由此可知，联通主义指导下的学习是以学习者具备某些特定的能力为基础条件的，它并不适合于所有学段的学习者。就目前来讲，联通主义学习理论更适合于指导高等教育和在职教育两个阶段的教与学。

3.1.4　分布式认知理论

分布式认知（Distributed Cognition）理论是在 20 世纪 80 年代中后期，由加利福尼亚大学的埃德温·赫钦斯（Edwin Hutchins）提出的理论，也称分布式学习、分布式智力。赫钦斯经过长期在自然情境中对人类认知活动的考察指出，认知活动总是发生并分布于特定的文化和历史背景中的。在认知活动过程中，他人、认知制品、外部表征和外在环境共同构成了认知实现不可或缺的部分，因此，认知最好被理解为一种分布式的现象。赫钦斯分布式认知理论的提出与传统认知观点将认知作为个体级别的信息加工过程区别开来，成为重新思考人类所有认知现象的一种全新范式。

研究者认为，分布式认知理论作为认知领域的全新范式而广受关注的主要原因在于：首先，随着技术的进步，计算机、智能手机等数字化产品在智能活动中扮演着愈加重要的角色，致使认知活动的分布性特征比以往任何时期都要明显。也就是说越来越多的认知任务的解决，不仅需要个体的认知参与，还需要个体与计算机之间的交互参与，甚至需要多个个体与计算机的交互作用；第二，维果茨基的社会文化理论引起了许多研究者的关注，研究者日渐认同该理论所强调的，个体的内部认知不仅与外在的社会文化有交互作用，而且就存在于社会和文化情境之中，并构成了社会文化的一部分；第三，人们逐渐认识到传统认知观将认知作为个体级别的信息加工过程是存在缺陷的，因为这会忽视认知对情境的依赖性及潜在的分布性特征。

分布式认知理论的主要观点：（1）分布式认知理论将系统性作为认知活动的本质属性和出发点，提出认知分析的单元是一个包括认知主体、环境系统及参与认知活动所有事物的功能系统。（2）该理论强调认知的分布特性，认为认知分布于个体内部、个体之间、媒介中、环境中、文化中、社会中、时间和空间之中。（3）关于表征与交互。分布式认知理论认为认知是在内部表征系统和外部表征系统之间的相互转换中产生的，各种不同表征系统或表征状态之间所产生的会话、交流、信息转换、新表征的建立等是知识产生和传播的重要特征。另外需要特别强调的是，内部表征系统和外部表征系统并不是一成不变的，它们之间的交互也受到外界环境的不断影响。（4）分布式认知系统具有三个主要特点，分别是交流、共享和各要素之间的相互依赖关系。交流是分布式认知的必备条件，学习者个体也许具备某些知识的心理表征，但是知识不被分享时是无用的，所以必须通过交流将知识向他人表征出来；共享信息是学习共同体开展协作活动的基础，同时也是建立参与者对任务情境共同理解以完成学习任务的基础；分布式系统中的要素必须相互依赖才能顺利完成任务。

3.1.5 对本研究的启示

社会文化学习理论、建构主义学习理论、联通主义学习理论和分布式认知理论对厘清研究的关键问题和架构研究的整体框架都具有重要的启示。具体如下：

1. 重视人际关系与知识建构的相互促进作用

社会文化理论强调学习和发展是无法脱离社会环境而进行的。学习者是社会中的个体，时刻与他所处的环境及环境中的人与物产生交互，生成千丝万缕的关系（如师徒关系、合作关系等）。正是这种互动关系激发着学习者的认知过程、促进了认知的发展并改变学习者的思维。协作知识建构所强调的重点便是学习者以相互协作的方式，通过共享、冲突、论证、协商的互动过程来共同建构公共知识，由此可知，人际关系的发展与协作知识建构的深入是相辅相成的。协作知识建构的开展是以一定的人际关系为基础的，良好的人际关系会促进知识建构的顺利实施，同时，知识建构的有效实施又会推动协作关系进一步发展。因此，在研究实施过程中，必须同时关注人际关系的健康发展与协作知识建构的深入推进。

2. 认知制品是协作知识建构有效的认知工具

维果茨基将人类的工具分为两类，一类是用作劳动生产的物质工具，另一类是用于传承文化和交流思想的认知制品，由符号、语言等构成。认知制品是协作知识建构中有效的认知工具。协作知识建构要求不同个体之间、不同小组之间在充分理解彼此观点的基础上经协商一致形成对研讨主题的共识，参与者必须生成认知制品才能使自己的观点得以表达，进而促成不同观点之间的交流与沟通。同时，已生成的认知制品又会逐渐积累而形成资源库，成为后续协作知识建构的有效工具。

3．保持学生在协作知识建构中的主动性

建构主义学习理论强调学习者才是学习的主体，他们依靠已有的知识经验主动地建构自己对外部世界的理解。皮亚杰批判了消极的课堂教学，认为学习者只有在丰富的环境中主动探索，亲身参加实际活动，才能建构其知识。因此，在协作知识建构中应该强调学生的主体地位，鼓励学生主动参与、主动质疑、主动探索。

4．认知冲突是认知发展的催化剂

皮亚杰的理论认为认知冲突对认知发展具有重要作用，只有当接收到与学习者认知结构不相匹配的外部信息时，才会促进学习者的认知发展。通常情况下，最为理想的状态是呈现的学习材料不能立即被学习者同化，但是难度也不应该太大而使学生无法顺应。在协作知识建构中，学习者之间不同观点的相互碰撞会导致认知冲突的产生，这会使他们发现所面临的情况与自己已有的图式无法匹配。为了重新达到认知的平衡状态，学习者需要借助更加权威的资料来论证各自的观点，由此通过同化和顺应的过程使认知冲突得以解决。

5．强调学生知识网络的优化与完善

联通主义学习理论和分布式认知理论使我们对混合学习环境中协作知识建构的组织实施有了更加深刻的认识。本研究突出体现了认知的分布性特征，认知不仅分布于学习者个体内部、个体之间，而且还分布于线上和线下两个空间之中。因此，在混合学习环境中具体组织与实施协作知识建构活动时，应该让学生知晓，每一位成员都可以成为他人拓展自己知识网络的一个节点，是实现知识建构的重要资源。知识节点的相互联通才能促进每个人知识网络的完善优化。

3.2 协作知识建构的经典模型

3.2.1 Crawley 协作学习会话模型

会话模型（Conversational Framework）最初由英国开放大学的 Diana Laurillard 教授提出，他从教与学互动的角度出发，运用学习过程的会话模型标识了学习完成所必须发生的活动。Diana Laurillard 将学习中的活动概括为适应性交互和会话性交互两个层次。在适应性交互层中，师生的交互活动是学习者围绕学习目标开展一系列的学习行为，而教师主要创建学生学习行为能够发生的环境，如管理、辅导、测试等。适应性交互发生的同时，师生之间还产生会话性交互。在会话性交互层中，教师和学生双方的活动是协商概念并反思、调控教与学行为。

R. M. Crawley 在 Diana Laurillard 会话模型的基础上，从协作学习的视角对其做了改进，形成了协作学习会话模型，强调在协作学习中应该着重体现小组内部知识建构的互动过程，如图 3-1 所示。该模型对于开展协作学习活动有明确的指导意义。

首先，Crawley 协作学习会话模型揭示了互动的两个层面：学习者个体内部的互动（模型当中的 10 和 11）和学习者之间的互动（除 10 和 11 以外的其他互动行为）。学习者个体内部的互动有利于监控、调节和反思自身的学习。学习者之间的互动则有利于信息的获取、概念的阐明以及目标技能和知识的应用。其次，该模型还揭示了互动的两个级别：理念层次的互动和行为层次的互动。这两个级别的互动均通过一定媒介才能实现。理念层次的互动是存在于小组成员头脑内信息的沟通和转换，在小组内部讨论该建议的可行性和合理性。行为层次的互动是具体信息的沟通和转换。第三，除了讨论、协商、反馈、调节等基本的互动行为以外，该模型还强调了协作组内的反思和评价活动（模型中的 5 和 12）。这便与约翰逊兄弟所称的小组自加工（Group

Processing）过程相对应。小组自加工是指小组成员对一定时期内的小组活动情况进行的反省和反思。

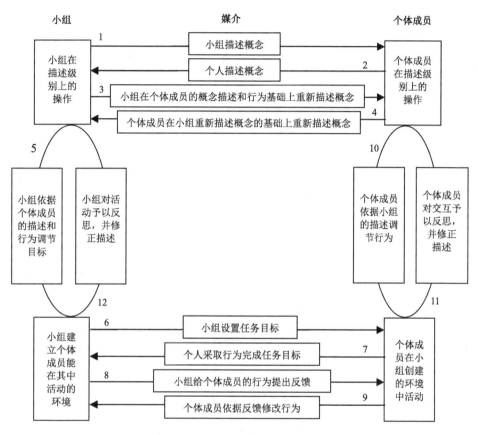

图 3-1　Crawley 协作学习会话模型

3.2.2　Stahl 协作知识建构过程模型

在相关协作知识建构模型中，Stahl 基于社会建构主义对学习的解释，从个体知识建构与协作知识建构相融合的视角，提出了一个具有代表性的知识建构模型，如图 3-2 所示。在 Stahl 的协作知识建构过程模型中，带方向的箭头表示知识的转换流程，矩形框表示知识转换的产品，也就是知识建构过程中的不同发展阶段。Stahl 认为知识就是按照与图中所示的相似的途径进行建构的。

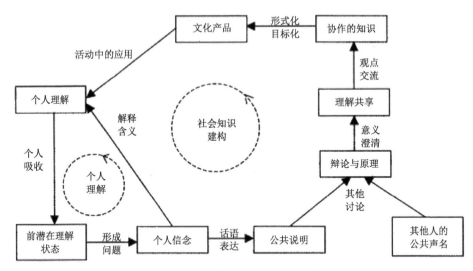

图 3-2 Stahl 协作知识建构过程模型

在该模型中，呈现了知识建构的两个相互联系又相互区别的层面，即个体知识建构和协作知识建构。图的左下方是个体知识建构层面，体现了个体在个人理解的基础上，积极主动地建构对知识的理解，并形成个人信念的循环过程。这一过程中，个体对知识的理解以及个人信念都是内隐的、没有被外化的。当个体将自己对知识的理解和个人信念通过语言文字表达出来，与他人分享时，他所参与的认知活动就不再局限于个体层面了。此时，个体已将其认知活动有意或无意地融入到社会情境当中去，参与到协作知识建构的过程。在协作知识建构的层面，理解共享来自不同社会背景的个体共享观点，并对自己与他人观点冲突的地方展开讨论与交流，在协商论证的基础上逐渐形成对知识的共同理解。在不同个体交互过程中，协作活动的情境和文化制品会影响共同理解的形成，如果对于不同观点或不同见解，小组成员之间通过相互协商达成了一致理解，那么这些一致的理解就是小组的共同认知结果。此时，协作小组对共同的认知结果进行外显化的表达便生成了小组作品，小组作品同时又会被每位成员赋予各自的意义解释从而形成认知制品，这些被外化的小组制品及被内化的认知制品是个体认识发展和共同体认知发展的有效辅助工具和媒介通道。

　　Stahl 的模型融合了个体知识建构和协作知识建构两个过程。与此同时，若从另一个角度思考个体知识建构与协作知识建构的关系，该模型又体现了主观知识与客观知识的相互联系与相互促进。新知识的形成源自于个人对知识的主观理解和主动建构，个人通过自身对知识的创造过程，基于已有的知识和经验对客观知识的积累发挥作用；个体主观建构产生的新知识，通过语言文字等形式得以发表，再经过他人依据一定的客观标准进行审视、评判后为人们所接受，由此成为客观知识。客观知识再次被个体内化和建构，进一步创造并发表新的知识，由此完成知识建构的一个循环。依据 Stahl 模型，协作知识建构包括以下要素：积极地表达陈述个人观点、对同伴的观点予以批判性的评论、不同观点之间的辩论与协商、基于辩论与协商而产生新的认识、以概括与总结达成小组共同理解、对小组共同理解外显化形成小组作品等。

3.2.3　Smith 协作知识建构的信息流模型

　　Smith，J. B. 是最早从信息流的视角分析协作学习过程的学者，他认为应该从整体的角度来考虑小组的协作知识建构活动。基于这一理念，他提出了共同认知的概念，并指出共同认知是指协作小组在完成学习任务时如同一个智力主体在进行认知活动，而不是许多个认知主体活动的简单相加。为了研究如何将小组成员的个体知识有机融合成一个整体，应该将协作知识建构看成是一种信息处理活动。由此，他从信息流的角度出发，提出了协作知识建构的模型，如图 3-3 所示。

　　在信息流模型中，Smith 认为，首先，每个协作小组在知识建构过程中都会生成一定类型的具体成果，如一份研究报告、一个教学设计方案等，该具体成果反映了小组是否成功地实现最终目标。其次，除了目标成果以外，小组还会形成一些工具性的作品以帮助自己和其他小组成员完成特定任务或解决特定问题，如小组某次会议的记录、教学设计模板等。这些工具性的作品在整个协作过程中可能只存在短暂的一段时间，也可能持续到协作活动结束，但是它们都为其他作品或最终成果的产生提供了特定条件。再者，除了具体成果和工具性作品外，协作小组还会应用和产生一些非具体的信息。这些非具体的信息存在于小组成员的头脑中，某些情况下又融合到一个或多个具体成果或作品中。非具体的信息可以是小组内所有成员共享的信息，也可以是存在于个别成员或部分成员头脑中的信息。也就是说，非具体的信息有共享信息和私有信息之分。在整个协作小组的讨论过程中，私有信息发生流动，并转换为共享信息。

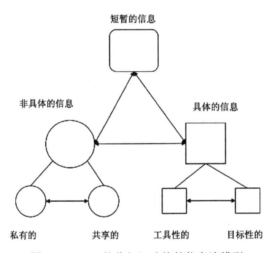

图3-3　Smith 协作知识建构的信息流模型

由此可知，在 Smith 协作知识建构信息流模型中，协作小组在实现协作学习目标的整个过程中会涉及三类信息：（1）具体的信息，包括目标性的成果和长期存在的工具性产品；（2）非具体的存在于小组成员头脑中的信息，包括共享信息和私有信息；（3）短暂的、仅仅为目标成果或工具性作品的产生提供服务后就丢失或消失的具体信息。这三类信息的流动和转换便形成了协作知识建构的整个过程。

3.2.4　对本研究的启示

Crawley 协作学习会话模型、Stahl 协作知识建构过程模型和 Smith 协作知识建构的信息流模型分别从不同角度揭示了协作知识建构某一方面的特性，为本书中混合学习环境中协作知识建构模型的提出给予了重要启示。

首先，三个模型都强调协作知识建构中个体知识建构与小组知识建构之间的互动关系。其中，会话模型重点强调了小组内部知识建构的互动过程，Stahl 模型关注了个体知识建构与协作知识建构的相互融合，信息流模型则通过三类信息之间的流动揭示协作知识建构中个体与小组的互动关系。

其次，理论基础对于模型建构具有十分重要的决定性作用。虽然 Crawley 协作学习会话模型和 Stahl 协作知识建构过程模型有较多的相似之处，但由于两者所依据的理论基础不同，使它们各自关注的重点有了较大的差别。Crawley 的协作学习会话模型是基于教与学交互理论构建的，所以该模型只关注了小组整体对成员个人的指导与反馈作用，重点分析了小组整体与个体成员的互动，而对于小组内部成员之间的协作互动没有很好地体现。Stahl 协作知识建构过程模型基于建构主义理论而提出，以协作知识建构的参与者为主体，从个体知识建构与协作知识建构相融合的视角分析了参与者之间的协作互动过程。

第三，Smith 协作知识建构的信息流模型揭示了协作知识建构系统的本质，即协作知识建构系统实际上是一个典型的分布式认知系统。在这个系统中，认知分布于个体内、个体间、媒介、环境、文化、社会、时间和空间之中，只有当参与者共享交流、相互依赖时，才会产生三类信息的流动和转换，才能推动协作知识建构的进程不断向前发展。

3.3　混合学习环境中协作知识建构模型

模型是关于现实或某一理论的抽象的或简化的表征。模型的重要特点体现在两个方面：其一，模型要足够具体和清晰，使其所表达的含义能够得到充分的界定和精确的预测；其二，模型是一种抽象的和简化的表征，简化是模型的第二个特点。混合学习环境中协作知识建构模型是对混合学习环境中协作知识建构理论与实践的抽象化表征，是作者研究理念和研究思路的充分体现。一方面，混合学习环境中协作知识建构模型对后续研究的开展具有重要的指导意义；另一方面，模型的建构也成为本研究的一项基础性工作。

3.3.1 模型构建依据

混合学习环境中协作知识建构模型是对混合学习环境中协作知识建构过程、组成要素及其相互关系的系统化描述，因而，混合学习环境中协作知识建构有其独特之处，既不同于传统的协作知识建构，也与网络环境中的协作建构相区别。在本节中将以理论基础为指导，以经典模型为参考，以混合学习环境的特征、协作知识建构的过程要素以及两者之间的相互关系为重要依据，进行模型的构建。

1．混合学习环境的特征

环境是指人们所赖以生存和发展的外部条件的总和，也是人类在社会生活中的社会条件与自然条件的总和。学习环境是独立于学习者之外的不以人的意志为转移的客观存在，学习者的所有学习活动只能在一定的环境下进行。对于学习环境概念的界定大致有这么几种观点：其一，认为学习环境是一种场所；其二，认为学习环境是学习活动展开的过程中赖以维持的情况和条件；其三，将学习环境看作是各种学习资源的组合；其四，认为学习环境是学习资源和人际关系的组合。目前越来越多的人倾向于认为学习环境是学习资源和人际关系的一种动态的组合。其中既有丰富的学习资源，又有人际互动的因素。尽管研究者从不同角度对学习环境的认识不尽相同，但是有两个方面是大家普遍认可的。一方面，学习环境绝不仅仅是物质环境，它们都包含着物质之外的其他要素，包括"物质环境"和"非物质环境"；另一方面，学习环境不是一个静态的概念，而是一个动态的概念，它与学习者的学习过程是同步存在的。

综合上述观点，作者认为本研究中的混合学习环境指以课程为依托，开展所有正式和非正式学习活动所涉及的物质条件环境（在线学习环境+课堂学习环境）及人际关系环境（学习共同体）的总称。混合学习环境应该包括两层内容，即物质条件层面和人际关系层面。物质条件指所有学习活动开展所必需的硬件基础设施和软件支撑工具，这是学习环境最外在的表现形式；除此之外，混合学习环境还包含人际关系方面，表现为学习活动开展过程中动态生成的学生之间及师生之间的人际交往。在本研究中人际关系具体指协作知识建构活动中动态生成的学习共同体及其相互关系。它是学习环境的重要方面，对学习影响非常深远。因此，混合学习环境的特征分析也应该从物质条件层面和人际关系层面分别阐释。

（1）物质条件层面。从物质条件层面来讲，首先，混合学习环境是传统课堂环境与在线学习环境的结合，它涵盖了传统课堂环境及在线学习环境涉及的所有物质条件。本研究将以课程为依托，以多媒体教室（计算机+网络+投影+幕布）环境为面对面课程讲授和小组讨论的场所，结合 Tower 网络协作平台及移动学习终端而形成的"线上+线下"两个空间相融合、全方位、立体化的混合学习环境。在这种"线上+线下"的立体化学习环境中，支持的是学生正式学习与非正式学习两种学习方式。总体来看，目前我国高等学校的混合式课堂，还不能像国外那样自主决定部分课时在面对面的环境中，另一部分课时在网络上开展，教师没有足够的权利在规定的课时内将学生分散在网络上学习某些内容，当然高校校际联盟的 MOOC 类课程除外。也就是说，绝大多数的课程无法完全冲破传统制度的限制，只能在已有的传统框架中做调整。本研究的开展亦是如此，在规定课时内组织学生掌握必要的知识与技能，并注重组织小组协作知识建构活动。但是课时内的时间毕竟有限，无法保证小组知识建构活动的完整实施，这时便要借助网络协作平台将学生的协作知识建构活动扩展到课外。可以说，混合学习环境在时间维度上支持了课内学习和课外学习，在空间维度上支持了线上空间的学习和线下空间的学习。

（2）人际关系层面。从学习环境的人际关系层面分析，本研究的实施全程依托课程而进行，课程学习共同体生成将源自具有一定松散人际关系的自然班级。但是，必须明确的是自然班级、课程或课堂只是具备了形成学习共同体的潜在条件，它们只是一种应然而并非实然的学习共同体。如果想要在课堂中真正建立起由师生共同组成的学习共同体，必须通过以下方式来实现，即教师与学生采用互动沟通、合作对话的形式来发展共同的文化价值和心理倾向，并通过不断的社会化互动过程来激发和维持学习共同体的生命活力。研究正式启动时，对参与课程的学生进行分组以形成协作小组；协作知识建构活动以小组为单位进行，并将这种结构稳定的小组保持一个学期直到课程结束。在研究开展的最初阶段，协作小组只是学习共同体雏形；随着研究的深入推进，小组之间互动交流的加深才会推动班级层面学习共同体的产生。由此可知，在本研究的进展过程中，学习共同体在线上空间和线下空间的形成、成长和发展就是混合学习环境中人际关系最为显著的特点。

共同体原本是一个社会学的基本概念，在 1881 年出版的德国社会学家斐迪南·滕尼斯（Ferdinand Tonnies）的社会学名著《共同体与社会》（Gemeinschat und Gesellschaft）中首次提出。"学习"与"共同体"的结合是人类对知识建构的社会文化维度的认识积累到一定程度，产生了"共同体意义协商"的学习隐喻后出现的概念。学习共同体是由学习者与助学者共同组成的团队，在这个团队中成员共享着共同的学习目标，并在一定外部环境的支撑下以共享资源、沟通交流、对话协商、互通有无等形式共同学习、分享体验并完成学习任务。最终，通过共同活动形成相互影响、相互促进的人际联系，并对团队产生认同和归属。由此可见，首先，学习共同体为学习者提供了围绕共同的知识建构目标而进行社会交互的机会，这种交互以参与活动为载体又蕴涵多种层次的参与：边缘的和核心的，在场的和虚拟的；其次，每一位成员都可以从不同水平和不同角度加入到围绕知识的合作、争论和评价中，并且从中获得来自他人的和认知制品的支持。可以说学习共同体概念体现了当代学习研究领域对学习的社会性本质的普遍认同，同时它又为克服其他学习组织方式中无法实现知识的社会性建构的缺陷指明的新的方向，提供有效保证。

2. 协作知识建构的过程

Harasim 是最早探讨协作知识建构过程的学者，他将协作知识建构的过程划分为主题探讨、相互评估、检验论证、观点质疑、动态交互和观念形成等几个阶段。之后，其他研究者又分别提出了协作知识建构的四阶段过程和六阶段过程，也有研究者对计算机支持的协作知识建构过程进行了细致分析。

1）协作知识建构的四阶段过程

Gunawardena 认为协作知识建构过程包括四个基本阶段：第一阶段是共享和比较信息阶段，开展的协作知识建构活动包括小组成员描述讨论的主题，交流彼此的看法，并提出疑问之处；第二阶段是观点冲突及冲突解决阶段，具体活动包括对比分析不同观点所表达的含义，识别观点之间冲突的焦点所在，尝试回答问题以进一步明确讨论的主题；第三阶段是观点协商阶段，通过提出新的建议，进行综合，作出调整、妥协等实现协商和知识的建构；第四阶段是达成共识阶段，小组成员经过冲突与协商的过程达成小组共识，并运用新建构的知识支持下一阶段的建构活动。

除了 Gunawardena 外，Fischer 等从另外的角度将协作知识建构过程划分为四个阶段：第一阶段是外化任务相关知识，尽可能多地交流共享与任务相关的信息和资源；第二阶段是引发任务相关知识，成员之间通过一问一答的方式有效地引出更多关于任务的讨论；第三阶段是基于冲突的共识达成，在观点冲突的基础上达成小组内部的共识；第四阶段是基于整合的共识达成，在整合多方观点的基础上达成小组的共识。

2）协作知识建构的六阶段过程

Hansen 等人认为协作知识建构过程应包括六个阶段。第一阶段是小组的形成阶段，使学生初步具备小组协作的基本观念，在此基础上建立协作小组；第二阶段是对问题的设置阶段。在这个阶段中小组需要对协作知识建构活动的主题内容和拟采用的研究路径有明确的认识和界定，形成一个系统的活动计划；第三阶段是规划阶段。协作小组细致地梳理分析需要完成的学习任务，并确定完成某一任务的成员数量。第四阶段是开展研究阶段。本阶段的具体活动包括对信息资料的搜集、对文献资料的梳理及按需要开展调查研究，通常在研究开展过程中会遇到一些没有预见的困难；第五阶段是总结反思阶段。本阶段是在研究阶段的基础上，对小组各项活动的实施进行总结与反思，包括活动进展情况和活动目标达成情况，并撰写报告。在工作总结中，通常包括对遇到的新问题及可采取的研究方法给出建议。第六阶段是活动评价阶段。采取考试或检查的方式对学生及小组在协作知识建构中的表现进行综合评价。

3）计算机支持的协作知识建构过程

协作知识建构包括一系列的阶段过程，Stahl 在分析总结这些阶段过程的基础上，提出了计算机支持的协作知识建构过程的十一个环节，并列举了计算机为协作知识建构不同阶段提供的支持作用，如表 3-2 所示。

表 3-2　计算机支持的协作知识建构过程

序　号	协作知识建构阶段	计算机支持的形式
1	话语表达	话语编辑器
2	公开陈述	个体的观点
3	他人公开陈述	观点比较
4	选择式讨论	论坛
5	辩论和推理	辩论曲线
6	意义澄清	术语讨论
7	共享理解	术语或含义
8	观点协商	协商支持
9	协作知识	小组观点
10	形式化和客观化	文献讨论
11	人工产物及其表示	文献或者其他社区知识库

除此之外，国内研究者也对协作知识建构过程进行了探讨。其中，甘永成博士认为协作知识建构过程包括提问、解释、澄清、冲突、支持、辩护、评估、知识建构、综合和反思九个阶段。刘黄玲子将协作知识建构划分为共享、论证、协商、创作、反思、管理和情感交流等七个基本过程。庄慧娟和柳婵娟依据学习者参与的活动，将协作知识建构过程分为分享、协商、共识

和应用四个阶段。谢幼如则对网络环境中的协作知识建构过程进行了研究，提出网络课堂中协作知识建构过程包括共享、论证、协商、创作和反思五个阶段。作者将这些观点进行了梳理汇总，如表 3-3 所示。

表 3-3　协作知识建构的过程环节汇总

研究者	时　间	协作知识建构过程要素
Harasim	1989	1.主题探讨；2.相互评估；3.检验论证；4.观点质疑；5.动态交互；6.观念形成
Gunawardena	1995	1.共享和比较信息；2.发现和分析观点间的差异；3.提出新建议共同建构知识；4.达成共识并应用新知识
Hansen	1999	1.小组形成；2.问题设置；3.规划；4.研究阶段；5.工作总结；6.评价
Stahl	2000	1.话语表达；2.公开陈述；3.其他人的公开陈述；4.选择式讨论；5.辩论和推理；6.意义澄清；7.共享理解；8.观点协商；9.协作知识；10.形式化和客观化；11.人工产物及其表示
Fischer	2002	1.外化任务相关知识；2.启发任务相关知识；3.基于冲突的共识达成；4.基于整合的共识达成
甘永成	2004	提问、解释、澄清、冲突、支持、辩护、评估、知识建构、综合和反思
刘黄玲子	2006	共享、论证、协商、创作、反思、管理、情感交流
庄慧娟	2008	分享、协商、共识和应用
谢幼如	2009	共享、论证、协商、创作、反思

综合上述各种观点，作者认为，协作知识建构过程应该包括以下四个阶段，即信息共享阶段、论证协商阶段、作品创作阶段和小组反思阶段。同时，协作知识建构又是一个不断发展的过程，并不以这四个阶段的完整实施为终结，而是四个阶段逐步推进并循环上升的一种发展状态。

信息共享阶段：信息共享是协作知识建构的重要开端，后续所有协作知识建构活动的开展都始于小组成员之间的信息共享。这一阶段，小组成员开诚布公地就讨论主题表达观点、交流想法、比较信息。

冲突与协商阶段：在知晓和比较不同想法的基础上，小组成员发现彼此之间存在观点不一致或相互矛盾的地方。面对各种不一致的观点或相互矛盾的观点，学习者个体会产生认知冲突；此时，通过有理由地论证和辩论，学习者会加深对问题的理解和思考，并综合他人的观点提出新的建议和解决方案，最终形成小组一致的观点。

作品创作阶段：作品创作阶段是小组成员基于协作知识，选取恰当的形式把公共知识表现出来并生成认知制品的过程。作品的具体表现形式包括总结报告、设计方案、集体绘画作品等等。

小组反思阶段：教师与学生共同针对已开展的所有协作知识建构活动进行反思。梳理总结本次活动的成功之处、不足之处、存在的问题及改进措施。这是促进下一轮活动有效开展的关键所在。

3．两者的关系

混合学习环境中的协作知识建构，是以小组为单位的学习共同体，为了达成共同的学习目标，借助面对面学习环境和在线学习环境各自的优势，所开展的由信息共享、论证协商、作品创作及小组反思等过程要素构成的知识建构活动。首先，混合学习环境中协作知识建构各项研究都十分强调学习共同体的重要作用。因为，以小组为单位的学习共同体，是所有面对面知识建构活动和在线知识建构活动的主体，而随着研究的深入推进，构建起以班级为单位的学习共同体是我们不断奋斗的目标。第二，混合学习环境中的协作知识建构是一个典型的分布式认知系统。在这个分布式认知系统中，信息、知识、认知不仅仅分布在线上和线下两个不同的空间里，同时又分布于不同的学习共同体和学习者个体中。第三，若要推动混合学习环境中协作知识建构的有效开展，即这一分布式认知系统有效运转，不得不关注系统各要素、各空间的信息流动，包括信息在两个空间的流动、在学习者个体之间的流动、在学习共同体间的流动等等。基于以上分析，作者尝试着构建混合学习环境中协作知识建构模型，作为本研究的一个基本指导框架。

3.3.2 模型构建

Norbert M．Seel 认为教学领域内的模型大致可分为三类。第一类可称为理论模型，这些模型旨在建立更精确、更有解释力和更完善的教学理论和概念，对理论的完善具有重要的意义；第二类可称为组织模型，这些模型可以作为教学规划的"处方"，具体指导教学活动的组织与开展；第三类模型可称为规划—预测模型，旨在通过可选择的学习环境的构架来改变教学实际。依据 Seel 对教学模型的分类，这一部分内容将结合研究的实际情况，各有侧重地构建混合学习环境中协作知识建构的理论模型和组织模型。混合学习环境中协作知识建构的理论模型旨在完善混合学习环境中开展协作知识建构的理论与概念；混合学习环境中协作知识建构的组织模型则具体阐释了如何在混合学习环境中开展协作知识建构活动。

1．混合学习环境中协作知识建构的理论模型

理论模型的提出是对混合学习理论和协作知识建构理论的完善与创新，同时又要遵循混合学习理论与协作知识建构理论的指导而进行。前文已提及，Graham 将混合学习划分为四种层次、三种类别。四种层次的混合学习分别指活动层次、课程层次、项目层次和机构层次的混合；三种类别的混合学习分别是使能型混合、增强型混合和变革型混合。依据 Graham 的理论，本研究所开展的以全日制在校大学生为对象的混合式教学，虽然是依托课程而进行的，但是混合的层次仍然是处于活动层面的。因为目前的教学体制还没有赋予教师足够的权利去开展课程层面的混合学习。同时，从混合学习的三种类型来看，本研究又是属于变革型的混合学习。因为研究的开展旨在彻底改变以信息传递为主的教学，使学生通过积极的互动来共同建构公共知识。所以，混合学习环境中协作知识建构理论模型必须体现以下核心理念，即在面对面学习环境与在线学习环境相结合的学习环境中，以学生的全面参与为导向，以线上空间和线下空间的融合为支撑，推动协作知识建构的深入发展。线上与线下空间的相互融合、共同体的逐渐成长和协作知识建构的深入开展三者是

相互促进、相互推动、共同发展的。最终，作者构建了混合学习环境中协作知识建构的理论模型，如图 3-4 所示。

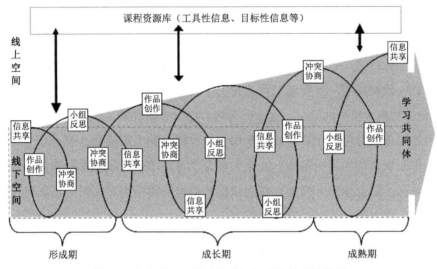

图 3-4　混合学习环境中协作知识建构的理论模型

在图 3-4 中，灰色部分代表学习共同体，它存在于协作知识建构的整个过程，又分布在线上和线下两个空间中；双向箭头表示了信息在线上、线下两个空间的流动。整个模型揭示的内涵是：

（1）高等教育中以全日制在校大学生为对象、以学校课程为依托、以泛在介入环境为支撑的混合式学习的核心本质是创建与培育探究学习共同体的过程。该探究学习共同体以课程学员为成员，经历形成、成长、成熟到消亡的整个发展过程。Garrison 强调这种课程学习共同体与其他在线共同体相比有其特殊之处，课程学习共同体要求快速地创建，并持续相对较短的时间。因此，在课程学习共同体的整个发展过程中，形成期和成长期占据了绝大部分的时间，有些课程学习共同体甚至无法达到成熟期就匆匆消亡。但理想的状态是不同届次的部分学生能够长期驻守课程学习平台，成为课程学习共同体的核心成员并为后续学员提供学习支持。

（2）混合学习环境中的协作知识建构是由信息共享、冲突协商、作品创作和小组反思四个环节循环递进，推动形成的一个不断发展、周而复始、螺旋上升的过程。整个课程教学过程经历着协作知识建构过程的不断循环。信息共享、冲突协商、作品创作和小组反思等协作知识建构环节在线下空间与线上空间的具体实施，推动了协作知识建构的深入发展，推动了探究学习共同体的不断成长，推动了线上空间线下空间的相互融合。

（3）混合学习环境中的协作知识建构，最初只是为协作知识建构的开展提供了面对面与在线两个优势互补的分离环境。然而，随着协作知识建构活动的深入推进，学习共同体在两个空间的逐渐成长，以及课程资源在两个空间的频繁流动，将使面对面的学习成为开展在线活动的重要依托，而在线活动和资源也会日益成为面对面学习的重要支撑，由此促使线上空间与线下空间的相互交织与相互融合。

（4）混合学习环境中协作知识建构的推进过程同时也是课程资源库不断丰富完善的过程。这些资源包括教师提供的学习资源、学生创作的作品以及在协作知识建构中生成的各种过程性制品（如讨论记录、难题解决方案、使用的工具等）。课程资源库一方面是协作知识建构的成果集，展示了学生在协作知识建构中的成长轨迹；另一方面又是协作知识建构的工具集，支持未来协作知识建构活动的有效开展。最终，经过不同届次学生的不断积累和持续参与将形成资源丰富的课程共同体。

2. 混合学习环境中协作知识建构的组织模型

理论模型旨在完善混合学习环境中协作知识建构的理论与概念，组织模型则具体指导混合学习环境中协作知识建构活动的组织与实施，主要涉及协作知识建构活动的安排及混合学习环境对其的支持作用。最终，作者构建了混合学习环境中协作知识建构的组织模型，如图 3-5 所示。

在图 3-5 中，内部的灰色区域表示线上空间，外部的白色区域表示线下空间；方框表示已经通过语言、文字外化了的个人观点和小组作品，椭圆表示还没有被外化的个人理解和小组观点；带有方向的箭头表示信息的流动；T 代表教师，S_G 代表学生小组。

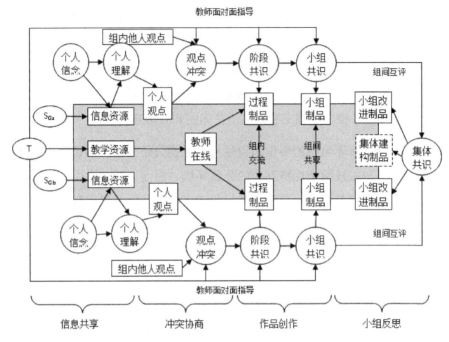

图 3-5 混合学习环境中协作知识建构的组织模型

混合学习环境中协作知识建构的组织模型体现了在混合学习环境中组织实施协作知识建构活动的一些要点：

（1）协作知识建构的过程由信息共享、冲突协商、作品创作和小组反思四个环节组成，但四个环节的完整实施并不意味着协作知识建构活动的完结。相反，协作知识建构是由这四个环节推动而形成的循环递进、螺旋上升的过程。首先，信息共享环节是协作知识建构活动的开端，在信息共享阶段需要达到两个小目标，其一是资源的共享，包括教师共享的资源和学生共享的资源；其二是观点的共享，主要是组内成员观点的共享。第二，当多种观点和多方资源同时在小组内部得以表达与呈现时，不可避免地会产生认知冲突及观点冲突，此时便进入到了冲突协商环节。在冲突协商环节，一方面学生需要对比、比较多种观点，明晰不同观点之间冲突的焦点所在；另一方面又要通过论证与协商就某一主题达成小组内部的共识。第三，当小组内部初步达成共识时，小组成员能够意识到他们达成了某种共识。然而，此时达成的共识其实还处于混沌的状态，如果不加整理和外化便会成为稍纵即逝的信息，即 Smith 所说的"短暂的信息"。为了使小组共识成为具体的信息，在作品创作阶段需要完成两项工作，一是小组知识的概念化，也就是理清思路的过程；二是小组知识的外显化，以语言、文字、图表等形式呈现小组知识的过程。最后，小组知识外化而形成的小组作品在整个班级得到共享与互评，使每个小组作品都有了再次修改与完善的机会，同时又促进了小组反思活动。

（2）混合学习环境中协作知识建构的组织模型，在 Crawley 协作学习会话模型与 Stahl 协作过程模型的个体知识建构与小组知识建构的基础上更进一步，涵盖了三种类型的知识建构，即个体知识建构、组内知识建构和组间知识建构。学习者根据个人已有信念和对信息资源的理解形成并表达个人观点，并在自己观点与他人观点产生冲突时，通过同化与顺应达到认识的平衡状态，这属于个体的知识建构；当小组成员都将各自的理解与观点公开发表时，便会在组内部形成多种观点，组内不同观点之间的冲突、论证与协商属于小组内部的知识建构；当小组将已经外化的小组作品呈现在整个班级时，作品的互评反馈与完善改进便形成了小组之间的知识建构。因此，由个体知识建构、组内知识建构和组间知识建构三种类型构成了协作知识建构系统推动了小组学习共同体到班级学习共同体的成长与演变。

（3）混合学习环境中协作知识建构的组织模型依据混合学习环境线上空间和线下空间各自的优势，一部分活动在线上空间进行，另一部分活动在线下空间进行，还有一些活动会在两个空间中开展。随着协作知识建构活动的深入开展，线上空间与线下空间的信息互动与交流愈加频繁，使线上空间和线下空间相互交织为协作知识建构提供有力的环境支持。

3.4　本章小结

本章在社会文化学习理论、建构主义学习理论、联通主义学习理论和分布式认知理论等理论基础的指导下，以 Crawley 协作学习会话模型、Stahl 协作知识建构过程模型和 Smith 协作知识建构的信息流模型三个经典模型为参考，重点依据混合学习环境的特征、协作知识建构的过程要素和两者之间的相互关系，构建了混合学习环境中协作知识建构的理论模型与组织模型。

混合学习环境中协作知识建构的理论模型是对混合学习理论和协作知识建构理论的完善与创新，它的核心理念是在面对面学习环境与在线学习环境相结合的学习环境中，以学生的全面参与为导向，以线上空间和线下空间的融合为支撑，推动协作知识建构的深入发展。线上与线下空间的相互融合、共同体的逐渐成长和协作知识建构的深入开展三者是相互促进、相互推动、共同发展的。混合学习环境中协作知识建构的理论模型的具体内涵是：（1）高等教育中以全日制在校大学生为对象、以学校课程为依托、以泛在介入环境为支撑的混合式学习的核心本质是创建与培育探究学习共同体的过程；（2）混合学习环境中的协作知识建构是由信息共享、冲突协商、作品创作和小组反思四个环节循环递进推动形成的一个不断发展、周而复始、螺旋上升的过程；（3）混合学习环境最初只是为协作知识建构的开展提供两个优势互补的分离环境，后来则形成了一个由线上空间与线下空间相互融合生成的整体环境；（4）混合学习环境中协作知识建构的深入发展推动了课程资源库的不断丰富与完善，为课堂学习共同体的创建奠定了基础。

混合学习环境中协作知识建构的组织模型指导具体协作知识建构活动的组织与实施，要点如下：（1）对协作知识建构四个环节的具体活动进行了细致的划分，信息共享环节包括资源共享和观点共享，冲突协商环节包括对比分析冲突焦点和经辩论协商达成共识，作品创作环节包括小组共识的概念化和小组作品的外化，小组反思环节包括组间共享互评与小组作品的修改完善；（2）混合学习环境中协作知识建构的组织模型，在已有模型的基础上更进一步，体现了"个体知识建构"—"组内知识建构"—"组间知识建构"的递进发展；（3）混合学习环境中协作知识建构以充分发挥线上空间和线下空间各自的优势为导向，随着协作知识建构活动的深入开展，线上空间与线下空间的信息互动与交流愈加频繁，使线上空间和线下空间相互交织为协作知识建构提供有力的环境支持。

第4章
混合学习环境中协作知识建构要素研究

本章将在第 3 章模型的指导下，对混合学习环境中协作知识建构的关键
要素进行考察和分析，以便为策略的针对性提出提供依据。本章主要包括三
部分内容，首先，通过对经典文献的梳理，总结归纳了与本研究密切相关的
传统协作学习关键要素及计算机支持的协作学习（CSCL）关键要素；其次，
在分析相关要素的基础上，从小组组织、协作知识建构和空间融合三方面出
发，提取了混合学习环境中协作知识建构的要素项；最后，根据已提取的要
素项设计调查问卷，通过对领域专家的调研，最终确定了混合学习环境中协
作知识建构的关键要素。

4.1 协作知识建构相关要素研究

混合学习环境中协作知识建构要素的提取必须以相关研究为基础才能得
以顺利进行。本节将分析梳理与协作知识建构密切相关的传统协作学习关键
要素和计算机支持的协作学习关键要素，为混合学习环境中协作知识建构关
键要素的研究提供有力参照。

4.1.1 传统协作学习关键要素研究

协作学习理论的主要研究者有美国 Johns Hopkins 大学的斯莱文（Slavin，
R．E．）教授、明尼苏达大学协作学习中心的约翰逊兄弟（Johnson，D．W．和
Johnson，R．T．）、肯塔基大学教育学院的嘎斯基（Guskey，T．R．）教授、
以色列特拉维夫大学教育心理学系的沙伦（Sharan，S．）教授、加拿大著名协
作学习研究专家库埃豪（Coelho，E．）、卡甘协作学习中心的卡甘（Kagan，S．）
博士，以及巴以兰大学的梅瓦里克（Mevarech，A．R．）博士等人。他们对传
统课堂环境中的协作学习进行了长期深入的研究与实践，取得了丰硕的研究
成果。本节重点关注以上学者对传统课堂环境中协作学习关键要素的分析，
为混合学习环境中协作知识建构要素的提取做好充分的准备工作。

1．协作学习的三要素理论

美国 Johns Hopkins 大学的斯莱文教授认为，有效的协作学习小组必须具备三个核心要素，分别是小组目标、个体责任和成功的均等机会。

1）小组目标

小组目标是协作小组共同奋斗的指向目标，确立恰当的小组目标有助于促进学习者个体的内在学习动机和小组成员之间的互帮互助。斯莱文认为，典型的课堂教学通常有竞争性目标、个人主义目标和协作性目标三种目标结构。

以竞争关系为目标导向的课堂上，学习者个体朝向目标的努力会伤及其他同学的利益。学生的优劣等次依据其成绩在全班的排名而定，这意味着一旦某个学生取得了第一名，其他学生将无法再达到。

以个人主义为目标导向的课堂上，每个学生的努力对别人不产生任何好与坏的影响。学习活动都是由学习者个体独自完成的，因而不论是学习的过程还是学习的结果都由学习者个体承担，与其他人没有关联。

以协作关系为目标导向的课堂上，目标设定以促进小组成员的团队协作为根本出发点，因而要鼓励小组成员在相互帮助、相互鼓励和相互协作的氛围中完成学习任务，并且在活动结束时分别对个体的表现和小组的表现进行评价。

2）个体责任

尽管在协作学习的理论与实践中，特别强调小组共同完成学习任务，但这并不意味着个体不承担任何学习责任。在协作学习中，学习者个体仍对自己的学习负有不容推卸的责任，学习者个体既要保证自己对相关知识掌握到一定的水平，又要为小组的成功付出最大的努力。

3）成功的均等机会

成功的均等机会是指为协作小组的每位成员提供同等表现自我和为小组贡献力量的机会。成功的均等机会对背景知识和技能水平方面存在差异的异质班级尤为重要。因此，不论学生的背景如何、能力高低，在协作学习中都应该充分尊重并肯定每位成员的表现和付出。

2．协作学习的四要素理论

协作学习的四要素理论是由专注于协作学习研究的加拿大学者库埃豪提出。四要素理论与斯莱文的三要素理论略有不同。库埃豪强调成功的协作学习取决于四个关键要素：一是小组的形成和管理，二是协作任务的设计，三是社会性要素，四是探索性谈话。

1）小组的形成与管理

小组的形成与管理是库埃豪协作学习四要素理论中的第一要素。她认为，协作小组的创建应该采用异质分组的方法，因为异质小组在协作学习中是最有效的小组。所以在创建小组时，要综合考虑小组成员的学业成绩水平、语言水平、种族和伦理背景、性别、年龄、人格类型以及学习风格等各方面，并按照异质分组的原则安排小组成员。此外，在小组的组成人数上，库埃豪强调4人小组最为灵活。因为4人小组既可以随时调整为配对形式进行活动，又可以调整回协作小组的状态。

2）任务的设计

协作活动能否有效地开展，在很大程度上取决于对协作任务的设计。因此，在协作活动的任务设计时，一方面要使学习任务体现出相互依赖的特性，另一方面要突出个体的责任，将责任落实到个人。只有这样才能较好地实现协作学习的效果。

3）社会性要素

库埃豪指出社会性要素是协作学习中的第三大要素。由于协作学习特别强调学习者组成协作小组共同来完成学习任务，因此小组成员必须掌握一定的合作技能，在协作中学会使用功能性的语言，并且能对同伴在协作学习中的表现给予恰当的评价。而合作技能的习得、功能语言的使用和恰当的评价方式正是协作学习所涉及的社会因素的三个重要方面。

4）探索性谈话

学习者是通过语言来表达观点、促进相互理解的。因此，在协作学习中，小组成员之间的谈话是学习的重要工具，它为学习者提供了商讨、辩论、协商及达成共识的机会。库埃豪提出了小型非判断性论坛的倡议，提倡学生出声地进行思考，进行无拘无束的交流。

3.协作学习的五要素理论

尽管各国研究者都对协作学习的要素有自己的观点，但总体来讲，影响最为深远的当属约翰逊兄弟提出的五要素理论。约翰逊兄弟认为，协作学习的关键要素有五个，分别是积极的相互依赖、面对面的促进性交流、个体和小组责任、人际和小组技能以及小组自加工。

1）积极的相互依赖

约翰逊等人认为，协作学习的首要关键要素就是积极的相互依赖。没有相互依赖，就没有协作。在协作学习情境中，积极的相互依赖指的是学习者要认识到他们不仅要为自己的学习负责，还要为小组其他成员的学习负责。

2）面对面的促进性交流

促进性的交流是指学生在协作学习过程中为了取得好的成绩、顺利完成学习任务而相互鼓励和支持彼此的行为。协作学习要求学生进行面对面的促进性交流，由此促进彼此完成学习任务并促进各自的成功。从本质上讲，积极互赖本身并没有神奇之处，之所以重要是由于它所激发的学生之间的互动和语言交流是促使学习结果发生的关键所在。在协作学习中，应当最大程度地给学生提供机会，让学生相互帮助、相互支持、相互鼓励，并对彼此为学习付出的努力给予赞扬。

3）个体和小组责任

协作学习的另一个基本要素是构建个体责任和小组责任。小组责任体现在对小组的表现进行整体评估，并将结果反馈给小组所有成员，让他们与标准相比较。个体责任体现在对每个成员的表现进行评估，将结果反馈给小组和个人，并与预期设定的标准相比较。个体责任是为了让小组成员明白自己不能在协作小组中搭便车，每个人都应该对小组的成功做出应有的贡献。

4）人际和小组技能

在协作学习中，学生需要掌握人际交流的基本技巧以促进相互之间的有效工作。因此，从本质上来讲，协作学习要比其他学习形式更为复杂。协作学习不仅要求学生学习课程主题内容，而且还要求学生学习人际和小组技能，如果学生不掌握基本的团队工作技巧，他们就将无法完成团队工作。

5）小组自加工

协作学习的第五个要素是小组自加工，也称为小组自评、小组反思等。小组自加工可以描述为小组成员对小组某一时期活动的反思，是有效的协作学习开展的第五个关键要素。反思一方面是对小组成员活动的有益或无益进行判定，另一方面是对是否保持或改变小组成员的活动进行决策。

4.1.2 计算机支持的协作学习（CSCL）关键要素研究

1. 国内 CSCL 关键要素研究

北京师范大学黄荣怀教授认为，计算机支持的协作学习（CSCL）是指利用计算机技术（尤其是多媒体和网络技术）来辅助和支持协作学习，它代表了渗透于社会的计算机技术和协作学习这种新型学习方式的结合。CSCL 首先要求协作学习的实现，也就是说 CSCL 同样要包含协作学习的相关理论，体现协作学习的基本要素；同时，CSCL 关注学习者之间基于计算机的交互以及在交互基础上实现协作学习。因此，黄荣怀教授提出 CSCL 有两大关键要素，其一是交互性，其二是协作性。

交互性体现在五个方面：第一，传输信息的丰富性，CSCL 的交互信息超越了现实世界中仅通过感官感知到的信息，并且将其与抽象语言符号信息进行融合再现；第二，参与交互人数的灵活性，CSCL 支持一对一交互、一对多交互，多对一交互及多对多交互；第三，交互的控制权可以根据学习需要设计为均衡分配或高度集中；第四，交互方式多样化，支持同步、异步交互和虚拟时空中的交互；第五，交互过程的可记录性。

协作性也体现在五个方面：第一，支持信息共享，信息共享不仅可以使成员获得更多、更新的丰富资源，而且会增加协作学习小组内部的凝聚力；第二，支持活动共享，协作学习目标的达成是通过一系列的集体讨论、形成观点及作品展示等活动实现的；第三，支持角色扮演，CSCL 同样要包含积极的相互依赖和个体职责这两个协作学习的基本要素，才能使学习者各司其职、荣辱与共。其中，小组成员角色的分配，如调节者、指导者、组织者等，对计算机支持的协作学习的成功实现尤为重要；第四，支持小组创造，虽然学习的最终目标是明确的，但 CSCL 本身会促进学习者观念、知识、技能结构的重构，所以新的观点、思路和方法常常会涌现出来；第五，支持控制管理，CSCL 需要完善的控制管理策略以使协作过程和谐一致。

此外，华南师范大学的赵建华教授，曾对传统协作学习和计算机支持的协作学习的关键要素开展过深入的研究。赵建华教授首先从小组组织及协作学习两个方面出发，通过文献研究和内容分析的方法，确定了 28 个传统协作学习和 CSCL 的要素项，如表 4-1 所示。他指出，虽然 CSCL 不同于传统课堂的协作学习，但许多要素应该是两种环境共同具有的，只是各自所强调的重点和应用方法有所不同。接着，以问卷调查的方式获取数据，利用因素分析法得到了传统课堂协作学习和 CSCL 协作学习的负荷因素。研究结果表明，课堂环境的协作学习更加关注小组的组织与管理，而 CSCL 则更加关注协作学习的组织及其过程管理。

表 4-1　传统协作学习和 CSCL 的要素项

序号	要素	序号	要素
1	个人信息（年龄、性别、民族）（PM）	2	协作学习目标（OCL）
3	协作学习的组成部件（CC）	4	协作学习的方法与过程（CLMP）
5	学生的学习动机等（SB）	6	教师参与（TB）
7	运用协作学习的技巧（CLS）	8	协作学习的内容（CLC）
9	协作学习的功能（BCL）	10	成员之间的协商与交流（PIN）
11	冲突的解决（CR）	12	小组交流活动的模式（CA）
13	同伴交流的有关技巧（CS）	14	学习小组的类型（TG）
15	协作小组组成人数（SG）	16	小组的构成（GF）
17	小组的关键要素（GC）	18	小组成员的角色扮演（RPG）
19	小组的特征（CG）	20	小组持续时间长短（DLG）
21	小组之间的活动（IB）	22	小组学习的成果（OAG）
23	小组技巧（GS）	24	控制方式（CLCM）
25	评价方法（EM）	26	学习的有关条件（LC）
27	协作学习的场所（LP）	28	所需的学习资源（LR）

2. 国外 CSCL 关键要素研究

国外学者也从不同侧面对计算机支持的协作学习关键要素开展了一些探讨。Kayet 重点关注了 CSCL 的技术层面，他早在 1995 年就提出了 CSCL 三个基本要素：第一要素是通信系统，第二要素是资源共享系统，第三要素是小组支持系统。Crawley 也对 CSCL 的组成要素进行了分析，认为计算机支持的协作学习包括技术、协作环境及协作者等三大要素。Bannon 十分强调协作本身，认为计算机支持的协作学习主要包括七个关键要素：协作任务的本质、协作者的本质、协作者的数量、两协作者之间曾具有的关系、协作的动机、协作的环境和协作的时间。

乔纳森也对计算机支持的协作学习关键要素给予了特别关注。乔纳森通过分析大量的 CSCL 实验研究和案例研究，在梳理总结其研究发现和研究局限的基础之上，提出了计算机支持的协作学习六大基本要素 。

1）技术的性质

乔纳森指出，在计算机支持的协作学习中，首先需要明确学习者的哪些特点会和技术使用发生相互作用，以此为依据选择恰当的技术工具来支持学习者开展协作学习。

2）小组的构成

对于协作小组的构成需要从小组规模、性别差异和学习者特征等三个方面来分析，依据分析的结果选择合适的 CSCL 系统支持和促进小组协作学习。

3）学习任务

在 CSCL 中，有意义的协作活动的开展需要以有意义的协作任务为支撑。一般而言，协作任务越复杂、越有难度，学生就越能够进行有意义地协作；同时，当协作主题越是结构不良的问题时，该主题才越接近于真实的复杂世界，也就愈加地需要协作才能完成。因此，乔纳森推荐使用复杂、真实、有意义的任务。

4）导师的作用

在计算机支持的协作学习中，导师发挥着重要作用。通常情况下，学生对在线学习环境中意义含混不清的内容、教学要求不明确的情况以及对延迟的反馈较为不能容忍，CSCL 系统中的导师必须尽快及时地给予学生反馈，或提供干预和引导以支持学习活动的开展。

5）共同体的形成

社会文化学习理论将学习看作是一种社会性参与的过程，强调应用实践情境和社会情境来设计学习体验。CSCL 是基于学习的社会理论产生和发展起来的，特别强调共同体的形成。乔纳森建议通过师生间的交互、建立小组、让学生担任主持的角色以及采用分享的教学模式等方法来促进 CSCL 中学习共同体的形成。

6）正确的评价方式

到目前为止，还没有某种单一的评价形式能够用来评价有意义的学习，学习的结果越复杂就越需要对各种评价方式加以综合运用。研究者也需要在研究中采用多种评价方式，来验证复杂的社会性和认知结果。

由此可知，传统协作学习有五大关键要素，分别是积极的相互依赖关系、面对面的促进性交流、个体和小组责任、人际和小组技能以及小组自加工。而计算机支持的协作学习同样要包含传统协作学习的相关理论、体现传统协作学习的基本要素，除此之外，还涉及技术的性质、协作学习的任务、共同体的形成、导师的作用、正确的评价方式等多个要素的相互作用。

4.2　混合学习环境中协作知识建构关键要素项提取

协作知识建构是协作学习的核心本质。早在 2002 年，赵建华教授就对协作学习的关键要素开展过系统的研究。他从小组组织与管理和协作学习组织与管理两个维度出发，以文献研究和内容分析的方法提取了课堂环境下和 Web 环境下协作学习的 28 个要素项，并对问卷调查获得的数据进行因子分析，从而确定了两种环境中协作学习的关键要素。该项研究结果表明，在课堂环境下开展协作学习，应更加关注小组的组织与管理；Web 环境下则更加重视协作学习过程的组织和管理，同时亦关心小组学习过程。

在此，我们借鉴赵建华教授关于协作学习关键要素的研究，从小组组织、协作知识建构和空间融合三个维度提取混合环境中协作知识建构的要素项。在小组组织、协作知识建构和空间融合三者之中，小组是协作知识建构的基本单元，小组组织的有效与否直接影响着协作知识建构的质量；同时，课堂环境与网络环境相互融合的混合学习环境是本研究的基本环境条件，也对协作知识建构活动的质量起着决定性的作用。因此，从小组组织、协作知识建构和空间融合三个维度提取混合学习环境中的知识建构要素项，可以说是一种较为全面和妥当的做法。

4.2.1　小组组织要素项分析

协作知识建构是个体在协作小组中共同参与有目的的学习活动，最终形成具有某种观点、思想及方法等人工产品的过程。由此可见，协作知识建构的各项活动都是以小组为单位实施的，协作小组是协作知识建构活动顺利开展的基础条件。然而，美国明尼苏达大学协作学习中心的约翰逊兄弟认为，创建并维持真正意义上的协作性学习小组并非易事，大部分实践者都无法做到这一点。如果认为只要把学习者聚集在一起就创建了协作小组，这种观念是错误的。

1. 学习小组类型

约翰逊兄弟将实践中形成的学习小组划分为四种类型：假冒的学习小组、传统的课堂学习小组、协作学习小组和高绩效的协作学习小组。

1）假冒的学习小组

假冒的学习小组是指学生被教师要求在一起完成学习任务，但他们对此却没有兴趣。学生虽然共处一组，但并不想在一起工作或者并不打算互相帮助以使彼此成功。他们经常互相阻碍和影响彼此的学习，沟通与合作很差，试图误导和迷惑对方，游手好闲，甚至试图搭便车。小组成员之间没有任何有益的相互影响，甚至降低了个人学习的效果。结果就是小组的总体表现比单个成员的潜在表现还差。这种小组是不成熟的，因为成员对彼此或小组的未来没有兴趣，也不负责任。

2）传统的课堂学习小组

在传统的课堂学习小组中，小组成员对共同学习是认可的，但并不认为彼此会有互惠互利，成员的相互依赖度很低。传统的课堂学习小组主要强调任务而忽略协作，以至让学生感到没有多少需要协作的地方。小组成员对他人的学习不负有责任，彼此的影响主要在于分享信息和明确如何完成任务，各做各的事。成员的成就来自于个人的认知和个人回报。学生负有个人责任而非团队成员的责任。

3）协作学习小组

在协作学习小组中，小组成员要对最大化自己和他人的学习效果这一共同目标负责。协作性学习小组的学习效果远远大于成员单独学习效果的简单相加。

4）高绩效的协作学习小组

高绩效的协作学习小组，这一类型的学习小组符合了协作学习小组的所有特征，又是对协作学习小组的超越。高绩效小组与协作学习小组两者之间的关键区别就在于成员对彼此、对团队成功具有更高的忠诚度高。在实践中，高绩效的协作学习小组十分少见，绝大多数协作小组都无法达到这样高的水平。

2．妨碍协作小组有效性的原因

在实践中，妨碍协作小组有效性的原因主要有以下几个方面：

（1）小组不成熟。小组成员需要更多的时间和合作经验以形成有效的合作性学习小组。临时小组、特别小组往往没有成熟到能够高效运转的程度。

（2）对权威没有批判性。对小组成员关于学术问题和任务分配的权威观点没有批判性，这对发展高水平推理策略和深度理解力来说是一个主要障碍。相反，小组成员应该考虑一系列潜在答案，然后选择最好的方案。

（3）存在游手好闲的人。当小组的任务是累积性的工作时，个人会在他人不知觉的情况下悄悄地减少自己的努力。

（4）搭便车现象。在分离性的工作中，常常会有"搭便车"的情况。当成员意识到他们的努力是可有可无的，或者当他们为努力而付出的成本太高时，小组成员就不会再为小组的利益全力以赴。

（5）由于不公平而缺乏激励。当有人"搭便车"时，其他成员就会倾向于减少自己的努力以免被当作傻瓜。

（6）小团体思想。由于小组中回避了不同意见和追求合作，小组对于自己的能力有时过于自信，并且认为自己能应对任何挑战和威胁以至无懈可击。

（7）缺乏足够的异质性成员。成员类型越相似，每个人增加小组资源的贡献就越少。小组中应当综合形成工作中所需要的完成指派任务的技巧和团队工作的技巧。异质性确保了小组工作可得到广泛的资源。

（8）缺乏团队工作的技巧。如果小组中有些成员缺乏有效工作所需的团队意识和人际交流技巧，那么其他能力较高的成员的表现也会受到影响。

（9）不适当的小组规模。小组规模越大，成员的参与度就会越低，成员就越会认为自己的贡献没有必要，对小组合作的技巧的要求就会越高，小组的结构也就越复杂。

大部分参与过小组协作学习的人都会有这样的感受，认为小组协作是浪费时间、效率低下且常常难有成效。若要使小组学习真正发挥其协作特性，就必须使小组活动具有某些特定的品质，使其与假冒的小组和传统课堂小组相区别，这也正是协作小组的要素问题。

3. 小组组织要素项整理

在 4.1 中，我们已经对传统协作学习及计算机支持的协作学习关键要素做了详细分析。从分析的结果来看，实际上研究者对传统协作学习要素的考量都是集中在小组组织层面的。综合上述研究，作者在提取小组组织要素时，着重参考了传统协作学习的关键要素。最终，作者认为混合学习环境中协作知识建构的小组组织与管理要素共有七项，分别是：

1）小组目标

小组目标是小组组织与管理的首要要素，确立恰当的小组目标有助于促进学习者个体的内在学习动机和小组成员之间的互帮互助。因此，每次协作学习活动都要设定明确的任务目标，并保证每位小组成员知晓该学习目标、对小组协作学习目标达成较高的共识，以促进后续其他各项小组协作活动的顺利开展。

2）个体职责

个体职责是小组组织与管理的另一个关键要素。虽然协作知识建构活动的开展是以整个小组为单位进行的，但这并不意味着小组成员不具有个体职责。与此相反，小组组织与管理中要特别强调每个小组成员的个体责任，这是要让学习者明白，首先，在小组协作中没有人可以不劳而获、搭便车；其次，每位成员都必须要为小组的成功贡献自己的力量，体现自己在团队中的价值。

3）成员关系

成员关系是指在小组内部学习者之间形成的相互关系。约翰逊兄弟指出，要使学习小组发展成为真正有效的协作学习小组，需要对成员之间的关系提出较高的要求。在协作学习小组中，成员之间必须形成积极的相互依赖关系，没有相互依赖，就没有协作。每位成员都时刻具备荣辱与共的团队意识。当然，在协作学习小组建立初期，要使成员之间形成积极的相互依赖关系，还需要团队内有引领型的成员对所有参与者的督促和引导。

4）评价方式

对协作学习小组的评价与传统的学习评价方式相比有很大不同。其一，从评价目标来看，传统的评价者是基于常模参照的评价，这种评价方式只关注学习者个体在班级整体中的位置和排名；而协作学习小组的评价是基于标准参照的评价，追求的终极目标是推动每位参与者的进步，给每位成员以均等的成功机会。其二，从评价的功能来看，要处理好个体与团队的关系，既要对成员的贡献给予公平的评价，又要有利于小组凝聚力的增加。

5）小组规模

小组规模也就是小组成员数量。一般认为，小组规模在 2～6 人之间最为适宜。约翰逊等人曾建议初次尝试协作小组时最好使用 2 人组或 3 人组。当学生有一些小组协作学习的经验时，再运用规模大一些的小组。如果小组人数太多便会给小组活动的组织与实施带来诸多不便。因此，协作学习小组的规模不应该超过 6 人，这样才能保证每个小组成员都能有机会参与到小组协作活动中来。

6）小组结构

小组结构是指小组内成员之间的知识背景、能力水平是同质性的还是异质性的。同质性的学习小组可以用来掌握某些具体技能或达成一些教学目标。然而，一般来讲，在成员能力异质的学习团队中，存在更多缜密的思考，更多的解释，更多角度的讨论资料，这些都会提高推理的质量、增加长时记忆的准确性。

7）小组持续时间

约翰逊兄弟根据小组的持续时间将协作学习小组分为正式的协作小组、非正式的协作小组及协作性的基础小组。正式的协作小组，是学生在一起学习一节课或几周，所有的课程要求或任务都需要被设计成协作性的；非正式协作小组是为了达到一个共同的学习目标，学生在一起仅持续几分钟时间的临时性特别学习团队；协作性基础小组是指长期的具有稳定成员的合作性学习小组。研究者认为，协作学习小组一旦成立，最好使它们保持相对稳定，直到学习小组取得成功。

4.2.2　协作知识建构要素分析

协作知识建构是协作学习和计算机支持的协作学习（CSCL）最核心的本质，对协作知识建构要素项的考察既要以协作学习和 CSCL 相关研究为依据，同时又要超越这两者，在它们的基础上前进一步、深入一层，才能准确把握协作知识建构的关键要素。参考传统协作学习的关键要素及计算机支持的协作学习关键要素，依据协作知识建构自身的核心内涵，对协作知识建构要素的分析可以从以下五个方面来考量。这五个方面分别是观点、冲突与协商、外化、学习共同体以及过程管理。

1. 关于观点

1）公开陈述观点

个体的知识与理念在与其他成员交流之前，必须能够以语言、文字等公开陈述的形式清晰地描述出来，使他人知晓。因此，在协作知识建构过程中，公开陈述自己的观点是其他后续知识建构活动得以开展的重要开端。

2）观点的多样化

当每个学生在表述观点时，都会将自己先前的学习经验带入到当前学习情境中，这就使观点具有了多样性的特点。多样化的观点呈现在知识建构过程中是必不可少的。这是因为，如果要更加准确地理解一个观点就需要充分理解与之相关的各种观点，当然也包括与之相互对立的观点。Ficsher 也建议在知识建构中需要以一问一答的形式引发更多任务相关问题的深层讨论，以使各种观点得到充分展示。

3）观点的持续改进

协作知识建构中的观点是可持续改进的。当每位参与者充分陈述自己观点的时候，可能会发现他人或自己对某些观点或概念存在错误的理解，即存在"迷思概念"（Misconceptions）。协作知识建构中对"迷思概念"的处理方式与传统课堂教学大相径庭。主要原因在于传统的课堂教学以传授"正确"的知识为目标，因而无法容忍错误的存在；而在协作知识建构中，学生认识问题时产生的误解并不被认为是必须加以纠正的，相反这些"迷思概念"反而会被当作可以改进的观点在社区中进行分享和讨论。

4）观点收敛与升华

最后，是观点的收敛与升华。创造性的知识建构的关键之处在于，学生必须从多样化、复杂的和杂乱的观点中概括总结出更高层次的观点。观点的收敛与升华是在学习者充分了解了多种观点、通过观点对比掌握了观点之间的区别与联系的基础上，超越琐碎的、简单观点的探讨而使知识建构达到更高一个层次的结果。由此可见，在协作知识建构中，经由公开陈述观点、多样化观点呈现、观点持续改进和观点收敛与升华，个人观点与小组观点处于持续动态发展的过程中。

2. 关于冲突与协商

1）冲突

讨论和争论是协作学习互动的重要形式。很多协作学习的研究者都认为，当学生在协作学习的过程中发生了认知上的冲突，产生了争论，并在冲突和争论基础上经过辩论与协商的过程建构公共知识时，学习的效果会格外地突出。这是因为在辩论和论证的过程中，参与协作知识建构活动的学习者会高度关注同一讨论焦点，并且相互之间就对方的信息和观点进行意义协商。因此在冲突与协商的过程中会过滤出部分不完整的、模棱两可的、不可靠的信息和观点，直至新的小组公共知识产生为止。

约翰逊兄弟认为，在协作学习中，至少存在四种形式的冲突：（1）概念冲突（Conceptual conflict），即个体内部的认知冲突；（2）争论（Controvercy），即个体间不同观点之间的冲突；（3）利益冲突（Conflict of interests），当个体要获得的欲望和利益的行为妨碍了他人获得时，就产生了利益冲突；（4）成长中的冲突（Developmental conflict），在学习者成长过程中，当成人的看法与其不同时就会产生成长中的冲突。我们将重点关注与协作知识建构相关的认知冲突和观点间的冲突。

① 个体内部的认知冲突

从个体经验的角度来看，当个体的认知结构中同时存在相互矛盾的观点，或者当所接受的外界信息与个体已有认知结构不协调时，个体内部就会产生认知冲突。此时，个体原有的认知平衡状态被打破，为了重新达到维持一个相对稳定的平衡状态，个体需要通过同化和顺应积极地调试认知结构。因此，在协作知识建构中，当各方所持的观点、所呈现的信息等与学习者个体原有立场不一致时，就会激发认知冲突。

② 个体之间的观点冲突

在协作知识建构中，当各种认识和观点被充分呈现出来时，个体之间不可避免地会在某些观点上有不一致的地方，由此而引发争论。也就是说，当学习者之间在思想、信息、结论、理论和观点上不一致而又要求形成小组统一观点时，争论就发生了。争论和所有的冲突一样，可能产生具有高度建设性的后果，也可能产生破坏性的后果，因此，需要正确解决冲突。

③ 建设性地解决冲突

建设性地解决冲突要求各种不一致的方案、观点、论据、结论等都获得公平一致的，且完整的呈现、描述、听取，以及严谨的关于不同观点优势和弱势的分析。在建设性的争论过程中，学习者刚开始提出来的问题解决方案往往是片面的，当把这些片面的带有局限性的结论呈现给小组成员并试图说服别人时，他们会自然而然地被卷入到争论的认知情境中，积极应用高级认知能力和策略来巩固并加深自己对所持观点或立场的理解。而参与者越想说服人，认知策略的应用就越频繁，认知推理能力的提高就越大。另一方面，当不同的观点、信息和论证过程被理解后，学习者就会感到自己所持的观点、信息和论证过程遭受到了某种矛盾的冲突，也就是认知冲突。这种矛盾会激发学习者内心的认知好奇心。他们会积极地搜寻更多的信息、获得更多的经验并努力使自己的论证过程更精确无疑。在此过程中，原有的观点和某些信息得到调整、重组，甚至可能在双方争论过程中，发现最佳的问题解决方案。

2）协商

冲突与协商是协作知识建构过程中两个密切相关的部分。不同的观点在冲突中全面呈现，在协商中达成一致，实现知识共享。学习研究领域一个重要的课题就是学习者如何通过冲突与协商来建构共同知识。研究者相信，当学习者在协作情境中，面对冲突、参与争论并经由协商产生共同方案时，学习的效果是尤为突出的。这是因为在冲突与协商的过程中，学习者经历了这样一种体验，在有效的争论中，学生共同聚焦于同一议题，并对彼此产生的信息意义进行协商。在协商过程中，那些不完整的、相互冲突的、可疑的、不可信的信息会被严格检查和质疑，学习者同时会对这些信息的相关性和真实性展开辩论，直到最终产生一个共同的答案、概念或方案。

① 协商的途径

一般认为，学习者可以通过两种方式经由协商达成共识。一种是基于冲突的协商，另一种是基于整合的协商。协作知识建构通常要求学习者对给定的问题情境有共同的解决方案或评价意见，这就要求学习者经过协商达成共识。在基于冲突的协商中，对于某一问题的多种观点和多种信息同时呈现，从而引发了参与者的社会认知冲突。此时，参与者会在协商的过程中不断修改和重构自己原有的认知结构，最终对问题达成统一认识。另一种协商的方式，是基于整合的共识达成。在这种方式中，每个人也都会有自己的观点，最终的方案是将所有不同的观点整合在一起形成的。这种共识达成的方式在一些条件下很重要，但实际上，试图将所有个体的观点整合成共同意见会导致肤浅的冲突回避协作方式。因此，只能说在这种情况下，学习者只是达成了"错觉"上的共识。

② 协商的条件

尽管协商对于知识建构和有效学习十分重要，但是在教育情境中它并不会自然而然地发生。有效的协商需要两个基本条件，其一，学生必须聚焦于话题，聚焦对于描述和理解沟通的意义至关重要。学生必须从任务开始到任务结束，始终将注意力集中在任务上。这就要求他们共同明确任务目标、了解目前所处的状态并且知晓可用的问题解决方法。如果在讨论中，学生无法聚焦议题或任务，将导致问题解决的低效性；其二，在讨论中，对每个成员提供的信息进行评估也非常重要，主要是对信息的意义、真实性和相关性等方面的评价。

③ 阻碍协商的原因

另外，以下一些问题情境可能会阻止学生参与批判性的争论和协商过程，它们是：第一，当学生认为存在唯一正确的问题解决方案时，他们不再愿意参与讨论；第二，学生在对比、总结反面观点时存在困难，同时，在不针对个人开展辩护方面也存在困难；第三，迫于社会因素，学生的批判态度也会受阻。

3. 关于外化

1）显性知识和隐性知识

作为常识，人们普遍认为"知道"就是能够将知识准确地说出来。其实不然，迈克尔·波兰尼（Michael Polanyi）将人类知识分为"隐性知识"和"显性知识"两类。显性知识是可以借助语言明确表达的知识，而隐性知识是无法或难以用语言描述的知识。根据波兰尼的观点，那些能用语言和数字表示出来的知识仅占了人类知识的冰山一角，"我们知道的远比我们所能说出的多"。

基于此，日本学者野中郁次郎（Ikujiro Nonaka）和竹内弘高（Hirotaka Takeuchi）提出了隐性知识与显性知识在"社会化、外显化、组合化、内隐化"过程中相互转化来进行知识创造与应用的 SECI 模型，如图 4-1 所示。SECI 模型指出，社会化是个人的隐性知识向他人传播，并最终实现隐性知识在群体中得以共享的过程。个人从他人那里可以不借助语言符号，而是通过观察、模仿和实践等方法直接获得其隐性知识。外显化是隐性知识向显性知识转化的过程。外显化的过程是一个将隐性知识用符号化的概念和语言清晰表达的过程，这是知识创造过程的关键。组合化是零散的显性知识向体系化知识转化的过程。组合的具体方法有整理、增添、结合和分类等，最终重新构造已有信息并催生新知识。内隐化是显性知识向隐性知识转化的过程，从群体的知识储备到个人的知识创造的转化。

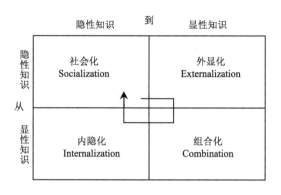

图 4-1　SECI 知识转化模型

2）个体知识的外化

从野中郁次郎的 SECI 知识转化模型中，可以看出，外化是用显性化的语言、文字、符号等将隐性知识清晰表达的过程，因此外化是知识创造过程的关键环节。同时，海德格尔也曾提出隐性知识或实践性知识与显性知识或理论知识相比，在认识论上具有更高的优先级别。由此可见，如何将个体的隐性知识表达为语言文字，将其转化为显性知识是尤为重要的。海德格尔将这种隐性知识向显性知识的转化过程称为"意义解释"。

Stahl 认为协作知识建构的过程其实就是隐性知识与显性知识相互作用、相互转化的过程。在协作知识建构中，学习者便是通过"意义解释"来外化自己的知识，以此为基础推动公共知识的建构。首先，"意义"与"解释"是两个相互独立又相伴相生的概念。意义普遍存在于世界中，任何认知制品或话语都被认为是有意义的。因此，从被创造之时起，认知制品和话语的意义就被人类赋予了某种特定解释；其次，在协作知识建构中，"意义"是由学习共同体在给定的"情境"中定义的，而个体需要从自己的"视角"出发对该意义作出"解释"。"情境"和"视角"两者积极建构、相互促进、共同发展；最后，意义虽然存在于认知制品和语言中，但"意义"最先是通过"解释"

的方式而获得的，更为重要的是，这些意义还会在未来的知识建构中被新的参与者重新建构。总之，意义解释是个体知识外显化的有效途径。

3）小组知识的外化

在协作知识建构中，个体知识的外化是通过意义解释实现的，由此促进了组内成员之间的知识共享与建构。同样的，协作知识建构中，每个小组的知识也需要外化，以促进小组之间的知识共享与建构。我们认为，小组知识的外化是通过小组知识的客观化、小组知识形式化及小组作品创作来实现的。

当小组内部通过不断地冲突与协商，逐步积累共同经验和共同知识时，最终会形成小组共同知识。首先，小组知识至少必须以语言文字和形式表达出来，才能被小组内部和其他小组识别和感知。因此，以客观化的语言文字记录并保存小组知识，是小组知识外化的重要基础。其次，小组知识可以进一步以形式化的状态被外化和共享。小组知识的形式化，是指将小组知识以更加凝练的图表、模板、公式等形式呈现。最后，小组成员还可以通过创作小组作品的方式，将较为成熟的小组知识外化，以促进其在新的协作知识建构中的完善与重构。

4. 关于学习共同体

1）协作知识建构学习共同体

当今世界正处于知识经济时代。与时代背景相适应，知识建构也在尝试以最基础的方式重塑教育，并尝试将学习者引入一个创造知识的文化中。与传统以学习者个人知识增长和能力提高为目标的教育思想不同，协作知识建构是以学习共同体的知识发展与完善为根本目标的。因此，学习共同体在协作知识建构中是一个十分重要的概念。Brukman 在深入研究学习共同体的基础上指出，学习共同体是共同体的一个子范畴，它有自己的基本成员。其中，Lave 和 Wenger 的实践共同体（CoPs）、马琳·斯卡达玛丽亚和卡尔·巴雷特的协作知识建构共同体以及 Papert 的桑巴舞学校就是学习共同体的三个重要原型。

　　马琳·斯卡达玛丽亚和卡尔·巴雷特建议学校应该创建学生小组，使之像科学家共同体那样工作，并将这种方式称为"协作知识建构共同体"。协作知识建构中的"建构"意味着一个建构的过程。马琳·斯卡达玛丽亚和卡尔·巴雷特强调，学习的过程并不是学习者个体在他人的帮助下，面对新知识的刺激，选择同化或顺应的过程；新知识是在学习共同体共同从事问题解决的过程中逐步建构起来的。协作知识建构的目标并不是简单地提高个体头脑中的内容，而是学习共同体共同创造并形成有价值的公共知识。知识建构的最核心的部分是学习者学习如何成为共同体中的一名知识建构者。

　　2）学习者是共同体中的积极认知者

　　传统的课堂教学是依靠教师建立活动框架来指导教学与学习活动的开展，协作知识建构与此不大相同。在协作知识建构中，学生是共同体中的知识认知者，他们对成功的知识建构负有个人责任和共同责任。从个人责任角度来看，学生提出自己关于问题的想法，同时也要对他人所表达的不同观点进行客观地分析与积极的应对，分析对比观点之间的区别与联系，并在论证与协商的过程中并持续发展和完善各自的观点。从共同责任角度来看，参与协作知识建构的所有学习者需要共同设定问题目标，制订长期的协作计划，并处理动机和评估等事项。

　　3）共同体中"民主化"的知识

　　协作知识建构理论强调参与协作知识建构的每一位成员都具有为共同体知识贡献各自力量的合法性。学生对共同体知识建构目标的贡献要得到表扬和奖励，每位成员都应该为共同体公共知识的改进与完善而感到自豪。同时，在共同体分享观点、比较观点、论证观点的过程中，不论是成员个体之间的观点差异，还是协作小组之间的观点多样化都不因为发表了不同观点而被认为是无知者或者是非革新者，相反，每位成员都被鼓励积极参与到共同体的知识创新中去。共同体中"民主化"的知识，就是要创造良好的知识创新的氛围，让每个学生的观点都在参与协作知识建构过程中得到充分理解和重视，鼓励每位成员为公共知识的创造贡献自己的力量。

4）共同体知识的均衡发展

协作知识建构理论认为，知识分散地存在于共同体之中，知识进步的均衡性将会导致知识的互换，而不只限于由知识富有一方向贫瘠一方的转移。传统的课堂教学以信息传输为目标导向，将学生看作是缺乏知识的一方，因此学生只有不断地接收来自知识富有一方——教师的信息才能获得知识。然而，知识建构理论认为，知识创造与更新最理想的状态是这样，即不论是富有知识的一方还是缺乏知识的一方，应该推动两个群体共同参与到知识建构中来，这样才能保证双方都获得知识的进步，从而推动知识的均衡发展。

5. 关于过程管理

在协作知识建构中，还有一些要素涉及协作知识建构的整个过程，它们是任务属性、任务聚焦及小组反思。

1）任务属性

早在 1989 年 Harasim 在一篇对在线教育的研究论文中就指出，任务属性的讨论的主题对在线协作学习的环境设计及学生的积极参与都至关重要。Stahl 在 CSCL1999 年会议中也指出，知识建构过程所涉及的任务通常都是个体难以独立完成的，需要团队成员彼此协作、不同观点相互碰撞才能解决的问题。张建伟更进一步提出，在协作知识建构过程中所设计的任务应该是知识丰富领域（Knowledge Rich Domain）的问题，这样才能促进学习者经由积极主动地参与到问题解决中而最终获得一定的概念和原理。因此，协作知识建构中的任务不应该是具有标准答案的良构问题，而应该是结构不良的、开放性的、需要参与者共同协作才能完成的问题。劣构问题，又被称为结构不良问题或定义不良问题。从问题本身来看，劣构问题都以现实生活为情境，因而问题本身可能就是一个包含多种相互矛盾与相互对立观点的问题情境；从问题解决来看，对劣构问题的解答不存在唯一正确的最终答案，其解决方法是多种多样的。研究者之所以强调协作知识建构任务属性的劣构性，是由以下原因决定的：第一，劣构问题多为实践中的常见问题，与日常生活实践密切相关，因而趣味性强，对学习者很有意义；第二，劣构问题的求解过程并不是一种搜索正确答案的过程，它其实是一种设计－实施－反思的循环递进过程。劣构任务的解决需要参与者设计相应的实践或实验活动，并在这种实践或实验活动中，与问题情境的各要素之间进行着不断地对话、交流与反思；第三，良构问题与劣构问题的主要区别就在于，结构良好的问题可以明确地区分出问题的类型，从而可以快速与相应的知识相匹配而找到解决办法。而对于劣构问题，学习者无法从学习到的现成知识中找到解决方案，必须整合大量的已有知识，并建立知识之间的联系才能使劣构问题得以解决。因而，解决劣构问题的过程是一种独特的人际互动过程；第四，劣构问题通常不受课堂学习内容领域的限制，解决这类问题一般可能需要整合不同内容领域的知识。这导致了对劣构问题的解答很难有同一的答案，解决方法也是多种多样。因此，劣构任务对学习者协作知识建构留有很大的主体能动空间。

2）任务聚焦

研究表明，在协作知识建构过程中，学习者始终关注学习任务对知识建构的效果尤为重要。这是因为，任务聚焦对于小组成员相互之间描述和理解沟通的意义至关重要。当学习者将注意力集中在学习任务上时，会使小组讨论更加聚焦，小组成员对任务目标就会有更加明确的认识，也更容易明晰目前的状态，从而使整个小组协作知识建构更具有方向性和针对性。如果在协作知识建构中，学生无法聚焦于议题或任务，将导致问题解决的低效性。

荷兰乌得勒支大学的 Veerman 十分强调协作知识建构中，学习者对任务聚焦的重要作用。他将与协作知识建构相关的任务聚焦划分为三种类型：聚焦类型一，是指关注概念本身的意义；聚焦类型二，是指关注概念或规则等的应用；聚焦类型三，是指关注任务完成的策略，包括制定任务计划、安排任务进度、明确任务实施步骤等。与三类任务聚焦相对应，学习者在协作知识建构中也存在两种类型的焦点转换模式：焦点转换模式一，关注点从概念本身的意义转换为概念或规则的应用，反之亦然；焦点转换模式二，关注点从概念本身的意义和概念或规则的应用转换为任务完成的策略，反之亦然。

3）小组反思

无论是在协作学习的研究中还是在协作知识建构的相关研究中，小组反思都被研究者认为是一个关键要素。美国明尼苏达大学协作学习中心的约翰逊兄弟，将小组反思称为"小组自加工"，并强调小组反思是有效小组协作学习的关键要素之一。Hansen 同样认为，在协作知识建构中包括六个阶段，其中一个重要的阶段就是小组工作总结阶段。在该阶段中，小组成员需要对工作的进展情况及目标的达成情况进行总结与反思，并对遇到的新问题及或采取的研究方法给出建议。可以看出，Hansen 所指的工作总结实际上就是小组反思。除此之外，我国学者刘黄玲子、甘永成和谢幼如等也都强调了小组反思是协作知识建构的一个重要环节。甘永成认为，在协作知识建构的最后环节，小组应该对问题解决的策略重新思考，得出规律，以便应用到新的情境中去。谢幼如则将个人反思与小组反思分开考虑，认为协作知识建构，每位成员要开展个人反思，评论自己的行为，提出需要改进的方面；小组作为整体，也需要考虑哪些成员行为对小组有帮助，哪些没帮助，决定哪些行为应继续，哪些行为应做改变。

总之，小组反思对协作知识建构十分重要，它既是对前一阶段工作的一个总结，又是保持后续的小组活动有效性的途径之一。在小组反思中，主要完成两项工作：其一，对小组成员活动的有益或无益进行判定，决定是否保持或改变小组成员的某些活动；其二，对整个小组前一阶段的协作知识建构活动成功或不足之处进行分析，为后续活动的开展提出可行的改进建议。

6. 协作知识建构要素项整理

经过对文献的分析与梳理，最终我们提取了协作知识建构的 20 个要素项，如表 4-2 所示。

表 4-2　协作知识建构要素项

序　号	要素项	详细描述
1	术语界定	小组内对讨论问题及相关术语有明确一致的认识
2	观点陈述	小组讨论中每个成员有机会公开陈述自己的观点
3	观点比较	小组内及时发现不同成员发言内容的区别和联系
4	观点启发	成员间通过互问互答的形式引发更多任务相关讨论
5	迷思概念诊断	小组内及时发现讨论中出现的错误概念
6	冲突焦点确认	小组讨论中成员能够明确彼此观点之间差异的焦点所在
7	冲突原因分析	小组讨论中成员够能找出彼此之间观点冲突产生的原因
8	冲突解决方式	小组解决冲突时选择正面解决而不是简单回避的方式
9	意义解释	小组成员及时阐明自己对小组已有认知成果的最新理解
10	观点收敛	每个成员观点的总结与升华，最终形成小组知识
11	小组知识客观化	小组对认知成果至少以文字的形式进行外显表达
12	小组知识形式化	小组对认知成果以凝练的形式进行表达（如图表、模板、绘画、公式）
13	小组作品社会化	阶段性小组作品的组间展示、互评与解答
14	小组作品最优化	在组间互评的基础上对小组作品的修改完善
15	小组总结反思	小组成员对本阶段协作知识建构活动成功与不足之处的评价
16	小组行动计划	小组成员对下一阶段协作学习活动的改进计划
17	信息评价	小组内对每个成员所提供信息有用性的准确评估
18	任务属性	协作学习活动的任务属性（良构/劣构、长期/短期等）
19	任务聚焦	小组的注意力始终聚焦于小组任务而不跑题
20	参与水平	每个小组成员在整个小组活动中的认知参与水平

4.2.3　混合学习环境空间融合要素分析

1. 混合学习的八角框架

美国 NavoWave 公司的创办人 Harey Singh 对 Bradrul H. Khan 提出的网络学习框架（Khan's Octagonal Framework），以混合学习的视角作了新解释，被称为混合学习八角框架，如图 4-2 所示。Harey Singh 认为 Khan 的八角框架适合于混合学习方案的设计与开发，同时指出，创设有效的混合学习环境必须

充分考虑八种要素的相互作用和相互关系。这八种要素分别是：机构要素
（Institutional）、教学要素（Pedagogical）、技术要素（Technological）、界面设
计要素（Interface Design）、评价要素（Evaluation）、管理要素（Management）、
资源支持要素（Resource Support）和伦理学要素（Ethical）。

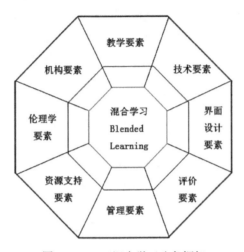

图 4-2　Khan 混合学习八角框架

1）机构要素

机构要素是指相关教育部门或企业机构需要充分考虑混合学习开展过程
中涉及的具体运营、行政管理、学术问题及学生服务等事项。应及时了解
学习者的学习准备状态、学习需求、学习内容的有效性以及学习计划的安
排等。

2）教学要素

教学要素需要关注的问题包括对教学内容的分析、对学习者需求分析和
对学习目标分析，同时还要考虑混合学习策略的设计。为了了解教学要素的
详细内容，可以将全部教学目标列出清单，并选择最佳的信息传输方式。

3）技术要素

混合学习环境中，不得不考虑的一个要素是技术要素。在技术要素中需

要关注的问题包括如何创建混合学习环境及选用哪些工具来保证学习计划的顺利实施。其中，最要紧的两个问题是：（1）设计恰当的学习管理系统以便管理多种传输通道；（2）设计高效的学习内容管理系统，以便对学习计划中实际需要的学习内容进行分类编目与归纳整理。

4）界面设计要素

界面设计需要考虑混合学习中用户界面和各种元素的问题。首先，必须确保界面可以全面覆盖混合学习的各元素，以支持学习者在多类型、多通道的混合学习环境中顺利学习；其次，还需要仔细考量界面的设计，包括内容结构、导航设计、图文配合以及帮助文件等。

5）评价要素

评价要素是要考虑整个混合学习项目的有用性问题。一方要评价混合学习项目的有效性，另一方面要评价每位学习者的表现。在混合学习环境中，要选用恰当的评价技术公平地评价每种传递通道。

6）管理要素

管理要素是要处理混合学习管理方面的各种事务，如多通道传输中的基础设施及物流问题。混合学习环境中的传输工作远远不止将课程通过一种方式来传送，还要处理诸如学生注册、通发布告，各种混合元素的调试等事宜。

7）资源支持要素

资源支持要素是要保证不同类型的资源，包括在线资源和非在线资源对学习者可用并易于管理。同时，还要确保学习者通过个人电子邮件系统和聊天系统接收到相关资源。

8）伦理要素

伦理要素涉及整个混合学习计划进程中的所有伦理问题，包括平等的学习机会、文化差异及种族问题。

2．混合学习的本质分析

陈卫东等指出，目前对混合学习的研究还主要停留在对概念辨析、模式探讨及应用案例的分析上，而对混合学习的本质研究并没有深入开展。本质是决定事物主要发展方向和发展趋势的内在规律的总和。事物的本质是事物内部所包含的一系列必然性、规律性的综合，是由其本身所固有的矛盾双方所决定的。由此，陈卫东等在结合国内外专家对混合学习的研究基础上，建议从人的要素、技术要素、环境要素和方法要素四个维度来分析混合学习的本质，并指出混合学习成功实施的关键在于关注这四个维度要素的融合。

1）人的维度

从人的维度来讲，混合学习的本质不仅仅是传统认为的一种教育手段，更为核心的本质在于它所创设的使人充满生命活力和人文关怀的混合学习环境。在混合学习环境中，首先，学习者通过与环境的交互，充分利用环境所提供的各种资源条件来创建自己的学习过程，实现知识建构与人自身意义建构的双重意义；其次，混合学习环境注重于教育的整体性与完整性，促进了人的和谐统一发展；再者，混合学习环境将传统面对面的课堂教学环境与在线学习环境的优势有机地结合在一起，有利于充分发挥学习主体的积极能动性。

2）技术的维度

从技术的维度来讲，又可区分为物化形态的技术和智能形态的技术两大类。混合学习的本质，从物化形态技术的层面主要是研究信息传输通道的问题。具有代表性的传输通道包括传统教室、虚拟教室、在线课程、印刷制品、智能导师系统及电子绩效系统等。近年来，移动终端和无线网络也日益成为混合学习中的研究热点。从智能技术层面讲，其一，在于实现了多种学生支持服务体系，混合学习的思想在为学生提供更加全面的支持服务方面有自己的独到之处；其二，混合学习的思想对于重新思考教育中的师生关系、教育方式等方面是个很好的契机。

3）环境的维度

从环境的维度来讲，混合学习本质上是扩展了传统的课堂学习环境，充分整合了传统学习环境与数字化学习环境各自的优势。在传统课堂学习环境中，师生之间、生生之间的交流与互动是即时的、生动的，同时也是稍纵即逝的和非记录的。数字化学习环境，提供了丰富资源和有效的认知工具，一方面可以拓展学习者的学习体验，另一方面，又能对学习者的学习轨迹进行记录和分析。两者的有机结合，对充分发挥各自优势、更好地服务于学生的发展十分有利。

4）方法的维度

从方法的维度来讲，混合学习本质上体现了不同学习方式的整合。最简单的混合方式，便是在线学习与面对面学习的整合；除此之外，混合学习还涉及自定步调的学习与实时协作学习的整合，以及结构化学习与非结构化学习的整合。总之，混合学习加速了教育者和学习者观念的转变，从传统对学习结果的关注转变为对学习过程的关注，增强了人文性渗透，在理性工具和价值工具之间保持适度的张力，从而推动教与学过程的纵深发展。

3. 混合学习活动系统的构成

混合学习活动的设计既是学习科学领域关注的焦点问题，也是混合学习环境设计的核心问题。系统合理的学习活动设计可以使学习者在轻松、有趣、高度参与和互动的氛围下主动地进行知识建构，以激发学习者的学习热情，培养其协作学习能力，促进深度学习。詹泽慧博士在对比国内外研究的基础上提出，目前，大多数学习活动的研究都只是侧重单一层面，或探讨课堂学习活动或探讨在线学习活动，很少针对混合学习活动的设计，基于全局的视角，对课堂学习活动和在线学习活动同时进行观察和分析，寻找二者最佳的结合点。

鉴于此，詹泽慧对混合学习活动设计开展了深入系统的研究，构建了混合学习活动系统的三维理论框架。她认为，混合学习活动系统由课堂学习活动、在线学习共同体、元认知支持三大要素构成。在面对面的环境中主要以组织课堂学习活动为主，在在线环境中师生组成在线学习共同体进行广泛互动，同时，在混合学习环境中为学生提供元认知的支持，如图4-3所示。混合学习活动系统中的课堂学习活动、在线学习共同体与元认知支持将 Garrison和 Norman 模型中的教学过程、认知过程和社会交往过程融合在一起。在混合学习环境中，三个要素相互促进，协同作用。

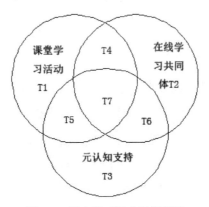

图4-3　混合学习活动系统框架

1）课堂学习活动要素

课堂学习活动要素又可细分为课堂学习活动（T1）、课堂学习活动对在线学习共同体的作用（T4）、课堂学习活动中的元认知支持（T5）。

课堂学习活动是指课堂上教师与学生面对面共同完成的活动。它以教师的教学活动为主，学生在教师直接指导下积极地进行面对面的互动。课堂学习活动是传统面授教学中最为典型且普遍存在的活动形式。

在混合学习环境中，课堂学习活动对在线学习共同体起着引导、响应和总结的作用。在线学习共同体建立之前，教师要在课堂中对在线学习共同体进行介绍，并让学生了解参与在线学习活动的原因和要求，同时，在课堂上对每周在线活动中遇到的问题给予引导和启发。通过课堂面对面的鼓励和启发增强在线学习共同体的互动氛围和协作学习效果。在课堂学习活动的引导和协助作用下，在线学习共同体可以达到更好的效果。

课堂学习活动中的元认知支持是面对面的、直接的，也是即时的。它有三种类型：第一类是面授培训的形式，第二类是方法咨询的形式，第三类是协作互助的形式。

2）在线学习共同体要素

在线学习共同体要素又可细分为在线学习活动（T2）、在线学习共同体对课堂学习活动的作用（T4）、在线学习共同体中的元认知支持（T6）。

在线学习共同体是指在网络环境下，由教师、专家、助教、学生以及其他参与者共同组成的协作学习联合体。学习共同体中的师生有着共同的学习目标，在各类活动中进行频繁的互动。学习共同体的存在为混合学习活动提供了必要的人际氛围，并在感知上直接促进活动中协作学习的积极性。

在线学习共同体一般以协作和互动为目的，以课堂学习活动为主导，根据课堂学习的需要设计和组织在线活动。课堂上由于时间限制无法全部完成的活动可以让学生借助网络协作平台利用课后的时间完成；对于同伴互评等活动，由于其在面对面环境下难以取得实质效果，可以考虑将其转移到在线学习共同体中，通过双向匿名方式进行的评价活动会取得更好的学习效果；在线学习共同体中的活动可以以各种形式响应和增强课堂学习活动的效果，与课堂学习活动相辅相成。

在线学习共同体中的元认知支持是分布式的、间接的，通常是异步进行的，它有三种典型的类型：第一类是在线平台上的帮助文档，供学生查阅；第二类是通过在线统计数据向学生提示他们的学习状态，帮助他们制定下一步的学习计划；第三类是在线学习共同体中形成互助氛围，彼此分享好的学习方法。

3）元认知支持要素

元认知支持要素是贯穿于整个混合学习活动过程中，促进学习者认知发展和形成学习策略的支持体系。它可划分元认知支持活动（T3）、元认知支持对课堂学习活动的作用（T5）、元认知对在线学习共同体的作用（T6）。

元认知支持活动包括元认知培训、共同体成员互助、帮助文档、问题咨询服务、学习状态指示等。元认知支持活动可以在线进行也可以在课堂中进行，在不同的环境中，学生的元认知活动可能存在不同的效果。

元认知对课堂学习活动的支持具体表现在，课堂学习活动前后协助学生理解课程任务、鼓励学生积极参与、增强学生协作体验等方面。对在学学习共同体的支持具体表现在：帮助在线学习者了解自身的学习状态，增强学习体验，形成合适的学习方法，提高在线学习效率。

4．混合学习环境空间融合要素项整理

研究者们分别从不同的视角对混合学习环境的要素给予了系统阐述，Khan的八角框架从宏观层面分析了混合学习环境中教育教学与企业培训应考虑的要素问题；陈卫东等从人、技术、环境、方法四个方面阐释了混合学习的本质；詹泽慧从学习活动设计的角度，分析了混合学习环境中活动设计的三个要素。

除此之外，柯清超认为，创建混合学习环境时要重点关注三大要素，也称为3C要素：其一是内容（Content），主要是指课堂的数字化内容及相关素材、案例等资源；其二是协作（Collaboration），面对面课堂环境与在线学习环境中充分调动师生之间、生生之间的协作；其三是共同体（Community），混合学习需要创建、培养、发展良好的学习共同体，在学习共同体中促进学生的学习。陈纯槿利用元分析法，对近十年国际上关于混合学习和在线学习对学生学习效果影响的47个实验和准实验研究进行了量化分析研究，结果表明，有效的混合学习基本特征是：（1）在混合学习环境中采用协作学习的方式；（2）学习时间至少持续一个月；（3）在教学与学习的过程中，提供师生

面对面交流的机会；（4）为学生提供实践的机会；（5）为学生提供及时的反馈信息。

综合上述各研究视角，作者认为，混合学习环境中开展协作知识建构活动，要充分发挥面对面环境与在线环境的各自优势，形成线上空间与线下空间相互融合的一体化学习环境。由此，必须从技术支撑、资源支持和师生作用三个方面重点考量空间融合的要素。

1）技术支撑

技术支撑是混合学习环境中开展协作知识建构活动的基础。创建支持协作知识建构的混合学习环境，需要考虑的首要问题就是技术要素问题。便捷、得当的技术支撑是线上空间与线下空间融合的基本物质条件。在技术支撑作用中，又包括以下要素。

- 网络连通性：有良好的网络基础设施来支持学生设备的随时接入。
- 学生持有设备：学生拥有开展全面混合学习的基础设备，如个人电脑、智能终端等。
- 协作平台特征：协作平台支持多终端访问，包括 APP 应用、桌面应用及 Web 访问。
- 协作平台功能：协作平台具备支持协作知识建构活动的各种工具，如同步异步讨论、共同编辑、观点对比等。

2）资源支持

资源支持是混合学习环境中开展协作知识建构活动的关键。资源既包括学习者从网络上获取到的现成的资源，又涉及学生在协作知识建构中动态生成的各种资源。在资源支持中，需要关注以下内容：

- 学习活动设计：学习活动的设计既要发挥混合学习环境的特征，又要促进协作知识建构。
- 数字资源获取：学习者随时随地获取协作知识建构中所需的各类数字资源。

- 数字资源发布：学习者随时随地发布协作知识建构中生成的各类数字资源。
- 活动进展报告：学习者能及时得知在线协作平台的各项动态。

3）师生作用

师生作用是混合学习环境中开展协作知识建构活动的灵魂。在师生的相互作用中，协作知识建构的循环被逐步推进，小组共同知识也不断积累。师生的作用包括教师作用、学习共同体及面对面的交流。

- 教师作用：教师要在混合学习环境中，对学生协作知识建构的进程给予引导与反馈。
- 学习共同体：逐步推动线上与线下协作活动中以小组为单位的学习共同体的创建与成长。
- 面对面的交流：师生之间面对面的相互鼓励、相互帮助和相互支持。

4.2.4　混合学习环境中协作知识建构要素项整理

综上所述，作者分别从小组组织、协作知识建构及空间融合三个方面出发，在对已有研究进行梳理与总结的基础上，最终提取了混合学习环境中协作知识建构的要素项 38 个，要素项及研究者详细信息如表 4-3 所示。

表 4-3　混合学习环境中协作知识建构的要素项汇总表

序号	要素项	研究者
1	小组目标	Slavin（1995）；王坦（2001）；赵建华（2002）
2	个体职责	Slavin（1995）；王坦（2001）；大卫·W·约翰逊等（2008）
3	成员关系	Coelho（1996）；王坦（2001）；大卫·W·约翰逊等（2008）
4	评价方式	Jonassen（2005）；王坦（2001）；赵建华（2002）
5	成员数量	Coelho（1996）；王坦（2001）；大卫·W·约翰逊等（2008）
6	小组结构	Coelho（1996）；王坦（2001）；大卫·W·约翰逊等（2008）
7	小组类型	王坦（2001）；大卫·W·约翰逊等（2008）；赵建华（2002）
8	术语界定	Stahl（2000）；Fischer（2002）；Jianwei Zhang（2011）
9	观点陈述	Stahl（2000）；Scardamalia（2003）；张义兵（2012）
10	观点比较	Stahl（2000）；Scardamalia（2003）；张义兵（2012）；甘永成（2004）

续表

序号	要素项	研 究 者
11	观点启发	Fischer（2002）；Scardamalia（2003）；Garrison（2008）
12	迷思概念诊断	Fischer（2002）；任剑锋（2006）；Garrison（2008）
13	冲突焦点确认	Veerman（1999）；黄荣怀（2003）；王书林（2013）
14	冲突原因分析	Veerman（1999）；黄荣怀（2003）；皮亚杰（2009）；王书林（2013）
15	冲突解决方式	Veerman（1999）；Fischer（2002）；大卫·W·约翰逊等（2008）
16	意义解释	Stahl（2000）；Stahl（2003）；Stahl（2006）；Garrison（2008）
17	观点收敛	Harasim（1989）；Scardamalia（2003）；张义兵（2012）
18	小组知识客观化	Stahl（2000）；Stahl（2003）；Scardamalia（2003）
19	小组知识形式化	Stahl（2000）；Stahl（2003）；Scardamalia（2003）
20	小组作品社会化	Stahl（2000）；Stahl（2003）；Scardamalia（2003）
21	小组作品最优化	Stahl（2000）；Stahl（2003）；Scardamalia（2003）
22	小组总结反思	Hansen（1999）；赵建华（2002）；甘永成（2004）；Garrison（2008）
23	小组行动计划	Hansen（1999）；赵建华（2002）；甘永成（2004）
24	信息评价	Veerman（1999）；Scardamalia（2003）；Garrison（2008）
25	任务属性	Harasim（1989）；Stahl（1999）；张建伟（2000）；Garrison（2008）
26	任务聚焦	Veerman（1999）；Fischer（2002）
27	参与水平	张建伟（2000）；Scardamalia（2003）；黄德群（2013）
28	网络连通性	Khan（2002）；何锡江（2005）；吴筱萌（2011）
29	学生持有设备	Khan（2002）；何锡江（2005）；吴筱萌（2011）
30	协作平台类型	何锡江（2005）；刘黄玲子（2006）；王佑镁（2009）；谢幼如（2009）
31	协作平台功能	何锡江（2005）；刘黄玲子（2006）；王佑镁（2009）；谢幼如（2009）
32	学习活动设计	刘黄玲子（2006）；况姗芸（2012）；詹泽慧（2012）；Garrison（2008）
33	数字资源获取	陈卫东（2010）；况姗芸（2012）；詹泽慧（2012）
34	数字资源发布	柯清超（2008）；陈卫东（2010）
35	活动进展报告	柯清超（2008）；陈卫东（2010）；王佑镁（2009）
36	教师作用	陈卫东（2010）；赵国栋（2010）；吴筱萌（2011）
37	学习共同体	甘永成（2004）；柯清超（2008）；陈卫东（2010）
38	面对面的交流	Eraut（2002）；大卫·W·约翰逊等（2008）；陈纯槿（2013）；黄德群（2013）

4.3　混合学习环境中协作知识建构关键要素确定

在本章前两节内容中，首先分析了与协作知识建构密切相关的传统协作学习的关键要素和计算机支持的协作学习的关键要素，为混合学习环境中协作知识建构要素的研究提供了参考的依据；之后，分别从小组组织、协作知识建构和空间融合三个方面出发，采用文献研究和内容分析的方法对混合学习环境中协作知识建构的要素项进行了总结与归纳，提取了混合学习环境中协作知识建构的要素项 38 个。

由于将混合学习方式与协作知识建构两者相结合的实践探索尚处于起步阶段，较为缺乏有力的成功经验和成熟的理论指导。因此，在通过文献提取到要素项之后，依据这些要素项编制了专家调查问卷，请该领域的专家学者对已提取的各要素项的重要程度给予鉴别，以确定混合学习环境中协作知识建构的关键要素。

4.3.1　专家调查问卷设计

专家调查问卷的设计严格按照问卷设计的步骤进行，经历了确定调查资料、分析调查样本特征、设计问卷初稿、开展试调查、问卷定稿等五个具体环节。

1. 确定所需的调查资料

问卷设计的第一个环节是要根据调查的预期目标和调查的主题要求开展一些基础的探索性工作，包括收集所需的调查资料、了解调查课题的进展、规定调查的范围，以对问卷中将要涉及的各种问题的提法和可能的回答有一个初步的认识。

在设计专家调查问卷之前，已经收集、查阅了大量的文献资料，深入考察了混合学习环境中协作知识建构的理论研究和实践探索，对专家问卷的设计有了整体的把握。因此可以说，问卷设计的第一项具体工作在混合学习环境中协作知识建构要素项的提取过程中顺利完成了。

2. 分析调查的样本特征

问卷设计的第二个环节是要研究调查的样本特征，这也属于基础的探索性工作的一部分。需要针对所拟定的调查对象群体，分析样本的基本特征，对被调查者的职业、年龄、文化层次、知识水平、理解能力进行研究，以根据这些特征来有效地拟定问题。

本次调查研究的目的是请专家学者对已提取的各要素项的重要程度给予鉴别，以明确混合学习环境中协作知识建构的关键要素。因此，拟定的调查对象群体是该研究领域的专家学者，具体包括两个群体，其一是对协作知识建构进行过深入研究的青年学者；其二是指导过协作知识建构相关研究的博士生导师。由此可知，专家样本的特征在于对调查主题有系统、深入的研究，从而保证调查结果的权威性和有效性。

3. 设计问卷初稿

在收集了丰富的调查资料和分析了样本特征的基础上，可以进行问卷设计的第三个环节——问卷初稿的编制。成功的问卷必须科学、合理地拟定每一个问题。仔细考量每个问题的具体表述、答案的安排及问题的顺序。首先，根据掌握的资料尽可能详尽地列出问题；接着，需要对列出的问题逐题检查，主要检查有无遗漏或多余的问题，以及有无不适当的问题，并作进一步的补充、删除以及调换；最后，根据问卷设计的原则排列问题的先后顺序。

专家调查问卷的初稿由三大部分内容组成。第一部分是个人基本信息的收集，由所在学校、主要研究领域、职称、学历及参与实施混合学习与协作知识建构的经验等八个问题组成；第二部分是对已提取要素项重要程度的判定，题干是对各要素项的详细描述，选项是由"非常重要"、"重要"、"一般"、"不重要"、"非常不重要"五个选项构成的连续判断；第三部分设计了一个开放性问题，请专家对问卷中没有涉及的要素给予补充，进一步确保研究的完整性。

4. 开展试调查

问卷初稿设计完成后，应该按照正式调查的程序进行试调查。在试调查的环节需要明确以下问题：其一，问卷中的提问是否清楚，被调查者是否明了问题的含义；其二，大致了解被调查是否能够回答问题并且愿意回答问题，前后问题的排列是否符合逻辑，答题时间是否太长等；其三，回顾所收集的资料是否能够满足调查的要求；最后，查看问卷的编码、录入、汇总过程中有无问题。

专家调查问卷初稿设计完成后， 在教育技术学博士生群体中开展了试调查。此次试调查过程使我们对问卷中各问题的措辞、前后顺序及作答的基本情况有了更加准确地把握。

5. 问卷定稿，开展调查

根据试调查的情况对问卷进行修改，问卷的修改主要集中在两个大的方面：一是整体结构和问题顺序；二是删除不必要的问题。问卷整体结构方面首先要注意在重要内容上有无遗漏，其次要注意每一部分的比重是否合适，尽量使各个部分的问题数目大体相当。问题的顺序要注意不同部分之间转换的自然性和流畅性。

在试调查的基础上，我们对问卷中出现问题的部分进行及时的改正，最终形成了专家调查问卷定稿，见附录 A。专家问卷是通过电子邮件发放并回收的。

4.3.2　专家调查数据分析

1. 基本信息统计

1）问卷的有效性分析

本次调查研究共发放专家问卷 50 份。问卷通过电子邮件的方式逐一发送，并在邮件中详细解释了本次调查研究的意图。共收到来自北京师范大学杨开城老师、武法提老师，华东师范大学祝智庭老师、顾小清老师，首都师范大学王陆老师、任剑锋老师，华中师范大学赵呈领老师、张屹老师，华南师范大学赵建华老师以及西北师范大学郭炯老师、俞树煜老师等 45 位专家学者的回复。回收的问卷全部有效，不存在填答不完整、没有按要求填答或不合理填答的问卷。问卷回收率为 90%，有效率为 100%；问卷的克伦巴赫α信度系数为 0.888。

2）样本信息分析

① 专家样本的职称分布与学历分布。专家样本的职称分布与学历分布如图 4-4 和图 4-5 所示。数据显示，调查样本的职称分布情况为，有 15 个教授样本（所占百分比为 33.3%），17 个副教授样本（所占百分比为 37.8%），7 个讲师样本（所占百分比为 15.6%），6 个其他样本（所占百分比为 13.3%）。在所有调查样本中，超过 70% 的调查对象具有高级职称，15.6% 的调查对象具有中级职称，13.3% 的调查对象由于正处于攻读博士学位阶段，其职称待定。

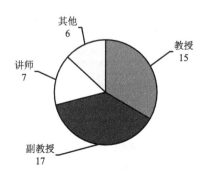

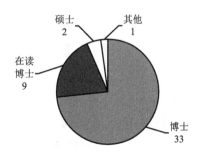

图 4-4　专家样本的职称分布图　　　　图 4-5　专家样本的学历分布图

调查样本的学历分布情况为，博士学位的样本数为 33 个（所占比例为 73.3%），在读博士的样本数为 9 个（所占比例为 20%），硕士学位的样本数为 2 个（所占比例为 4.4%），其他情况样本数量 1 个（所占比例为 2.2%）。

② 专家样本在混合学习环境中开展教学的经历分析。本次调查研究的目的在于明确混合学习环境中协作知识建构的关键要素，因而调查对象所具有的在混合学习环境中的教学经历与学习经历也成为必须了解的一项重要内容。图 4-6 显示了专家样本在混合学习环境中开展教学的详细情况。

从已有研究来看，混合学习环境中开展的教学实践大致可以分为三种情况。第一种情况主要采用多媒体环境进行教学，辅之以 E-mail、QQ 群等简单的网络工具的使用；第二种情况是网络辅助教学，即仍然以传统面授教学为主，但同时借助网络教学平台开展在线讨论、网络资料发布及教学管理等工作；第三种情况，基于多终端的网络协作平台开展的全面混合式教学，使线上与线下相互联通，课内与课外相互融合。从调查的结果来看，专家样本在混合学习环境中开展教学的经历依次为多媒体教学（频次 19，百分比 42.2%）、多终端全面混合式教学（频次 17，百分比 37.8%）、网络辅助教学（频次 9，百分比 20%）。

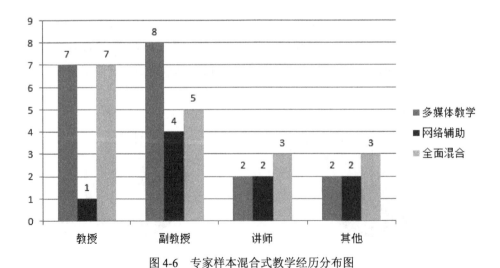

图 4-6　专家样本混合式教学经历分布图

2．关键要素确定

1）要素项的重要程度统计

经过专家对所提取混合学习环境中协作知识建构要素项重要程度的判定，对问卷数据进行统计分析后获得到了各要素项重要程度的排序表（详见附录 B）。其中有 19 个要素项的均值大于 4，说明专家普遍认定为这些要素对混合学习环境中的协作知识建构而言具有"重要"及以上程度的重要作用，因而它们也成为混合学习环境中协作知识建构策略设计优先考虑的关键要素。关键要素的详细信息如表 4-4 所示。

表 4-4　关键要素详细信息表

题　　项	要素	均值	标准差
T1 每次协作学习活动有明确的任务或目标	小组目标	4.96	0.21
T35 促进知识建构的混合学习活动设计	混合学习活动设计	4.58	0.58
T39 教师在混合学习环境中对学生的引导与反馈	教师指导	4.56	0.66
T6 既能保证组内公平又能增强小组凝聚力的评价方式	评价方式	4.42	0.58
T2 小组成员对协作学习目标有较高的共识	小组目标	4.38	0.65
T3 小组活动中每个成员有明确的责任分工	个体职责	4.38	0.72
T20 每个成员观点的总结与升华，最终形成小组知识	观点收敛	4.31	0.73
T12 小组讨论中每个成员有机会公开陈述自己的观点	观点陈述	4.31	0.56
T40 线上、线下协作活动中以小组为单位的学习共同体的形成	学习共同体	4.29	0.66
T36 学生方便快捷地获取讨论议题相关的各类数字资源	数字资源获取	4.22	0.52
T24 在组间互评的基础上对小组作品的修改完善	小组作品最优化	4.20	0.59
T4 学习小组内成员之间有荣辱与共的团队意识	成员关系	4.16	0.67
T23 阶段性小组作品的组间展示、互评与解答	小组作品社会化	4.13	0.76
T34 协作学习平台具备支持协作知识建构活动的工具（同步异步讨论、共同编辑、富媒体功能等	协作平台功能	4.09	0.85
T37 学生方便快捷地共享获取到的数字资源或发布小组作品	数字资源发布	4.09	0.60
T41 小组成员之间面对面的相互鼓励、相互帮助、相互支持	面对面的交流	4.07	0.78
T18 小组解决冲突时选择正面解决而不是简单回避的方式	冲突解决方式	4.04	0.71
T19 小组成员及时阐明自己对小组已有认知成果的最新理解	意义解释	4.02	0.78
T16 小组讨论中成员能够明确彼此观点之间差异的焦点所在	冲突焦点确认	4.02	0.72

2）关键要素的类别分析

初步确定了混合学习环境中协作知识建构的关键要素之后，接着对关键要素所属的类别做进一步的详细分析，以便为策略的有效提出提供针对性的、直接的参考依据。关键要素的类别分布及类别信息如图 4-7 和表 4-5 所示。

如图 4-7 和表 4-5 所示，影响混合学习环境中协作知识建构质量的关键要素可分为三大类。依据专家调研的结果，19 个关键要素的具体分布情况如下：

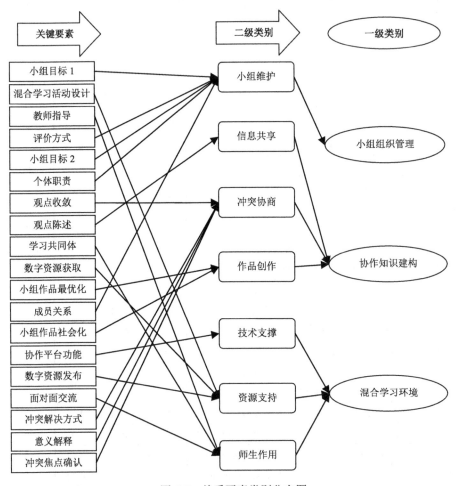

图 4-7　关系要素类别分布图

首先，从整体来看，小组组织管理类有关键要素五个，协作知识建构类与混合学习环境类分别有关键要素七个；其次，在三个类别中，小组组织管理类关键要素的均值为 4.46，在三类中得分最高；混合学习环境类关键要素的均值为 4.26，与小组组织管理类相比稍低，在三类中处于中间水平；协作知识建构类关键要素的均值为 4.15，在三类中得分最低；第三，进一步观察关键要素所属的二级类别，便可准确把握混合学习环境中策略设计的方向所在。根据专家调研的结果可知，（1）在小组组织管理类别中，关键要素的分布重点集中在小组维护而非小组创建，说明在混合学习环境中开展协作知识建构活动，应当明确与小组的创建相比小组的维护更加重要；（2）在协作知识建构类别中，关键要素分布于信息共享、冲突协商和作品创作等三个二级类别。其中，冲突协商最为关键，作品创作次之，信息共享居后。（3）在混合学习环境类别中，关键要素分布于技术支撑、资源支持和师生作用等三个二级类别。其中，资源支持和师生作用较为关键，技术支撑次之。

表 4-5　关键要素类别信息表

要素类别	小组组织管理	协作知识建构	混合学习环境
关键要素数	5 个	7 个	7 个
得分汇总	22.30	29.03	29.90
得分均值	4.46	4.15	4.26

4.3.3　专家调查结果讨论

根据专家调查的结果可知，在混合学习环境中开展协作知识建构活动，应当重点关注小组维护、冲突协商、资源支持、师生作用、作品创作、信息共享和技术支撑七个方面。由此便为混合学习环境中协作知识建构策略的设计指明了方向。在策略设计的过程中，结合实践的具体情况和学生的适应程度，我们初步设想第一轮策略主要针对小组创建、信息共享和技术支撑来设计，以使学生尽快适应新的学习环境与学习方式；第二轮策略和第三轮策略则主要针对小组维护、冲突解决、作品创作、资源支持、师生作用等方面设计，以推动协作知识建构的深入发展及混合学习环境线上与线下空间的相互融合。

4.4　本章小结

　　本章对混合学习环境中协作知识建构的关键要素进行了分析和考察，以为策略的有效提出提供可靠依据。为此，作者首先详细梳理了与协作知识建构密切相关的传统协作学习的关键要素和计算机支持的协作学习的关键要素。在此基础上，借鉴赵建华教授对传统协作学习和计算机支持的协作学习的关键要素的分析思路，从小组组织管理、协作知识建构和空间融合三个方面出发，采用文献研究和内容分析的方法提取了混合学习环境中协作知识建构要素项 38 个。在提取要素项之后，考虑到由于混合学习方式与协作知识建构两者相结合的实践探索尚处于起步阶段，较为缺乏有力的成功经验和成熟的理论指导。为了从 38 个要素项中确定混合学习环境中协作知识建构的关键要素，便依据这些要素项编制了专家调查问卷，请该领域的专家学者对已提取的各要素项的重要程度给予鉴别，由此确定了混合学习环境中协作知识建构的 19 个关键要素，如表 4-6 所示。

表 4-6　混合学习环境中协作知识建构的关键要素

1.　小组目标 1	6.　个体职责	11.　小组作品最优化	16.　面对面的交流
2.　混合学习活动设计	7.　观点收敛	12.　成员关系	17.　冲突解决方式
3.　教师指导	8.　观点陈述	13.　小组作品社会化	18.　意义解释
4.　评价方式	9.　学习共同体	14.　协作平台功能	19.　冲突焦点确认
5.　小组目标 2	10.　数字资源获取	15.　数字资源发布	

　　关键要素的确定为混合学习环境中协作知识建构策略的设计指明了方向。初步计划第一轮策略主要针对小组创建、信息共享和技术支撑来设计，以使学生尽快适应新的学习环境与学习方式；第二轮策略和第三轮策略则主要针对小组维护、冲突解决、作品创作、资源支持、师生作用等方面设计，以推动协作知识建构的深入发展及混合学习环境线上与线下空间的相互融合。

第5章
混合学习环境中协作知识建构策略设计与实施

由前几章的分析我们已清楚认识到，混合学习环境中协作知识建构是以线上空间和线下空间相互融合为大背景，以学习共同体为活动主体、以协作知识建构为核心而开展的。混合学习环境中协作知识建构的策略也将是以空间融合策略、学习共同体成长策略及知识建构策略三者相互促进、相互作用而形成的一个策略体系。三个部分相互作用、相互依赖，又各自有所侧重。空间融合策略重点关注混合学习环境的物质层面，为推动线上空间与线下空间的相互融合而设计；共同体成长策略重点关注在班级原有人际关系的基础上快速创建协作小组，继而发展成为班级学习共同体的过程；知识建构策略则重点关注如何推动协作知识建构从肤浅的表面层次逐步走向深入。与此同时，考虑到不论是学习者对线上空间和线下空间的融合的适应，还是学习共同体的成长与发展，还是协作知识建构的过程，都是划分为不同的阶段的，策略的提出应该针对每一个阶段的特点而设计。作者最终尝试建立了纵向上由"适应策略"、"发展策略"、"深化策略"，横向上由"空间融合策略"、"共同体成长策略"、"知识建构策略"构成的混合学习环境中协作知识建构策略体系。

5.1 适应策略设计与实施

5.1.1 适应策略提出

1. 适应策略预期目标

适应策略是针对混合学习环境中协作知识建构的初始阶段而提出的各项策略。混合学习环境中协作知识建构的初始阶段是研究开展最为困难的一个阶段。这一阶段中，需要将学习者从长期以来习以为常的传统学习方式中迅速剥离出来，使其至少在形式上尽快适应新的学习方式，从而为研究的推进做准备。由此可知，初始阶段是学习者从传统学习方式中来适应新型学习方式的过渡期，学习者面对各种改变都容易出现抵触情绪，各项策略的实施也都面临诸多难题。此时，不论是协作知识建构的深度，还是学习共同体所应具备的关键特征，还是两个空间相融合的程度，都无法达到理想的状态。因此，适应策略的预期目标是，建立混合学习环境中协作知识建构的一些基本制度，使学习者至少在形式上和行为上发生一些改变。适应策略的具体目标如下：

1）初步适应混合学习方式

空间融合适应策略是为了让学习者尽快适应在线学习与课堂学习相结合的学习方式而设计的。因此，空间融合的适应策略应根据学生的特征来考虑协作学习平台的选择，帮助学生熟悉协作学习平台的各项功能，并引导学生较为熟练地运用网络协作平台的各项功能。

2）初步建立协作小组机制

共同体成长的适应策略是要为每个学习小组初步建立协作机制，所有学习活动的实施都将以小组为单位来进行。虽然协作学习小组不等同于学习共同体，但是，学习共同体是基于协作学习小组并超越协作学习小组的。所以，共同体成长的适应策略主要考虑协作学习小组的创建、成员角色的分配以及小组学习评价方式的建立。

3）公开陈述观点、共享信息资源

长期以来学习者已经养成了独自学习的习惯，认为自己的学习与他人无关，久而久之，便丧失了与同伴交流学习中的经验及困难的意愿。协作知识建构适应策略要实现的目标就是让学生打破以往在课堂上的沉寂状态，敢于在协作平台和课堂中"出声"表达自己的观点，分享各自的学习体验，共享有益的信息资源。学会共享是协作知识建构活动的重要开端。

2. 适应策略具体内容

1）空间融合适应策略

空间融合适应策略的设计是为了让学生初步适应在线学习环境与课堂学

习环境两者结合。对学生而言，他们已十分熟知传统课堂学习环境，而对于网络学习环境的体验基本是基于网络教学平台查看课程通知、提交课程作业、参与异步讨论等。学生的这种网络学习经历对熟悉混合学习环境有一定的帮助作用，但却与将要开展的协作知识建构活动相差甚远。因此，在空间融合适应策略中，需要重新选择能够全面支持协作知识建构活动开展的网络协作学习平台，并引导学生熟悉和使用网络协作学习平台的各项功能。

① 选择网络协作学习平台

网络协作学习平台，是一种在协作学习理论指导下，以计算机网络技术、多媒体信息处理技术为基础，支持各种形式协作学习活动的网络支撑环境。在混合学习环境中开展协作知识建构活动，必须依托网络协作学习平台承载活动过程，它是混合学习环境中协作知识建构的必备技术支撑。截至目前，已有较多的网络协作学习平台成功上线，研究者对它们的功能和特点进行了梳理和总结。一些典型的网络协作学习平台案例介绍如表 5-1 所示。

表 5-1　网络协作学习平台案例信息表

名　　称	运行时间	建设单位	主要功能	用户层次	学科	应用地区
Kowledge Forum	1999 年	加拿大多伦多大学安大略教育研究院	脚手架、图状描述概念关联、定性和定量评价相结合	中小学生为主的所有层次	不限	加拿大、美国、日本、芬兰、新加坡以及中国台湾和香港
Virtual Math Teams	2003 年	美国德雷塞尔大学信息科学学院	共享白板、WiKi 共享	中小学生	数学	欧美地区
Whyville	1999 年	美国南加州民间组织	游戏、协作体验	初高中生	科学	欧美地区
Kolumbus 2 CoWriter	2004 年	德国波鸿鲁尔大学科学作业学院	情境化交流，基于任务的视图	成人	不限	德国
ManyScripts	2005 年	瑞士学习创新研究中心	协作过程的脚本支持	中小学生	不限	瑞士
WISE	1998 年	加州大学伯克利分校教育学院	支架支持，支持教师工作的多种工具	中小学生	科学	欧美地区、新西兰和日本

续表

名　　称	运行时间	建设单位	主要功能	用户层次	学科	应用地区
Design Principles Database	2001 年	以色列理工学院	合作设计	成人	教育软件	以色列、欧美地区
WebCL	2001 年	北京师范大学知识工程研究中心	活动式学习，班级分组	本科生、研究生	不限	中国

　　以上对一些典型的网络协作学习平台功能、用户层次及应用地区进行了大致分析，可以看出其各自的特点。尤其是由马琳·斯卡达玛丽亚团队开发的 Kowledge Forum，便是直接依据协作知识建构的相关理论设计研发的。然而，由于我们无法方便地获得这些平台的使用权，最终根据研究开展的实际需要，选定 Tower 协作学习平台作为本研究实施的网络支撑平台，如图 5-1 所示。Tower 协作学习平台由彩程软件设计有限公司研发，该公司致力于团队协作软件的开发，在 Tower 上线之前，还尝试推出过 Teamcola（一款基于互联网的团队工作日志软件）和 DesignBoard（一款设计方案讨论工具）。Tower 协作学习平台于 2012 年 11 月上线，是该公司隆重推出的一款团队协作工具，目前已有超过 90000 支团队使用。其中，不乏一些高校和中小学客户群体，如浙江大学和北京大学附属中学等。

图 5-1　Tower 协作学习平台首页

之所以选择 Tower 协作学习平台出于三方面的考虑：首先，Tower 协作学习平台的各项功能较能满足协作知识建构的需要，后文会做详细介绍；其次，Tower 协作学习平台的特色更为符合大学生群体的特征，如简单好用、提供多平台的支持服务、可与微信绑定等，学生可以方便地通过手机、平板电脑 24 小时随时随地浏览平台信息，了解最新动态；最后，Tower 协作学习平台有企业版和免费版之分。两个版本在功能上完全一致，差别之处在于企业版对项目数量和存储容量没有限制，会提供高级案例策略和专属服务顾问。对于一般团队而言，使用免费版已足以支持协作工作的开展。

② 引导学生熟悉运用协作学习平台各项功能

Tower 协作学习平台的各项功能能够较好地支持学生方便快捷地共享数字资源、发布小组作品，开展协作知识建构活动。其一，Tower 协作学习平台支持多种媒体形式，如文本、表格、图像、音频、视频、动画等，而且平台本身内嵌诸如 Word Web APP 之类的插件，无须下载便可直接访问平台中的所有资源。这一方面为学生共享数字资源和发布小组作品提供了极大的便利，另一方面也大大降低了学生访问资源的难度，只要点击就可访问各种格式的数字资源。其二，讨论区是所有协作学习平台的基本功能，Tower 也不例外。它具备同步讨论和异步讨论的功能，并且可以给重要的讨论添加星标。其三，Tower 有共同编辑的功能，支持多人实时协作编辑，并对历史版本进行保存，也可对比不同版本的差别之处。其四，动态回顾功能。每位参与者只要在 Tower 协作学习平台进行某项操作，就会在平台上及时产生一条动态信息，这一动态也会通过微信或邮件的方式送达其他成员。因此，通过动态回顾，每位成员都会对活动的进展情况一目了然。除此之外，Tower 协作学习平台还具有任务指派、成员分组、日程安排等功能，这里不再详举。

Tower 协作学习平台的各项功能与学生以往使用的网络教学平台功能有相似之处，也有所不同。以往的网络教学平台的使用给学生留下的固有观念是，使用网络教学平台就是为了提交作业、在讨论区发帖、查看课程通知等；而协作学习平台更加强调互动、参与、协作、团队等理念。为了转变学生的固有观念，确保学生尽快熟悉 Tower 的功能，教师对学生的引导尤为关键。我们的做法是，为学生建立课外动态空间，由教师引导学生在这里分享与课程内容联系不大，但发生在学生身边的趣闻趣事。这样，学生就可以放下防备心理和抵触情绪，慢慢熟悉协作学习平台的功能，发现它的特点。

③ 创建小组网络学习空间

在混合学习环境中，小组协作知识建构活动的开展不仅会在课堂环境中进行，而且会扩展到网络环境中。所以在适应策略中，为每个小组创建了网络学习空间，如图 5-2 所示。在网络学习空间中，每个小组都可以在自己的学习空间中创建任务、发起讨论、上传资源、共同编辑文档等。这样随着课程的进展，各小组的协作知识建构过程都会被详细记录，同时小组的共享资源和共同成果也会逐渐积累和丰富。除此之外，各小组之间也可以自由访问其他小组的学习空间及教师空间，浏览教师最新发布的资料，了解其他小组的活动进展，学习他们的小组作品。

图 5-2　小组网络学习空间

2）学习共同体成长适应策略

协作学习小组不等同于学习共同体，它们之间最大的区别在于其协作是片断化的还是系统化的。一般而言，协作学习小组更多地被教师当作一种教学组织技术，在课堂上临时性地利用以改善教学效能。所以，较为常见的是教师往往在课堂的某一段时间内或在某个具体任务上组织学生以小组的形式开展协作学习，在任务结束之后，课堂教学仍然回归到原来的信息传输轨道上来。与此不同的是，对于学习共同体而言，协作是共同体的整个学习系统所固有的本质属性，因此，学习共同体理论十分强调对学习观念的整体改进而反对临时、孤立地使用某种教学技术。学习共同体理念也特别强调协作交往活动应与整个学习环境设计所依据的知识观和学习观保持一致，是一种系统化的协作观。由此可知，协作是学习共同体的一个重要属性，但不是唯一属性；协作学习小组是学习共同体的雏形，是在课堂开展过程中快速创建学习共同体的基础。因此，学习共同体成长的适应策略是围绕协作学习小组的创建而设计的。

① 创建协作学习小组

首先，需要确定协作学习小组的成员数量。一般来讲，协作小组最少由 2 名成员组成，最多由 6 名成员组成。成员数量越少，小组协作中个体的责任就越明确，小组也越易于管理；成员数量越多，协作知识建构中小组思考问题的视角会越多，小组内部成员之间的交互也会越复杂，相应地，也会因为较多的成员数量给小组的活动组织带来一些不便。因此，协作小组成员的数量有一个上限，即最多不超过 6 人。

本研究的开展中，实验班级的人数在 18～30 人，综合考虑协作小组的方便管理、成员人数对协作知识建构效果的影响，以及形成的小组个数不宜过多等事项，我们最终确定每个协作小组由 6 名成员组成。这样，既保证了小组成员数量不超过上限，又使每个协作小组在组织管理难度上具有较强的一致性，还有利于小组成员在协作知识建构提供多种视角。

小组成员数量确定之后，需要对小组成员进行分配，也就是具体确定由哪些同学组成一个协作学习小组。从分配方法来讲，有很多种方法可以用于分配小组成员。第一种方法，也是最简单有效的方法，就是随机地分配学生；第二种方法是随机分层的方法，根据学生预先测试的结果，将学生分为高、中、低三类，并从每类中随机取出一定名额的同学组成一个协作小组；第三种方法就是由教师确定小组成员。但是，最不推荐的做法是让学生自己选择小组。从成员结构来讲，可以是同质小组，也可以是异质小组。虽然同质小组也经常被采用，但是，在异质学习小组中存在更多缜密的思考、更多的解释、更多角度的讨论，因而也最为有效。从专家调研的结果来看，在混合学习环境中开展协作知识建构，异质协作小组比同质协作小组得到了更多的认可。

关于分配小组成员的问题，作者与授课教师达成的首要共识就是要坚持采用异质小组的原则。在这个共识的基础上，结合教师确定小组成员的方法与随机分层的方法来确定小组的组成成员。对于两个本科生实验班，由于授课教师对学生的基本情况已较为熟悉，所以根据学生前期参与网络学习情况及综合排名情况划分了层次，确保每个协作小组都由 "3 名得分高的同学+2 名得分居中的同学 +1 名得分低的同学" 组成，再考虑每个组的男女生比例及班干部比例作略微调整。对于研究生实验班，由于他们都是刚刚入校的一年级新生，授课教师不熟悉学生的基本情况，便根据学生的入学考试成绩和入学前所学专业采用随机分层的方法确定小组成员。

最后，需要考虑的问题是已经创建形成的小组团队需要持续多久。事实上，这个问题没有固定的模式或简单的答案可参考。有些教师让小组团队持续一学期或一学年固定不变，有些教师则将小组团队维持到完成一项任务、一个单元或一个章节为止。但是，协作学习的研究者们普遍强调一旦形成了协作学习小组，便要保持小组的相对稳定性。这是因为，当学生起初参与小组学习时，会出现诸多不适应的状况和不满意的情绪，此时如果将运行出现困难的小组解散往往适得其反。如果协作小组能够在各种困难中坚持下来，直到获得第一次的小组得分时，小组成员会立马清楚地意识到他们是一个团队，他们之间是一种相互绑定、荣辱与共的关系，他们只有通过协作才能取得成功而不是相互埋怨。此时，学生便会将注意力集中在小组协作任务上，而不是试图摆脱小组。鉴于此，同时考虑开展协作知识建构研究是一项系统性的工作，并非一项任务或一项活动就能解决问题，我们决定保持协作小组的稳定性，维持学习团队至少一个学期。

② 明确小组成员个体职责

虽然协作知识建构活动是以整个小组为单位开展的，但这并不意味着小组成员不承担个体职责。恰恰相反，不论是已有的研究成果，还是专家的鉴定结果，都强调了个体职责对协作知识建构的重要性。之所以如此，是因为当难以确认小组成员的贡献或小组成员不对小组作品负有责任时，整个小组将会处于一种消磨时间的状态，而成员个人也试图搭便车敷衍任务。

在确定小组成员的个体职责时，我们并不采取将学习任务分割为几部分的做法，这样就无法体现协作知识建构的意义。而是从建立小组协作机制的角度出发，为每个小组设计了组长、录音员、记录员、整理员、发言人、协调员 6 种不同角色。角色之间相互依赖、相互配合，从而保证协作小组工作的顺利运行。首先，每位小组成员在每次协作知识建构活动中扮演一个角色，并尽力做好职责内的工作；其次，在整个学习过程中，小组成员定期轮换角色，每个人都尝试完成不同的小组工作；最后，如果有学生由于各种原因不能正常参加活动，必须向其他小组成员请假，征得同意后交代好自己的工作，请求他人代为完成。具体职责分工如下。

a. 组长：负责与协调本小组所有课堂活动及网络活动；每周活动结束后，填写"协作活动反思表"（见表 5-2）；调动组员积极性、督促各项工作的具体实施。

b. 录音员：在课堂小组活动环节，尤其在小组讨论中，负责对小组成员的活动过程进行手机录音，并在每周课程结束后，将录音文件整理上传至网络协作平台，供大家分享。

c. 记录员：在课堂小组活动环节，尤其在小组讨论中，负责填写"课堂活动记录表"（见表 5-3），主要记录以下内容：（1）每位成员的主要观点；（2）成员之间观点冲突时，是怎么解决的；（3）小组最终形成的观点是什么。

　　d．整理员：配合组长、录音员、记录员的工作，将本小组每周的录音文件、纸笔记录及其他过程性资料上传至网络协作平台本小组的文件夹中。

　　e．发言人：在小组讨论结束后，若需要小组发言，发言人负责汇报本小组的讨论结果。

　　f．协调员：在小组课堂活动和网络活动中，若小组成员之间产生冲突或懈怠情绪，协调员负责协调小组成员关系、调整小组活动状态。

表 5-2　协作活动反思表（由组长填写）

小组名称：＿＿＿＿＿＿＿＿　　　组长：＿＿＿＿＿＿　　　时间：＿＿月＿＿日

活动主题：＿＿＿＿＿＿＿＿＿＿＿＿＿＿＿＿＿＿＿＿＿＿＿＿＿＿

1.我们组本次课堂活动的具体情况如下表。

将小组成员按照参与活动的积极程度进行排序	
活动成功之处	
活动不足之处	
改进措施	

2. 我们组本次网络活动的具体情况如下表。

将小组成员按照参与活动的积极程度进行排序	
活动成功之处	
活动不足之处	
改进措施	

☞小调查

（1）本次活动中，为大家提供最多信息的成员是：＿＿＿＿＿＿＿＿＿＿＿＿＿＿；

（2）本次活动中，对小组观点的形成贡献最大的成员是：＿＿＿＿＿＿＿＿＿＿＿＿＿＿；

续表

（3）本次活动中，表现最差，最不积极的成员是：＿＿＿＿＿＿＿＿＿＿＿＿＿；

（4）总体来看，本次活动的完成情况：☺良好＿＿＿＿＿　☺一般＿＿＿＿＿　☻较差＿＿＿＿＿

（5）关于课堂和网络活动的组织，你还想对老师说什么？＿＿＿＿＿＿＿＿＿＿＿＿＿

＿＿＿＿＿＿＿＿＿＿＿＿＿＿＿＿＿＿＿＿＿＿＿＿＿＿＿＿＿＿＿＿＿＿＿＿＿＿

表 5-3　课堂协作活动记录表（由记录员填写）

小组名称：＿＿＿＿＿＿＿＿　　记录员：＿＿＿＿＿＿＿　　时间：＿＿月＿＿日

活动主题：＿＿＿＿＿＿＿＿＿＿＿＿＿＿＿＿＿＿＿＿＿＿＿＿＿＿＿＿＿＿

1.在整个讨论过程中，每位成员的主要观点是什么？请填入下列表格中。

成员	主要观点

2. 讨论活动中，哪些成员之间产生了观点冲突？冲突的焦点是什么？

观点冲突的成员	冲突的焦点	谁的论证更成功
和		
和		
和		

3. 我们组最终的观点是什么？

✋小调查

（1）本次活动中，为大家提供最多信息的成员是：＿＿＿＿＿＿＿＿＿＿＿＿＿；

（2）本次活动中，对小组观点的形成贡献最大的成员是：＿＿＿＿＿＿＿＿＿＿＿；

（3）本次活动中，表现最差、最不积极的成员是：＿＿＿＿＿＿＿＿＿＿＿；

（4）本次活动的实施效果：☺良好＿＿＿＿＿　☺一般＿＿＿＿＿　☻较差＿＿＿＿＿

③ 制订小组学习评价制度

明确的小组学习评价制度，不论对于小组的管理运行，还是对于协作知识建构的开展都十分重要。评价方式既要保证每位小组成员受到公平对待，又要有利于增强小组的凝聚力。也由于此，相关领域专家对选择恰当的评价方式这一混合学习环境中协作知识建构的要素给予了特别强调。

首先，在评价目的方面，本研究关注的重点并非是学生在班级中的排名，而是注重给每位成员以均等的成功机会，推动他们在协作知识建构中不断进步。"不求人人成功，但求人人进步"是我们所追求的终极目标。其次，在评价类型方面，本研究较为广泛地采用了过程性评价。对每一阶段学生的学习情况进行整理、总结与公布，这一方面展示了各小组的学习动态与活动进展，另一方面也为小组或个体提供了及时的反馈信息。最终确立的小组评价制度如下。

a. 评价主体：参与评价的主体包括教师和学生。

b. 评价对象：既要对小组的表现作整体评价，又要对每位小组成员的表现作评价。

c. 评价内容：同时关注网络协作平台中的小组表现和个人表现，以及课堂活动中的小组表现和个人表现。

d. 评价规则：小组得分以十分制为标准，若小组得分区间是 [9，10]，则将整个小组的表现定级为优秀，在之后的个人得分中，小组的每位成员可在个人分数的基础上乘以系数 1.1；若小组得分区间是 [7，9)，则将整个小组的表现定级为良好，在之后的个人得分中，小组的每位成员可在个人分数的基础上乘以系数 1；若小组得分区间是 [6，7)，则将整个小组的表现定级为合格，在之后的个人得分中，小组的每位成员的得分会乘以系数 0.9。

小组得分=学生对小组评分的平均分×50% + 教师对小组的评分×50%。

个人得分=小组系数×（学生自评分数×30% + 组内成员对个人的评分×30% + 教师对个人的评分×40%）。

3）知识建构适应策略

知识建构适应策略是为了让学生初步体验协作知识建构的整个活动过程而设计的。在初期阶段，我们设计了句首词策略、六项思考帽策略及头脑风暴策略，使学生对协作知识建构的过程形成初步的整体感知。

① 句首词策略

对初步开展协作知识建构活动的学生提供句首词，可以大大提高协作的效率。协作学习的研究者也对句首词的重要作用给予了肯定。早在 1994 年，Blandford 就列举了一些应用于协作学习的交互行为词组，如表达"反对"时用"I disagree"，"要求他人论证"用"Why do you believe that"，"提供论证"用"…Because"，"提供其他观点"用"Don't you agree?"，"要求确认"用"Do you really believe that"等。Baker 也深信，如果为参与协作知识建构的成员提供一套预定义的交互词组，可以引导学生更为成功地开展协作知识建构活动。为此，他定义了两类交互词组：第一类是面向协作学习的词组，如"I think that"、"I propose to"、"Why"、"Because…"、"What is"等；第二类是面向谈话控制的词组，如"Where do we start"、"Wait！"等。Robert M. Aiken 在研究协作知识建构中成员的讨论技能时，也定义了一套句首词。这些句首词反映了学生在知识建构中四个方面的能力，即基本交流能力（表达观点和做出反馈的能力）、维持信任关系的能力、领导管理组员的能力、建设性解决冲突的能力。

基于此，我们也针对协作知识建构的四个过程阶段，为学生提供相应的句首词，帮助学生在初期顺利地完成协作知识建构各项活动。第一是协作知识建构的共享阶段，共享是学生充分阐述个人观点，将个人思维显性化的过程。在共享阶段，可提供如下句首词："我认为……，因为/理由是/原因是……"、"我觉得……，因为/理由是/原因是……"、"我的想法是……，因为/理由是/原因是……"、"我的观点是……，因为/理由是/原因是……"。第二是协作知识建构的冲突与协商阶段，此时学生发现个人观点与他人观点之间的差异，通过相互论证而修正完善个人观点和思维路径，最终形成最优化的小组知识。可提供的句首词有："我认为我的观点更合理，因为/理由是/原因是……"、"我觉得……是正确的，因为/理由是/原因是……"、"我觉得……是不完善的，要补充……，因为/理由是/原因是……"、"综合同学们的意见，我们小组的最终观点是……"、"经过讨论，我们小组最终认为……"。第三是协作知识建构的作品创作阶段，创作是学生将经过协商所形成的公共知识进行应用的过程。可提供的句首词有"创作小组作品的步骤和程序应该是……"、"我们可用的知识有……"等。第四是协作知识建构的反思阶段，反思是对整个协作知识建构过程与成果进行评价，发现成功之处与存在不足的过程。可提供的句首词包括："经过前一阶段的学习，我们小组的成功之处有……"、"我们小组在下一阶段需要改进的方面是……"。

② 六项思考帽策略

思考问题最大的障碍在于思维的混乱，在团队协作中这种混乱现象尤为突出。为了使学生在协作知识建构初期阶段较为全面地思考讨论的问题，我们采用了六项思考帽的方法。六项思考帽是由英国学者爱德华·德博诺（Edward de Bono）博士于 1985 年提出的一种思维训练模式，或者说是一种全面思考问题的模型。六项思考帽的思维方式为我们提供了水平思考的工具，从而可以有效地避免在相互争论中浪费过多的时间。合理地运用六项思考帽有助于我们理清复杂混乱的问题局面，这不仅会将团队从无意义的争论中解脱出来，有效地解决面对的问题，而且也会使每个参与个体的创造性得到发展。六项帽子包括白帽、红帽、黑帽、黄帽、绿帽、蓝帽，分别代表信息、直觉、谨慎、乐观、创新和调控等思考角度。

当使用白色思考帽时，团队中的每位成员都要将注意力集中在解决问题所需的信息资源上。具体思考这么几个问题："我们已经拥有了哪些信息？""我们还缺少哪些信息？""我们需要查询哪些信息？""我们如何获取所需要的信息？"

红色思考帽是关于情绪、感觉和非理性的思考。白色思考帽是客观的、中立的、不带感情色彩的，而红色思考帽却与之完全相反。在使用红色思考帽时，各种各样的感觉都可以表达：热情的、中立的、不正确的、怀疑的、不愉快的，等等。

黑色思考帽是关于逻辑性的思考法，任何批判都应有其逻辑基础，黑色思考帽的理由必须是站得住脚的。因此，黑色思考帽往往偏向事物的消极和否定方面。使用黑色思考帽时，团队成员需要考虑在解决问题的过程中可能遭遇的潜在危险、潜在困难和各种障碍，重点关注为什么有些方法是无效的、是不起作用的。具体思考的问题是"为什么有些东西不符合我们的经验？""为什么某种方法不起作用？""我们将面临的困难/问题是……"等。

黄色思考帽是对问题的正面思考，使用黄色思考帽将促使团队努力寻找一个可行的行动方案或建议，并尽力将其付诸实践。黑色思考帽的负面思考对于防止错误和风险的发生十分有效；同时，黄色思考帽的正面思考方式却带有好奇、愉快的情绪，以及想让事情成功的欲望。

绿色思考帽充满生命力，它指代的是创造新的想法或用新的方式去看待事物。使用绿色思考帽时，要求团队成员彻底抛开旧有观点的束缚，用新的视角去创造、生成新的想法。绿色思考帽的价值就在于，它为团队中的每位成员创造性地思考问题留出专门的时间，从而使创造这件事不再是某个人所专属的，而是所有参与者都需要开展的一项工作。

蓝色思考帽扮演的是乐队指挥的角色，它的作用在于管理和控制思考的过程。在讨论一开始运用蓝色思考帽，对讨论的问题进行定义和描述，指明讨论的目标，以及应取得的成果；在讨论结束前，运用蓝色思考帽总结讨论取得了哪些成果，并决定下一步的行动计划是什么。

③ 头脑风暴策略

头脑风暴法（Brainstorming）又称智力激励法或自由思考法。它缘于美国创造学家埃历克斯·奥斯本（Alex Osborn）的智囊团任务而产生，并于1953年正式发表的一种激发性思维的方法。头脑风暴法是一种激发集体智慧的有效方法，广泛应用于创造性思维活动中。其目的是诱发一些问题的多种新奇的思想或可能的解题办法，其核心是人的创造性和想象力。正是由于此，头脑风暴法流行于世界各地，相关的实证研究在国外尤其是欧美国家一直在进行，在我国也得到了广泛的推广和应用。在知识建构中我们采用了头脑风暴法作为一种有效策略。头脑风暴的意义在于集思广益、激发集体智慧，它与一般的课堂讨论有联系又相互区别。为了保证头脑风暴发挥作用，必须遵守其基本原则。

a. 自由联想原则

在解决问题时，人们不仅需要一些切合实际的想法，有时也需要一些不切合实际的想法。自由联想原则的核心就是求新、求奇、求异，让所有参与者抛开传统思维的束缚，解放思想、开拓思路、自由联想。因此，这项原则的目的就在于要提供一个足够宽广的思考、想象空间，使每位参与其中的成员从不同视角、不同层次大胆想象、畅所欲言，尽量提出独创性的想法，而不必担心自己的想法是否正确、荒谬、不可行或离经叛道。

b. 延迟评判原则

头脑风暴活动中，往往一个好的或有价值的观点并不是一开始就能得到的，而是要经历一个诱发、深化与完善的过程。因此，为了保证良好的活动气氛，使参与者在思考与发言时感受到心理自由和心理安逸，在思考期间不应该过早对观点进行批评或评判，而是等到所有想法被列举出来并做出解释后，才对其进行评价性判断。

c. 以量求质原则

头脑风暴法对观点的数量是有一定要求的，它的目标是获得尽可能多的设想，追求数量是它的首要任务。以量求质原则其实体现了"质量递进效应"，以创造性设想的数量来保证创造性设想的质量。所有参与成员都要运用发散思维尽可能多地提出设想，数量越多就越有可能产生有价值的观点。

d. 综合改善原则

由于时间的限制，头脑风暴中大量的设想都未经深思熟虑，难免存在考虑不周的地方。综合改善原则就是要求参与者善于以他人的观点和见解为基础，对各种想法和观点进行综合改善，从而促使新的、更有价值的观点的形成。这是一个相互启发、相互激励、相互补充和相互完善的过程，也是头脑风暴成功的关键所在。

5.1.2　第一轮实践过程

从 2014 年 2 月底开始，作者进入 N 大学开展了为期一年的实践研究。在这一年当中，从 2014 年 2 月至 2014 年 7 月的春季学期是预实验阶段，主要完成了以下工作：其一，进入实践学校，阐明本研究的意图及价值所在，并与相关教师建立了合作伙伴关系；其二，承担部分课程助教工作，了解该校混合学习环境中开展教与学的实际情况；其三，在现有条件基础上设计实施了一部分协作学习活动，初步明晰了研究实施的重点及难点问题。2014 年 8 月至 2015 年 1 月的秋季学期是正式实验阶段，选择《教学技能训练》《终身教育学》《信息技术课程》作为混合学习环境中协作知识建构策略的实践场域。课程详细信息如表 5-4 所示。跟随课程的整体推进，设计了三轮"策略提出"→"策略实施"→"策略改进"的迭代循环过程，每轮迭代都依据协作知识建构相关研究、专家调研结果及上一阶段的实践反馈提出相应的应对策略，并根据策略设计相应的协作知识建构活动，以活动为载体来具体实施策略，最后根据策略的实施效果及时反思与完善策略体系。

表 5-4　实践课程信息表

课程名称	课程类型	学生类型	专业	人数	组数
教学技能训练	专业核心课	本科生	教育学	30 人	5 组
终身教育学	专业选修课	本科生	教育学	30 人	5 组
信息技术课程	专业核心课	研究生	教育技术学	18 人	3 组

　　第一轮实践活动从课程开始一直持续到课程第三周结束。为了达成适应策略的预期目标，即初步适应混合学习方式，初步建立协作小组机制及公开陈述观点、共享信息资源，设计了一些协作知识建构活动，使学生对混合学习环境中的协作知识建构有一个整体感知。典型的活动案例如下。

1．注册 Tower 平台，寻找小组成员

1）设计思路

　　注册平台、寻找成员的活动在每门课程第一次授课时进行。活动开始前告知学生，本课程将采用"网络协作平台+课堂小组活动"的形式开展，并且所有学习活动都以小组为单位进行。通过这样的活动让学生快速熟悉网络协作平台的一些基本操作，同时对以小组为单位开展活动有一个初步体验和心理准备。

　　（1）要求每位学生通过手机终端，在 Tower 协作学习平台上用邮箱注册一个账号。注册成功之后，登录平台修改名称信息、选择头像图标，以了解 Tower 协作学习平台移动版的基本操作程序。

　　（2）完成注册的学生在"教师空间"实名签到，以告知老师和同伴自己已成功注册，准备工作已就绪。没有成功注册的学生可以向老师或同伴求助，在老师和同学的帮助下尽快进入平台并签到。

　　（3）各小组依据事先分配好的成员组成和职责分工开展小组活动，在 Tower 平台中以小组为单位创建网络学习空间，并在小组网络空间中找齐各自的小组成员。最先完成以上活动的小组向其他小组介绍自己的初步体验。

2）实施情况

　　由于本科班级人数较多，学生同时通过手机终端连通校园无线网络开展活动时，有延迟现象产生，导致小部分学生没能及时成功注册账号。但最终还是顺利完成了上述活动。研究生《信息技术课程》签到情况如图 5-3 所示，本科生《终身教育学》寻找小组成员活动如图 5-4 所示。

图 5-3 《信息技术课程》在线实名签到

图 5-4 《终身教育学》课程寻找小组成员活动

2. 当代教师所应具备的教学技能探讨

1) 设计思路

当代教师所应具备的教学技能探讨是《教学技能与训练》课程第一次正式的协作知识建构活动。选择该主题是为了让学生结合已有的教育学知识和教育实习经验有可发表的观点，了解学生对当代教师所应具备教学技能的理解状况，同时也可以反映出学生通过本课程对自身所应掌握技能的定位与期待。活动开始时，为学生提供相应的共享、协商、论证等句首词，建议他们在讨论过程中使用句首词来辅助活动的开展。在活动过程中，要求每位小组成员依据职责分工做好讨论录音、活动记录、资料整理、任务协调等工作。

2) 实施情况

在课堂活动中，五个小组分别根据活动设计要求开展"当代教师所应具备的教学技能"讨论，并顺利完成了课堂记录和上传录音文件等工作。以下是第四小组课堂讨论的部分内容和他们组织开展的在线讨论部分内容。其中，第四小组的网络讨论活动不仅是对自己小组课堂讨论的补充，而且引发了其他小组成员的广泛参与，如图 5-5 所示。

当代教师所应具备的教学技能讨论——第四小组课堂讨论部分

学生 b-S9：大家准备开始讨论了！

学生 b-S5：我认为首先就是教师的课堂组织能力、语言表达能力。

学生 b-S31：我觉得可以按照专业技术技巧来分类，比如书写，就是板书技能。

学生 b-S5：这样的话，我觉得还可以包括教师使用多媒体的技能。

学生 b-S9：我觉得两位同学所说的其实都是教学工具的使用技能。

学生 b-S31：嗯，对。

学生 b-S14：我觉得我们现在讨论得太细了，因为明显有些内容是可以归类的。

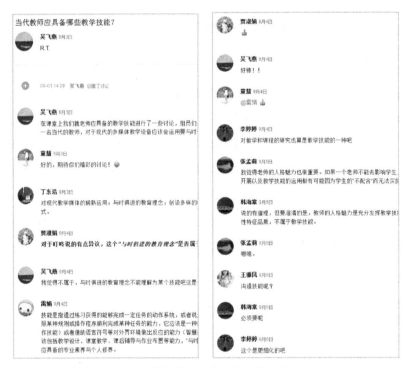

图5-5　当代教师所应具备的教学技能在线讨论

学生 b-S5：我的想法是，先把我们知道的教学技能罗列出来，再把它们归类，这样就会全面一些。大家觉得呢？

大家：好哦！

（一些成员开始通过手机上网查阅资料）

……

学生 b-S21：这个资料比较详细一点，认为教师的教学技能分为五大部分：教学设计技能、课堂教学技能、课后辅导技能、教学评价技能和教学研究技能，每一块又可细分为几个部分。

学生 b-S31：教学研究技能？我认为教学研究不属于课堂教学技能吧？教学研究是针对什么？是大学老师吗？

学生 b-S9：我觉得应该是属于教学技能的。因为一位教师不仅是教课，还要搞教学研究，这样才能把课教好。

学生 b-S14：我觉得 b-S9 说得有道理。教学研究是针对教学情况开展的研究，就是对教学过程的一个反思，怎样做才能做得更好，去研究它。教学研究技能就是在研究的基础上去改进教学。

学生 b-S21：对哦，我也觉得教学研究技能肯定是必不可少的，因为很多老师都会发表论文，研究教学的一些论文，这都是必须的。

……

学生 b-S31：综合同学们的意见，我们小组的最终观点是，教师应该具备五大教学技能。我再整理一下，大家看有没有漏掉的……

3. 不同形态教育之间的差异比较

1）设计思路

不同形态教育之间的差异比较是《终身教育学》课程第一轮实践中开展的协作知识建构活动之一。活动具体内容是，各小组采用头脑风暴法，充分挖掘每位成员的知识储备，从各种不同维度尝试分析与比较"学徒制教育"、"普通学校教育"以及"终身教育"三种不同形态教育之间的差异，并以表格的形式对小组的最终观点进行总结与呈现。活动开始前，向学生详细介绍头脑风暴法与普通课堂讨论的区别，重点解释它的自由联想、延迟评判、以量求质、综合改善四项基本原则，建议学生在讨论中时刻注意遵循这些原则以充分激发集体智慧。在活动过程中，要求每位小组成员依据职责分工做好讨论录音、活动记录、资料整理、任务协调等工作。

2）实施情况

各小组遵循头脑风暴的基本原则，结合已有的教育学基本知识，引发了较为激烈的主题讨论。小组的最终观点也以表格的形式进行了汇总和呈现。整体上较为顺利地完成了该活动。图 5-6 是一组的成果展示。

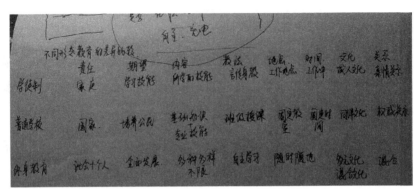

图 5-6　不同形态的教育之差异比较分析

5.1.3　适应策略实施总结

适应策略的预期目标和具体策略汇总如表 5-5 所示。

表 5-5　适应策略的预期目标和具体策略汇总表

预期目标	空间融合适应策略	共同体成长适应策略	知识建构适应策略
1. 初步适应混合学习方式 2. 初步建立协作小组机制 3. 公开陈述观点、共享信息资源	1. 选择网络协作学习平台 2. 引导学生熟悉运用协作学习平台各项功能 3. 创建小组网络学习空间	1. 创建协作学习小组 2. 明确小组成员个体职责 3. 制订小组学习评价制度	1. 句首词策略 2. 六项思考帽策略 3. 头脑风暴策略

经过适应策略的实施，学生对混合学习环境中开展协作知识建构有了一个整体的感知，无论在 Tower 平台中还是在课堂环境中，都能以小组协作的形式顺利完成学习活动。尤为重要的是，空间融合适应策略、共同体成长适应策略以及知识建构适应策略的综合作用，使学生在课堂中逐渐活跃起来，形成了轻松融洽的课堂氛围。学生开始意识到协作知识建构课堂与传统课堂的巨大差异，当他们从中受益时，就会有更加强烈的参与意愿。整体来讲，第一轮实践较为圆满地达成了适应策略的预期目标，这一点从学生访谈和第一轮的反思总结中得到了充分体现。以下是学生接受访谈时的表述，学生访谈提纲见附录 C。

学生 b-S22："老师为我们分配了小组成员，而不是让我们自己选择，这让我跟以前交流很少的同学有了更多相互了解的机会。如果让我们自己选的话，肯定会和要好的人在一起，把自己的圈子固定在那里。最重要的是，我以前只知道我们班有个留学生，却几乎和她没有过交流，这次我们分到了一个组，才知道她特别热情！"

学生 b-S15："我觉得 Tower 协作平台比我们以前用的网络教学平台方便很多。因为它既可以手机登录，又有动态提醒的功能，不论是大家交流作业，还是查看资料都很方便。这使我的积极性有一定的提高。"

学生 b-S9："我认为，而且我相信其他同学也能感觉到，Y 老师的课给人一种轻松的感觉，不像其他的课，虽然已经大四了我还是比较拘谨。这种轻松的氛围让我愿意，没有太多顾虑地跟别人交流。印象最深刻的是，我们现在用 Tower 平台，大家都可以在平台上看到每个人的动态，老师也鼓励我们像发微博一样使用它。我记得有一次张××同学发了一条"这么晚了，睡不着啊。"可以看出大家也都放得开，这种氛围也能带动我加入他们。虽然有时也会潜水，但是同学发的信息我都关注了，这有利于我去了解班上同学们的情况。"

然而，作为协作知识建构的研究者，仍然可以清楚地看到，学生在第一轮实践中的表现其实是处于比较肤浅的表面层次的。马琳·斯卡达玛丽亚将协作知识建构区分为肤浅的知识建构与深入的知识建构两种形式。肤浅的知识建构是指学生的确参与了所有的协作任务和活动，但是在参与的过程中，学生的思想没有公开显现而是隐性的，观点与观点之间也没有形成交互。因此，在肤浅的知识建构中，学生只是将注意力集中在完成学习任务上，而对于参与此类活动背后所表达的理论并不理解。深入的知识建构则是指，学生在学习共同体中，以相互介入的方式，通过观点冲突与协商来拓展知识的范围和深度。

之所以说学生在第一轮实践中的表现处于肤浅层次，是因为我们在转录课堂录音的时候发现，小组在形成最终的小组观点时出现了两种情况：第一种情况是学生试图将所有小组成员的观点罗列在一起作为小组观点；第二种情况是学生会选取一名成员的观点作为小组观点。这些情况说明，学生的确参与了活动，却还无法体会协作知识建构活动所表达的理念。通过进一步分析，我们认为造成这种现象的原因有三个：（1）学生对课堂讨论习以为常了。学生将协作知识建构活动当作其他课程中组织的短暂的、一般的课堂讨论活动来对待，认为只要完成某一些活动任务就算是结束了；（2）课前没有充分的准备。在课程开始阶段，为了营造轻松的学习氛围，让学生尽快适应新的学习方式而又不添加额外的学习负担，所设计的学习活动都是在课堂上即时完成的，没有要求学生在课前准备过多的相关材料，这就造成了学生对讨论内容理解得不深入，从而没有观点之间的冲突和协商过程；（3）选择回避冲突的方式。即使在课堂活动中形成了冲突点，学生也会选择以回避的方式来对待它。因为学生还没有掌握太多的协作学习技能，无法将针对观点的辩论和针对个人的辩论清晰地给以界定。

在适应策略设计、策略实施的基础上，根据发现的问题和原因的分析，我们设计了发展策略以期推进混合学习环境中协作知识建构向深层发展。

5.2 发展策略设计与实施

5.2.1 发展策略提出

1. 发展策略的预期目标

发展策略是在适应策略实施与总结的基础上，针对混合学习环境中开展协作知识建构的第二个阶段——发展阶段，而提出的各项策略。经过初始阶段的实践，学习者已经对混合学习方式有了一定的适应，也在初步建立的小组协作机制引导下使小组活动得以顺利开展，并且能够在协作知识建构中共享信息、表达观点、聆听观点。然而，总体来看，适应策略引导下的协作知识建构仍处于肤浅的知识建构水平，在实施中也发现了一些问题。因此，发展策略将在适应策略基础上进行综合改进，推动混合学习环境中协作知识建构由浅层建构向深层建构发展。发展策略预期达成的目标如下：

1）充分发挥两个空间的各自优势进行学习

面对面学习环境与网络学习环境有着不同的特征，混合学习也是研究者在深入分析面对面学习与完全在线学习各自优劣的基础上而提出的。因此，空间融合发展策略是在学生初步适应了课堂空间与在线空间相结合的学习方式的前提下，旨在发挥两个空间的各自优势来安排特定学习活动。

2）成员之间相互介入、积极参与，形成团队意识

相互介入是共同体中成员关系的一个标志，也是共同体区别于小组的关系特征。就如同一个班级只是具备了形成共同体的潜在条件，但它并不构成一个真正的学习共同体。只有当班级成员围绕共同的活动在彼此之间建立起相互介入的关系，而且这种关系得到彼此的支持时班级才成为一个共同体。共同体成长的发展策略是要在已形成的协作小组的基础上，积极发展成员之间的相互介入关系，形成团队意识和团队凝聚力。

3）通过冲突与协商的过程，形成观点之间的交互与联结

协作知识建构的核心在于成员之间经过冲突与协商的过程，为不同的观点交互提供充分的机会。在每位参与者对相关议题有了充分认知的状态下，发展出公共知识的过程。知识建构发展策略的目标是要引导冲突与协商过程的顺利进行，形成观点之间的交互，最终促进小组公共知识的生成。

2．发展策略具体内容

1）空间融合发展策略

空间融合发展策略是要分析面对面学习环境与在线学习环境各自的特征，并以此为依据安排学习活动，充分彰显混合学习环境的独特优势。

① 课堂活动的安排

面对面学习环境与网络学习环境最本质的区别在于交流方式的巨大差异——也就是口语交流与文字交流之间的巨大差异,由此决定了两个环境各自特征与优势的不同。在面对面的课堂环境中,口语表达是沟通交流最主要的工具,这一基础本质使面对面学习环境呈现出以下特点:

a. 在面对面环境中的即时参与中,学生之间的交流互动是快速而且短暂的,因此这种对话方式很容易激发产生更多新的想法与观点。

b. 正是由于交流互动方式的快速和短暂,使对话参与者没有充分的时间深入思考每个观点所表达的意义,也没有机会梳理和把握整个对话的基本结构,对发表的观点往往缺乏深思熟虑和反思的时间。

c. 面对面环境中以口语交流为主的本质,使面对面环境中的对话呈现出协作性在前、反思性在后的特征,也就是协作性对话先于反思性对话被参与者所感知,这使得学习活动更易于作为一种社会性活动而被学生轻松接受。

d. 基于以上三个特征的分析,研究者普遍认为面对面的环境十分有利于建立团队凝聚力。当学生面对面地坐在一起,彼此可以直视对方时,这种作用是不容忽视的。这相当于为学生提供了亲切感,让学生确认他们是一个团队。而且,面对面所形成的团队意识也会拓展到网络空间中去。

依据面对面学习环境的特征和优势,将重点在课堂环境中开展公开表达、观点比较、观点冲突、观点协商等协作知识建构活动,以激发更多新想法和形成团队凝聚力。

② 网络活动的安排

网络学习环境与面对面学习环境恰恰相反,它是以文字作为主要的交流互动工具的。基于这一基础本质,也使得网络学习环境呈现出一些特征:

a. 网络学习环境中以文字为主的对话具有间接性,学生在每一次参与网络学习活动时需要付出更多的认知参与。首先是阅读同伴或老师已发表的内容，当有想法之后，还需要对文字表述加以思考和整理，组合成书面信息发布到网络上。

b．正是由于文字交流的间接性使对话具有较少的互动性，却具有较为深入的解释性，这使得网络环境中的对话更多的与学习任务相关，而且易于产生更重要、更公正的观点；同时与口语表达相比，文字交流可以相对较为持久的记录保存。

c．网络环境中以文字为基础的对话与面对面环境中以口语为基础的对话恰好相反，呈现出反思性在前、协作性在后的特征，也就是反思性对话先于协作性对话被参与者所感知。

d．虽然面对面的环境有利于创建相互信任和公开交流的氛围，但是由于面对面的课堂交流时间有限，学生常常没有足够的时间充分贡献自己的智慧，这时要将这种良好的氛围维持下去就需要将活动转移到网络环境中推进。

基于以上对网络学习环境特征的分析，将重点在网络学习环境中开展信息共享、资源共享、小组总结、小组反思和个人反思等活动，以发挥其优势。

2）共同体成长发展策略

学生已经在适应策略的实施中拥有了协作学习的一些经历，共同完成了一系列协作学习活动。然而，在初期阶段的尝试中，学生之间的相互介入还是非常稀少的。共同体成长的发展策略为了使学生在已建立的协作小组的基础上更加积极地参与协作学习活动，发展相互介入的成员关系，从而使班级逐渐具备更多学习共同体的特质。

① 向学生解释成功的标准

学生在前一阶段的协作活动中，虽然依照职责分工顺利完成了学习活动，但明显缺乏对活动背后所蕴含的理论和理念的认识，只是当作一般的课堂讨论来完成，几乎没有相互介入的情况产生。在共同体成长发展策略中，首要工作是依据协作知识建构的理论，向学生解释成功的标准，告诉学生教师对他们期望的标准。成功的标准包括两部分内容，一是协作关系的成功标准，二是知识建构的成功标准，知识建构的成功标准将在后文中介绍。这部分中我们所设定的协作关系的成功标准是：（1）整体的成功，成员之间相互介入、观点之间深入交互时才能达到成功；（2）协作小组的成功，只有每位成员为小组贡献智慧并且小组的成果得到其他人的肯定时，小组才能达到成功；（3）个体成员的成功，每位成员在协作知识建构活动中都表现出进步时才能达到成功，同时，个体成员的成功又依赖于小组的成功，当小组获得高分数时，成员才能得到额外奖励的成绩。向学生解释成功的标准，一方面让学生知晓协作知识建构活动与一般的课堂讨论是有区别的，它是一个系统的协作过程；另一方面，在学生得知期望的行为时，相当于设定了一个行为目标，有利于推动他们向深层知识建构迈进。

② 设计相互依赖关系

积极的相互依赖关系是成员之间相互介入、形成团队凝聚力的核心。积极的相互依赖关系存在于下列情形中：当学生清楚地知道自己与其他成员密切相关，只有其他成员成功时，自己才能成功；或者当学生明白自己与组员只有共同努力完成一项任务时，才能形成相互依赖关系。一般来讲，有四种方法可以用来构造积极的相互依赖关系。

a. 积极的目标相互依赖，当学生认识到每位小组成员都达到相应的目标时，小组才能达到小组目标，其他成员才能达到个人目标，这时就形成了目标的相互依赖。

b. 积极的奖励相互依赖，当小组达到预定的目标时，每位成员都可以获得相同的奖励，这就形成了积极的奖励相互依赖。

c. 积极的资源相互依赖，当每位成员或每个小组只能获得完成任务所需的部分资源、信息和资料时，就形成了积极的资源相互依赖。

d. 积极的角色相互依赖，为了完成协作活动，给每位成员安排互补且相互联系的角色以明确各自职责时，就形成了积极的角色相互依赖。

　　上述四种构造积极相互依赖的方法中，奖励相互依赖和角色相互依赖在适应策略中已有所体现，发展策略将重点设计目标的相互依赖和资源的相互依赖。

　　③ 鼓励不同层次的参与

　　温格认为，一个好的共同体应该鼓励不同程度的核心－边缘参与。他将共同体中的参与状况划分为三个主要层次。第一个层次是核心组成员，他们会积极地参加共同体的各项活动，甚至发生辩论；第二个层次是核心组外围的积极组成员，这些成员也会按时参加共同体的活动，只是没有核心组成员那么积极、投入；第三个层次是外围组的另一部分成员，他们很少参与活动，只是在旁边观看核心组和积极组成员的互动。有些人保持在外围组是因为他们觉得自己的发言对整体不合适或者没有权威，还有一些人是因为没有时间做出更积极的贡献。在《合法的边缘性参与》中，莱夫和温格提出了"合法的边缘性参与"这一概念。作为一个整体概念，它的使用并不会衍生出"不合法"、"中心性"或"不参与"等概念。相反，人类学家所用的"边缘性"是一个积极的、肯定的术语；在正在进行的协作知识建构活动中，与"边缘性"最对立的反义词是"无关性"和"离题"。因此，莱夫强调"不管何种教育形式为学习提供语境，或者是否存在何种有特定意图的教育形式，通过合法的边缘性参与的学习都会发生"。

　　高文在莱夫和温格的基础上，更进一步指出，"学习共同体是一种关于学习和学习者的社会性安排，它提供给学习者围绕共同的知识建构目标而进行社会交互的机会，以活动为载体的社会交互中蕴涵着多种层次的参与：边缘的和核心的，在场的和虚拟的。"由此，高文将莱夫和温格实践共同体不同程度的核心－边缘参与扩展为学习共同体不同层次的参与，在场的面对面参与和虚拟的网络参与。在发展策略中，一方面既要强化核心成员的积极参与，也要鼓励外围成员的边缘参与；另一方面要同时兼顾学生对课堂活动的参与和网络活动的参与，鼓励学生从不同水平和不同角度加入到混合学习环境中的协作知识建构过程中来。

④ 强调共享技艺库的建设

共享技艺库是指共同体内一整套共享的资源，包括惯例、用语、工具、做事的方式、故事、手势、符号、样式、行动或者概念。这些资源都是学习共同体在开展具体活动过程中产生或采用的、并最终成为共同体实践的重要部分。共享技艺库是共同体意义协商的重要资源之一，因为它首先反映了共同体的学习轨迹，承载着共同体之前的所有实践活动，同时也将在新的情境中反复使用，是新的意义产生所要利用的资源；其次，共享技艺库中既包括具体化和显性化的部分，又包括参与性的部分，也就是保留了许多实践的模糊性。这种模糊性只有共同体成员才能准确理解和恰当应用，它一方面意味着协作、交互、设计过程的难以把握和预测，另一方面又体现了新意义产生的动态性、开放性和生成性。因此，共享技艺库是共同体集体显性智慧和隐性智慧逐渐积累而形成的结晶产物，对学习共同体的成长和发展有重要的意义。在具体活动开展过程中应强调学生对共享技艺库的建设。

⑤ 强调协调员的合法地位

协作知识建构的发展阶段是所有学习活动和成员状态步入正轨的关键时期。在这一时期，成员之间相互介入与积极互动会比前一阶段急剧增多，随之也会引发更多冲突事件和大量需要协调的事项。然而，在共同体中许多协调工作都很不引人注意，比如成员之间的联络工作。一般来讲，在学习共同体中有明确的贡献，如新的想法、技术支持等才会被公认为有很高的价值；而协调员的工作——联络成员、推动会议、打电话、协调课外时间等，却被当作不那么重要的事情。加之，协调员在工作初期，可能会发现自己不具有发展学习共同体所需要的技巧，如联络、倾听、处理冲突和不同意见等，会越发产生一种被束缚的感觉和极度沮丧的情绪，因为他们发现自己面对着既困难却又不被认可的工作。因此，学习共同体在发展阶段应该及时认可和奖励协调员的工作，充分肯定他们对共同体的默默贡献。

3）知识建构改进策略

知识建构发展策略是为了帮助学生在协作活动中顺利经由公开表达观点、共享信息资源、观点冲突与协商的过程，形成观点之间的交互与联结，使协作知识建构的深度更进一层。知识建构改进策略主要包括：引导学生学习协作知识建构的理论、要求学生在课前对学习材料做充分的准备，在协作活动伊始对涉及的专业术语和迷思概念进行界定，运用概念图工具来比较观点和分析冲突，引发更多相关主题讨论，对已有成果进行意义解释等。

① 学习协作知识建构理论

经过适应策略的设计与实施发现，学生对协作知识建构理论本身及其所蕴含的理念并不了解，导致学生将协作知识建构活动与普通的课堂讨论活动混淆对待，从而使协作知识建构无法深入开展，只停留在肤浅的表面层次。因此，在发展策略中需要适时向学生解释成功的标准。一方面是关于协作关系的成功标准，即团队成员之间的相互介入、相互肯定与共同进步，这部分内容已经在共同体发展策略中有所涉及；另一方面，还需要向学生解释协作知识建构的成功标准，让学生知晓怎样的协作知识建构活动是有效的、深入的。在课程开展过程中，适时地引导学生学习协作知识建构的理论，让学生明白协作知识建构大致要经历三个过程、两个关键点。三个过程也就是观点共享、观点联结和观点收敛的过程。一般而言，普通课堂讨论只要求达到观点共享，而要达到协作知识建构的水平，还必须经历其他两个关键点，即观点之间相互交互形成联结以及观点收敛产生团队认知涌现。因此，可以用图 5-7 向学生清楚地解释协作知识建构的成功标准。

② 充分准备活动主题相关材料

在第一轮的策略实践过程中，为了使学生较为顺利地适应新的学习方式，而不对其造成过多的心理负担和学习负担，我们所设计的协作活动基本都是在课堂上即时完成的。学生在课堂上一边学习教师推荐的学习资源，一边开展协作活动，没有要求他们在课前做充分的准备工作。这便使学生对学习材料的理解和把握不够透彻，最终导致了协作知识建构水平只停留在肤浅的表面层次，无法深入开展。在知识建构发展策略中，不仅需要教师对学习材料精心准备，而且逐渐要求学生在课前也做一些准备工作。如查阅相关文献、撰写文献综述、筛选教学设计方案、搜集教学资源等。通过一系列的准备工作，学生一方面对相关议题有了自己初步的认识，另一方面又增加了认知投入，同时还积累了小组资源库。这便使学生在课堂活动中会对问题的认识更加专业、发表的见解也更为深入。

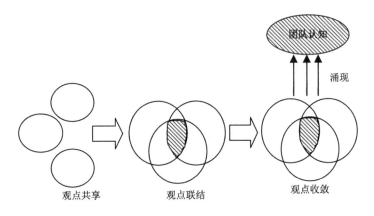

图 5-7　协作知识建构的核心理念图

③ 明确界定术语和迷思概念

在开展协作知识建构时，应该有一个起点会合的活动。所谓起点会合就是指参与者对活动主题的意思进行交流，使所有人对讨论的起点和问题有一致的认识。这就包括在活动伊始对相关术语的明确界定，以及在活动过程中对迷思概念的及时辨析。我们常常发现，在很多讨论中，由于对话双方对问题本身的理解和对术语概念的界定有不同的认识，而使整个活动停滞在因理解起点不一致所导致的冲突上纠缠不清。因此，统一对问题意义的认识和对概念术语的界定非常重要。一方面从当下来看，对概念术语的界定使成员对讨论议题的理解达成共识，有助于后续活动的顺利开展；另一方面从长远来看，对概念术语的明确界定又成为小组公共知识的一种表示形式，体现着小组成员对该问题的共同认识。当然，对已形成的术语表在后续活动中可能需要作出修改，以促进公共知识的不断完善。

④ 基于概念图的观点比较与冲突分析

观点冲突与协商是协作知识建构的关键环节，它既是协作最为核心的本质，也是公共知识生成的前提。可以说，冲突与协商的有效性直接决定着协作知识建构是否真正发生。在知识建构中，公共知识的生成，也就是协商结果的产生是经过不断地观点比较、差异分析、观点联结的过程实现的。在这个过程中，每位参与者都要经历这样一系列的认知活动：将自己的和他人的观点及解决问题的思路进行对比，寻找它们之间的冲突与联系，分析冲突的原因，理解别人为什么那样解答，其思维的独特性是什么，这样解决问题的优点是什么，等等，只有经历了这样的认知过程，冲突与协商才是真实有效的。为了使学生顺利度过冲突与协商阶段，需要为其提供帮助和支持工具，其中可视化的概念图工具得到了研究者的认可。基于概念图的观点比较与冲突分析的优势在于：第一，基于图形的概念图表征比文本表征能更有效地支持协作学习；第二，概念图不仅可以对观点和概念进行归类，而且还可以清晰地表示观点之间的相互关系，有利于分析观点的异同与冲突的原因；第三，概念图相比于文字表征，能够更加有效地外化学习者的内隐知识；第四，运用概念图能够使讨论聚焦在明确、有主题上，这使学生的关注点也在活动主题上，有效地防止了跑题现象的产生。

⑤ 引发更多相关主题讨论

协作知识建构是小组成员共享各种观点的共同点和不同点，共同关注彼此的立场，对理解的不同层次进行协商和反复协调，反复检视和对比看待问题的视角，逐步并最终达成融合的过程。观点比较与冲突分析，是针对不同观点之间的冲突所采取的策略。除了观点之间的冲突外，学习者在协作知识建构过程中经常遭遇另外一种冲突现象，这便是个体内部的认识冲突。内部认知冲突的解决可以采用引发更多相关讨论的方法，也就是质疑与解释的过程。通过一问一答的质疑与解释的方法引发更多相关主题的讨论是引导小组成员重新组织自己观点，阐明和发展观点非常有效的手段。当某一观点或表述遭到同伴的追问时，学生便开始重新组织自己的观点，对自身知识进行进一步的加工，这也给了学生一个发现自己错误的机会。在这种一来一往的质疑与解释过程中，观点会得到修改与完善，从而使认知冲突在同化与顺应之间寻找到平衡点。

⑥ 及时阐明对已有成果的意义解释

有效的协作知识建构其实涉及两个世界的融合与互动，一个是学习者的内部私人世界，另一个是共同体的外部公共世界。只有当学习者顺畅地往返于内部世界与外部世界时，他才能将个人智慧贡献给共同体，同时从共同体中吸取智慧。因此，学习者在协作知识建构中，必须以一定的方式架起内部世界与外部世界沟通的桥梁。及时阐明对小组已有成果的意义解释起到了连接内部世界与外部世界的作用。首先，"意义"与"解释"是两个相互独立又相伴相生的概念。意义普遍存在于世界中，任何认知制品或话语都被认为是有意义的。其次，协作知识建构中，共同体所生成的任何过程性的成果都被共同体赋予了某种意义，承载着共同体的公共知识；最后，意义虽然存在于认知制品和语言中，但意义最先是通过解释的过程被创造的。学习者一方面通过对公共知识的"意义解释"来外化自己的理解，另一方面"意义解释"的过程又会推动共同体新知识的产生和新的意义解释，由此促进协作知识建构循环的递推前进。由此可知，学习者对已有成果的意义解释是促进知识建构深入发展和共同体不同观点联结与互动的重要措施。

5.2.2 第二轮实践过程

第一轮实践活动从课程第 4 周开始一直持续到课程第 10 周结束。为了达成发展策略的预期目标，即发挥课堂环境和网络环境各自的优势进行混合式学习，成员之间相互介入、积极参与、形成团队凝聚力，以及通过冲突与协商的过程，建立观点之间的交互与联结，我们设计了一些协作知识建构活动，推动协作知识建构的水平逐步由表层走向深入。典型的活动案例如下。

1. 九宫格

1）设计思路

为了让各小组成员感悟相互依赖关系在团伙合作中的重要性，增强组员的协作意识和小组凝聚力，作者和授课教师共同协商设计了"小组合作玩'数独'"的课堂小组游戏活动。"数独"是一种数字魔方游戏，玩家需要根据 9×9 格盘（九宫格）上的部分已知数字，推算出所有剩余空格中的数字，并且满足九宫格的每一行、每一列以及每个粗线小宫格（小九宫格）内的数字均为 1～9 不重复的数字，如图 5-8（1）所示。数独一般由个人独立完成，我们对玩法做了如下调整以便于小组合作完成：将大九宫格分割为 6 部分，尽量保证每部分内需要填写的空格数相当，并在每个部分后面标记上组别及其在九宫格中的排列位置，然后让小组成员完成各自负责的部分，如图 5-8（2）所示。

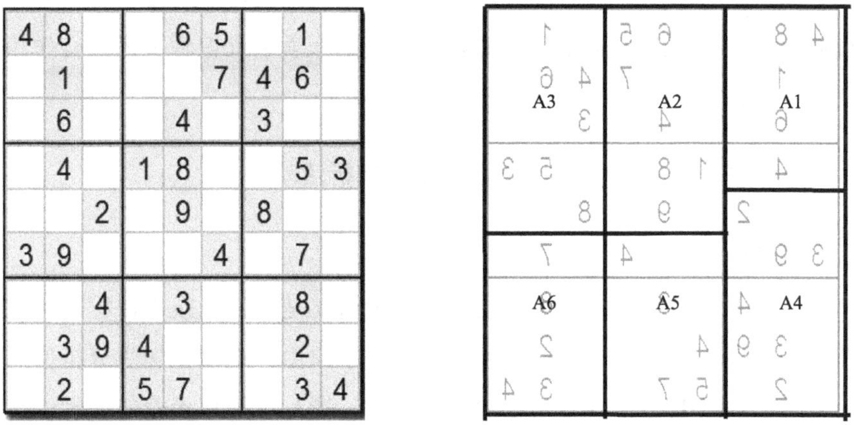

（1）"数独"游戏样例　　　　　（2）分割的九宫格

图 5-8　小组协作游戏"数独"材料图

2）实施情况

九宫格的活动设计充分体现了目标的相互依赖和资源的相互依赖。在课堂实施过程中预先准备多份内容相同的九宫格并将其裁切为如图 5-8（2）所示的 6 部分，按组号（A—E）及每部分的顺序（1—6）做标记。游戏评价方法如下：（1）小组得分为小组成员全部填写正确的空格数除以总空格数（正确率）乘以 100，个人得分数为小组得分数减去个人所持部分未正确填写空格数的结果；（2）各小组完成后在全班选出得分最低的 5 名学生在课后完成小组讨论录音的转录工作。游戏过程如下：（1）依次让每个小组的成员随机抽取本小组九宫格 6 个分割片段中的一部分（如有缺勤则由当值小组长负责剩余部分）；（2）每个人在 15 分钟的时间内根据数独游戏规则填写剩余空格；（3）游戏结束后各小组计算小组得分及成员得分并总结交流高效完成任务的经验，教师围绕合作学习中相互依赖的作用做点评。在实施中发现，虽然教师没有强调小组成员间必须要合作完成任务，但由于任务的性质使得每个小组的成员拿到自己负责的部分后都会寻求其他组员所持部分拼接到一起共同完成数组游戏。总结中发现，正确率较低的小组存在的主要问题有：（1）各自盯着自己负责的部分，因争执从何处入手而造成时间浪费；（2）拼接到一起后，有的小组将填写数独的任务留给了个别组员，全体成员没有积极参与。通过后面的评分、经验交流和教师点评，大部分学生意识到了团队合作相互依赖与支持的重要性。

2. 信息素养、信息能力与信息技能的辨析活动

1）设计思路

信息素养、信息能力与信息技能的辨析活动是《信息技术课程》第二轮实践中的一次活动。本次活动的设计出于以下原由：之前在学生分析信息素养结构时，已经准备了较为充分的文献资料，撰写了信息素养的文献综述，每个小组在活动中都以自己独特的视角，分别从纵向和横向出发，得出了本组对信息素养结构的认识，并且也都在小组作品汇报时，从其他小组的成果中有所收获。但是，教师也发现活动中存在的问题，即学生在分析信息素养结构时，对信息素养、信息能力及信息技能三者不加区分地使用，阻碍了课

程公共知识的生成。由此，教师设计了本次辨析活动，要求学生借助于概念
图工具，对三者的内涵及关系给予图形化的呈现，再次深化对信息素养的理
解、明晰信息素养的结构。

2）实施情况

《信息技术课程》是现代教育技术学研究生一年级的专业必修课，由于部
分学生是跨专业的考生，他们不熟悉概念图工具，更不知道该如何使用它来
表达自己的观点。好在每个小组都有教育技术学专业的成员，他们利用课外
时间给跨专业的同学详细讲解概念图工具的基本操作，从而保证每位成员都
能顺利完成本次活动。图 5-9 是学生基于概念图对信息素养、信息能力与信息
技能的辨析。

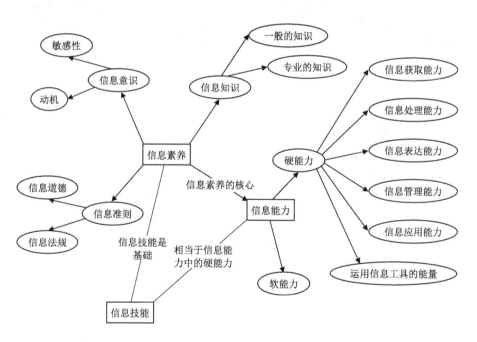

图 5-9　信息素养、信息能力与信息技能概念图

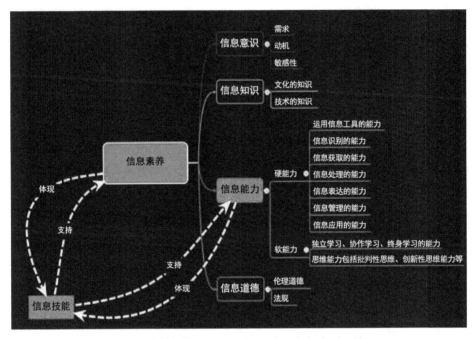

图 5-9　信息素养、信息能力与信息技能概念图（续）

3.《爬山虎的脚》教学设计与教学实施

1）设计思路

《爬山虎的脚》教学设计与教学实施是《教学专业技能》课程第二轮实践较为完整的活动项目，由四个具体活动组成，分别是教学内容、学情及教学目标分析活动、教学过程分析活动、教学实施活动和评课活动。在前一阶段的实践中，各小组对教师应具备的教学技能、教学设计的流程进行了探讨，并依据讨论的结果设计了本组的教学设计模板。本轮实践中，每组将以《爬山虎的脚》这篇课文作为依托，具体实践课前设计、课堂教学、课后评课所组成的完整的教学技能活动。活动设计意图在于：

① 督促学生充分准备学习材料。在这一轮完整的活动中，学生首先需要根据课题内容，完成自己设计的教学设计模板，并依据本组设计的教学方案实施课堂教学。由于学生先前学习了教师提供的《语文课程标准（2011 年版）》，

对语文教学有了大致的了解；同时每组自主搜集本节课的相关资源，包括《爬山虎的脚》课文内容、教学设计方案、导学案、多媒体课件等。在学生充分准备学习材料的基础上，对《爬山虎的脚》一课的教学目标、教学重难点、教学过程、具体活动安排等开展了深入的研讨，完成了课前设计。

② 使学生深入体会冲突与协商的过程。在整个活动过程中，尤其是在教学过程分析和教学实施活动中，小组成员对于一系列问题，如怎么安排学习活动、活动之间怎么衔接、怎样标新立异不与其他小组雷同等，都需要经历较为频繁的冲突与协商过程，这也正是他们体会经由冲突与协商最终实现小组共同目标的良好机会。

③ 组间相互借鉴，共同完善知识建构过程。在课后的评课活动中，每个小组都对其他小组的成功之处与不足之处进行了分析，尤其是对活动设计中不合理的部分提出了质疑并做解释。这便促使学生将课前设计及课堂教学中没能完全外化的理念、想法和观点得到解释说明的机会，从而促进了组间的相互借鉴与知识建构的完善。

2）实施情况

首先，针对《爬山虎的脚》这一节课开展教学设计活动和教学实施活动，学生曾担心每个小组最终呈现的授课过程会有所雷同。然而，事实证明，虽然五个小组都是以《爬山虎的脚》一课来设计、实施，却表现出了不同的特色，组间相互学习与借鉴的空间较大；其次，每个小组的教学活动设计都体现了协作学习的成分，这使得我们更加确信在协作知识建构活动中学生是受益的。图 5-10 是学生的课堂讨论情形、网络活动截图及教学实施过程。

图 5-10 《爬山虎的脚》教学设计与教学实施

4. 终身教育、终身学习与学习型社会专题研讨

1）设计思路

终身教育、终身学习与学习型社会的专题研讨是《终身教育学》课程第二轮实践中的一次协作活动。本次活动设计的意图包括三个方面：（1）引导学生在协作活动之前充分准备学习材料。充分准备材料的过程不仅能够促进学生个人对研讨主题的深入理解，而且有利于促进协作过程中观点之间的深度交互。在本次研讨活动中，提前为学生安排了个人学习任务，要求每位学生以"试论终身教育、终身学习和学习型社会的关系"为题撰写文献综述，如图 5-11 所示。（2）在研讨的开始阶段与进行过程中，提示学生明确界定所涉及的术语概念与迷思概念，保证小组所有成员对议题有高度一致的认识，避免在因理解起点不一致所导致的冲突上纠缠不清。（3）鼓励学生及时阐明对小组已有成果的意义解释。意义解释是协作知识建构中连通学习者个人内

部世界与学习共同体外部公共世界的桥梁。只有当个体对成果进行意义解释时，才能外化自己的隐性知识、促进共同体新意义的产生，从而使协作知识建构逐渐深入。

图 5-11　"终身教育、终身学习和学习型社会"文献综述任务

2）实施情况

　　学生各自在完成"终身教育、终身学习和学习型社会"文献综述的基础上，带着一定的知识准备和疑惑问题进入到三者关系的研讨活动。讨论进行到后半段时，小组将生成的认知结果以"1 幅图+1 段话"的形式简洁凝练地呈现出来，用图画图示的形式直观地呈现小组的共识，并附之以简洁凝练的文字介绍图画的含义，如图 5-12 所示。

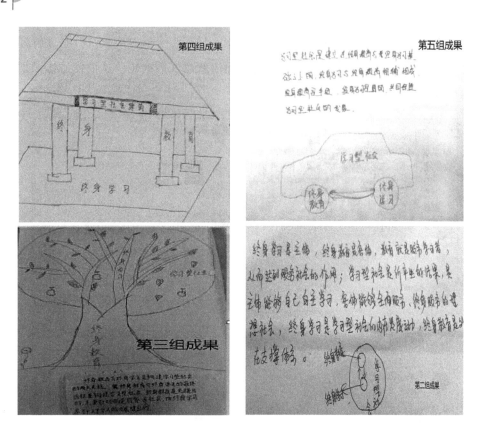

图 5-12 "终身教育、终身学习和学习型社会"小组成果展示

　　各小组完成作品时，由整理员将作品用手机拍照上传至 Tower 平台，一幅幅形象生动的小组作品陆续上传至网络协作平台，同步呈现在教室投影幕上。随后，每组派成员汇报本组讨论结果并解释作品含义，其他小组成员随时就疑惑之处提出问题要求对方解答。在这些小组作品中，有的小组将三者的关系比作一棵大树，树干就是终身教育、树枝就是终身学习、果实就是学习型社会，认为终身教育与终身学习是构建学习型社会的两大支柱，终身教育与终身学习的最终目标是构建学习型社会；有的小组将终身教育和终身学习比作一辆小汽车的两个轮子，共同推动学习型社会这个车身前行；有的小组则将三者的关系比作一座大厦，终身学习是基础、终身教育是支柱，共同构成学习型社会这座大厦。

5.2.3　发展策略实施总结

发展策略的预期目标和具体策略汇总如表 5-6 所示。

表 5-6　发展策略汇总表

预期目标	空间融合策略	共同体成长策略	知识建构策略
1. 充分发挥两个空间的各自优势进行学习 2. 成员之间相互介入、积极参与、形成团队意识 3. 通过冲突与协商的过程，形成观点之间的交互与联结	1. 课堂活动的安排——公开表达、观点比较、观点冲突、观点协商 2. 网络活动的安排——信息共享、资源共享、小组总结、小组反思和个人反思	1. 向学生解释成功的标准 2. 设计相互依赖关系 3. 鼓励不同层次的参与 4. 强调共享技艺库的建设 5. 强调协调员的合法地位	1. 学习协作知识建构理论 2. 充分准备活动主题相关材料 3. 明确界定术语和迷思概念 4. 基于概念图的观点比较与冲突分析 5. 引发更多相关主题讨论 6. 及时阐明对已有成果的意义解释

发展策略的实施较好地达到了预期目标，主要体现在以下方面：第一，从混合学习方式来看，学生在课堂环境中能够通过高频的互动与对话顺利进行观点共享、观点比较及冲突与协商，课后发挥网络协作平台的作用，将课堂中由于时间限制没能完成的小组总结与反思拓展到网络空间中进行；第二，从共同体成长方面来看，学生通过参与这一轮实践已经具备了较强的团队凝聚力，明白了只有每个人为团队贡献智慧小组才能取得成功。同时，对共享技艺库的建设也有序地进行着，逐渐积累的公共资源使成员更加具有凝聚力；第三，从知识建构的水平来看，成员之间形成了深度互动的对话机制，能够紧扣议题，联系以往的知识对不同观点进行比较与分析，并从中找到观点之间的区别与联系，从而促进观点之间的交互与联结。因此，整体来讲，第二轮实践活动较好地体现和实现了发展策略目标。

与此同时，我们也觉察出第二轮实践活动中存在的一些问题。概括起来主要体现为三个方面：（1）由于小组内部逐渐增强的凝聚力，也使得小组之间的竞争关系愈加明显。最直接的表现是，在小组成果互评阶段，当其他小组就相关问题提出质疑或不同观念时，被质询的小组成员会带着明显的抵触情绪予以反驳，而不是首先平静、客观地分析组间的不同观点。这说明，虽然在第二轮实践中，小组内部的知识建构达到了一定深度，却不能正确对待来自外部的不同声音。小组之间以持续的竞争关系为主。（2）也正是由于小组在面对其他小组质疑时的抵触情绪，使他们无法客观地评价质疑声音的价值，也无法充分利用这种质疑改进自己的成果。这也就造成了知识建构仅仅局限于六个人的小范围内，而无法推及到整体。（3）考虑到课堂环境和网络环境各自的优势，及课堂时间的有限性，我们比较有侧重点地将一些活动安排在课堂环境中进行，而将另一些活动安排在网络环境中进行。然而在实践中，学生在课堂环境中的观点比较、冲突解决及经由协商而形成的小组知识等各环节都能有效地完成，但是在网络环境中总结与呈现出的小组知识却不令人满意。大部分活动中，学生没能将课堂中生成的小组知识完整地呈现出来，但也有例外，如终身教育、终身学习与学习型社会的关系研讨中，小组公共知识的总结较为成功。分析这种现象产生的原因，我们发现学生在观点比较、冲突分析与协商环节花费了大量的时间，而在形成小组观点时，却往往由于临近下课时间而没有对小组知识做完整详细的记录。在下一阶段中我们将在以上问题的基础上，重新设计策略以期推进混合学习环境中协作知识建构能向共同建构的局面发展。

5.3 深化策略设计与实施

5.3.1 深化策略提出

1. 深化策略的预期目标

深化策略是在混合学习环境中协作知识建构的成熟阶段提出的各项有针对性的策略。发展策略的设计与实施，使小组成员以相互介入的关系，经由观点比较、冲突解决和协商一致的过程达到了组内深度互动与协作建构的状态；同时，课堂环境与网络环境中各有侧重点的活动安排，使学生能够熟练自如地往返于两个空间，深刻体会混合学习方式的优势，为空间的融合做好了准备。因此，深化策略将针对发展策略实施的经验及不足及时作出调整，预期达成如下目标：

1）在相互融合的空间中开展学习活动

在混合学习环境中协作知识建构的成熟阶段，空间融合策略预期达到的目标是，学习活动的安排不再强调课堂环境与网络环境的明显区分，而是学生根据当时的状况与学习的需要，及时方便地穿梭往返于线上与线下相互交织、无缝连接的空间中以促进协作活动的顺利进行。

2）保持组内凝聚力，开展组间合作

共同体成长深化策略预期达到两个目标，其一是继续保持组内的凝聚力和相互介入关系，为新一轮的知识建构打好坚实基础；其二是正确处理小组间的合作与竞争关系，在小组共同体的基础上促进班级共同体的形成。

3）拓展知识建构的范围，达到共同建构的状态

知识建构深化策略预期达到的目标是，使协作知识建构突破由六人组成的小组范围，推动小组之间的相互激发与相互借鉴，在小组作品共同完善的基础上达到知识的共同建构状态。

2．深化策略的具体内容

1）空间融合深化策略

① 弱化线上与线下环境的区分

前一阶段中，为了使学生能够深切感受混合学习方式的独特优势，根据课堂环境与网络环境各自的特征，比较有侧重点地将一些活动安排在课堂环境中进行，而将另一些活动安排在网络环境中进行。虽然这种活动安排并不是严格地禁止某些活动在另一种环境中开展，但总体来讲，绝大部分课堂面对面的环境中都在开展观点共享、观点比较、冲突与协商等高频互动的协作

活动，而网络非面对面环境中的活动则以资源共享、小组总结、小组反思和个人反思等活动为主。Garrison 曾强调混合学习方式的终极目标应该达到这样的效果，即参与者能够自由地往返于线上与线下无缝融合的空间中，开展协作探究活动。在这一理念的指导下，加之学生对课堂学习活动和网络学习活动的熟练把握，在空间融合深化策略中，我们将弱化线上环境与线下环境的明显区分，打破线上非面对面与线下面对面之间的联结关系，尝试建立线上与线下相互融合、无缝连接的学习环境，以支持协作知识建构的深入发展。

② 设计空间融合的学习活动

前文已提及，前一阶段的策略设计主要考虑课堂环境与网络环境各自的特征来安排学习活动，并且活动的进行达到了预期的目标，只是小组在网络环境中对小组知识的总结与呈现差强人意。因此，本轮空间融合策略重点关注线上线下相互融合的环境，借助其优势设计协作活动，尽可能有效地支持观点共享、冲突协商、作品创作与小组反思等协作知识建构在面对面的线上与线下相互交织的环境中高效地进行。

2）共同体成长深化策略

① 鼓励自组织机制的形成与发展

自组织是与他组织相对而言的，两者之间的区别在于其组织力或组织指令是来自系统内部还是来自系统外部。协同学创始人 H. Haken 认为，如果一个系统的组织力和组织指令来自系统外部，系统是在外界特定的干预下获得空间、时间上的功能和结构，那就是他组织；如果不存在外部指令，组织力和组织指令来自系统内部，系统按照相互默契的某种规则，各尽其责而又协调地自动地形成有序结构，就是自组织。学习共同体也是一种有机系统，在学习共同体形成的初期阶段，它更多地体现出他组织的特性，即在教师分配小组成员、规定成员职责、明确评价方式的情况下共同体才能正常运行。而当共同体发展至成熟阶段时，它已经不需要借助或依赖教师的规定维持自身的运行，甚至摆脱了教师所制定条框的束缚，自发形成了成员之间相处的机制，从而表现出了更多自组织的特征。正如温格所说，"共同体是有机的，我们对共同体进行设计更多的也是引领它们的深化，而不是从无到有地创造它们。设计的元素也只是共同体进行过程中的催化剂"。因此，在共同体成长的成熟阶段，对其表现出的自组织特征应当给予积极的鼓励，这样才能推动学习共同体有生命力地发展。

② 共同回顾取得的进步

学习共同体同任何有机体一样，会自然地经历高活力阶段与低活力阶段的循环，所以要经常想办法在共同体的低潮期激发其活力。成熟期的学习共同体正处于发挥创造力的顶峰阶段，更应该注重团队凝聚力的维护。研究表明，共同回顾已取得的进步便是再次激发团队活力与凝聚力的有效策略。这是因为共同回顾已取得的进步一方面有利于提升团队自身效能，另一方面又为其他团队树立了学习的榜样。一般而言，团队效能包括绩效结果与态度结果两方面。绩效结果指完成任务的绩效情况，而态度结果指团队的相互承诺与合作满意度。共同回顾已取得的进步既是对共同体协作成就的一次系统梳理，让团队成员能够清晰地看到自己成长的轨迹，同时又使共同体成员之间的相互承诺与合作满意力得到了正面强化，从而使团队凝聚力得到更好的维护。另一方面来讲，当团队取得的成就被清晰地呈现出来时，每个团队为此而付出的努力也就暴露无遗。在相互比较的情况下，高成就的团队为低成就团队树立了学习的榜样，使低成就团队得到激励与鞭策，同时，又为低成就团队的自我反思提供了良好的机会。当认识到存在的差距与自身的不足时，低成就团队就会调整运行机制与学习策略，为后续的进步做准备。

③ 强调整理员的重要作用

随着学习共同体的成长，它所积累的公共知识会越来越丰富，生成过程性资料的频率也会不断提高，最终这些公共知识、过程性资料及共同体所使用的资源会组成一个知识库。对于一个成熟的学习共同体来讲，需要管理和组织日益丰富的公共知识，实现知识的保存、鉴别与提取，更需要实现知识的共享、利用与创新。温格强调，共同体的知识，除非对其进行知识管理，并不断修正、补充更新的扩展，否则这些知识将很快失去其价值。因此，整理员对处于成熟阶段的学习共同体有十分重要的作用，正如协调员在学习共同体发展阶段的重要作用一样，应该得到成员的重视和认可。整理员需要为学习共同体完成这些工作：首先，对公共知识、过程性资料及所使用的资源进行归类与整理；第二，审核、筛选出重要的资料，并做好标记备日后使用；第三，为整理好的资料建立索引与简介，方便内部成员与外部成员快速查找与使用。

④ 设计组间合作与竞争关系

竞争是人的天性，由此也会导致团队之间的竞争。当个体归属于某个团队时，会使个体产生归属感，从而形成团队凝聚力；当团队之间发生冲突时，团队内部会团结得更加紧密，凝聚力也会增强。因此，团队间的竞争在某些情况下是有其积极意义的，如有利于维护团队内部的和谐关系，激发组内成员的内在动力，提高团队整体优势。但是，相对于当前往往以竞争为首位的社会来说，团队之间相互合作的优势与价值体现得愈加明显，受到研究者的普遍关注。如何将团队从竞争关系化解为合作关系，心理学家谢里夫关于组间合作与竞争的实验给了我们很好的启示。要实现组间的合作，最为重要的是需要设定一个超级目标，即能使每个团队的成员感受到压力和吸引力，但仅仅依靠一方的资源和力量无法达到，而需双方相互合作才能实现的目标。在深化策略中，我们为组间合作设计的超级目标是基于小组之间的相互借鉴、相互激发而达到知识共同建构的目标。

⑤ 指导组间互评的正确技巧

首先，应该明确告知学生开展组间互评的意图主要在于：（1）肯定与认可每个小组为完成小组作品付出的努力，并在相互鼓励中继续推进后续工作的开展；（2）客观地对小组当前成果不完善的部分予以指明，同时就如何改进提出具体的建议和想法；（3）小组在相互借鉴与相互激发的前提下，进一步完善已有成果。

其次，指导学生在对同伴做出评价之前，认真思考以下问题：（1）我认真听了同学的讲解吗？（2）我是否已经充分理解了同学所要表达的想法与信息？（3）在给出反馈意见之前，我还有其他需要了解的情况吗？（4）我怎样才能帮助他们改进成果？（5）我怎样表达才能让同伴觉得我的看法是客观的？

再者，评价开始时应该从肯定的方面说起，评价语应该饱含激励，让对方感受到被认可、被肯定。可以这样开启评价：（1）我喜欢你们小组这样处理问题……；（2）你们小组的想法真的很棒……；（3）你们给我留下最深刻的印象是……。

最后，评价完肯定的方面后，应该真诚地指出对方当前成果中不完善的部分，并给出改进的具体建议和想法。此时，评价语要友好、真切，让同伴在轻松愉快的氛围中有所收获。可以这样提建议：（1）我不知道我的理解是否正确，关于……；（2）我明白你们的想法了，但是如果……也许更好！（3）如果你们能够……的话，会更加完美。

3）协作知识建构深化策略

① 规定小组协作活动时间

第二轮的策略设计与策略实施，为了让小组成员在协作知识建构过程中深入互动，花费了大量的课堂时间让学生掌握冲突解决与观点协商的技巧，包括明确界定术语和迷思概念、绘制概念图来分析观点之间的冲突、通过一问一答的质疑与解释化解个人认知冲突、及时阐明对已有成果的意义解释来外化个体知识，等等。由此造成了没能为小组知识的总结与小组作品的创作分配课堂时间，而使经过协商得到的小组公共知识不完整地、草草地呈现在网络协作平台中。在深化策略中，考虑到小组成员一方面已经熟练掌握了冲突协商的技巧，另一方面小组内部也逐渐形成了自组织机制，因此，要对小组各项协作活动时间作了严格规定，为小组知识的总结与升华分配出合理的时间。明确要求小组成员必须在每次课结束前，将本节课中生成的小组知识以文字、图表、模板的形式呈现出来，重点帮助学生顺利提炼、总结与呈现小组公共知识。

② 基于支架的小组知识呈现

在协作知识建构中，学生会经历两个极为困难而又关键的过程，一个是冲突与协商过程，如果没有经历有效的冲突与协商过程便无法生成公共知识；另一个就是小组知识呈现过程，如果小组知识无法及时得到客观化或形式化的呈现，知识的社会化过程便无从谈起。缺少了这两个关键过程，协作知识建构就失去了它的价值。因此，为了帮助学生在协作知识建构中，将小组生成的公共知识至少以文字形式给予表达，或更进一步将小组知识以图表、模板、公式等凝练的形式进行表达，也就是顺利完成小组认知结果的客观化与形式化，生成"认知制品"，教师必须为学生提供一定的支架。"支架"（Scaffold）一词又称为"脚手架"，是建筑行业的术语，原指建筑楼房时使用的暂时性支持，当楼房建好后，这种支持就撤掉了。后来，这一隐喻被教育学领域借用，意指根据学生的需要为他们提供帮助，并在他们能力增长时撤去帮助。一般来讲，教师可提供的支架形式包括案例、问题、建议、向导及图表等，除此之外，还可提供一些更为随机的支架，如解释、对话等。

③ 小组成果的动态展示与互评

小组成果的动态展示与互评，其实是推动小组知识社会化的过程。所谓小组知识的社会化，是指小组生成的认知成果将突破 6 人的小组范围，被全体学生所感知，从而引发更广范围地知识共享、观点冲突、观点协商与知识建构。小组成果的动态展示有两个重要作用，一是使每个小组及时了解其他小组的活动进展，二是方便每位成员通过一对一的手机终端详细查看成果。小组成果互评的作用在于：（1）促进小组知识建构的结果作为共同建构的起点，将原本每个小组只共享一种认知结果拓展为共享多种认知结果；（2）推动小组之间的相互激发，使每个小组更加明确本组的成功之处与不足之处；（3）为其他小组提供建设性的改进意见，帮助其完善成果。

④ 基于互评的知识修改与完善

小组成果的互评是小组之间相互激发的过程，同时也伴随着小组内部的反思过程。当每个小组都将自己的认知成果作为共同知识建构的一部分，参与公共知识建构过程中时，会对本组的知识有一个更加清晰的认识与定位。因此，小组会结合其他小组的改进建议与自己的反思，对小组知识进行修改与完善。协作知识建构便是这样一个由共同体知识的进步与观念的更新推动而形成的不断发展、周而复始、螺旋上升的过程。

5.3.2　第三轮实践过程

1."未来课堂"集体绘画活动

1）设计思路

"未来课堂"集体绘画是《终身教育学》课程一次具有代表性的协作活动。整个活动过程紧紧围绕小组之间的目标相互依赖和资源相互依赖而设计，主要目的是让学生：（1）真实感受到协作知识建构中，成员之间应该具备的相互依赖关系是怎样的一种关系；（2）对小组内部成员之间的相互介入关系，以及小组之间的相互介入有一个深刻的体会；（3）清楚认识如何通过协商达到小组内部及小组之间的一种互惠与共赢。活动内容具体是这样安排的：

① 对未来课堂的认识。小组成员结合近几周习得的终身教育学知识，在反思已有学习经历的基础上，共同商讨他们对未来课堂的认识。具体包括未来课堂应该是什么样的，体现的教育理念是什么，师生关系如何，以及学习方式和课堂环境的变化，等等。

② 集体绘画活动。在小组对未来课堂的认识达成共识的基础上，小组成员共同协作完成一幅绘画作品来呈现本组的理念。

③ 作品展示与释疑。每个小组派出两名成员向其他小组展示"未来课堂"绘画作品，结合绘画详细介绍本组对未来课堂的认识。同时，其他小组学生若对该组的画作或介绍有疑问可以提出来，并要求该组成员进行答疑。最后，所有学生根据其画作与解释给该组进行打分。

④ 活动要求及评判标准。每个小组拥有的资源是一张 A3 画纸和两支彩色笔，打分的标准有两个，其一色彩丰富性，其二创意新奇性，两项指标各占一半比重。

2）实施情况

在接到任务后，学生的第一反应是质问老师："怎么用两支彩色笔来画出色彩丰富的作品？老师开玩笑了吧？"老师告诉他们："你们自己解决，我相信你们能找到办法"。学生开始自己嘀咕着："我下去买盒彩笔吧。""告诉组长别选黑色和蓝色！""我这里还有红色中性笔"……学生无奈地带着一脸的不解和稍许的抱怨开始商讨主题，一边讨论，一边有成员用铅笔在画纸上打草稿。由于第三组的进展很顺利，他们最先完成了草稿，却为给图画上色而发愁。这时，第三组的成员开始在教室里巡视，了解其他小组的进展，并最终向坐在旁边的、还在整理思路的第五组同学求助，请他们将彩色笔借给自己，并允诺稍后也会将自己的借给他们，由此开启了组间互助的局面。各小组也都顺利完成了本次活动。图 5-13 和表 5-7 是小组作品及得分情况。

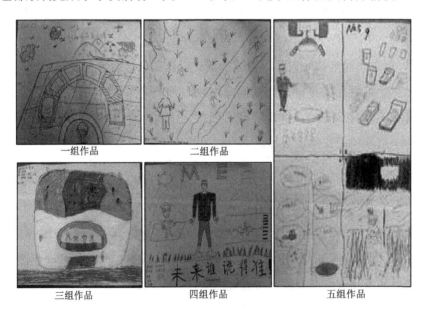

一组作品　　　　　　二组作品

三组作品　　　　　　四组作品　　　　　　五组作品

图 5-13 "未来课堂"集体绘画小组作品展示

表 5-7　"未来课堂"集体绘画得分表

	色彩得分	创意得分	总分
第一组得分	46.25	44.5	90.75
第二组得分	43.75	38	81.75
第三组得分	44.5	42.25	86.75
第四组得分	43.25	43.5	86.75
第五组得分	45	45	90

2. 信息素养、信息能力与信息技能的关系分析

1）设计思路

信息素养、信息能力与信息技能的关系分析是三者辨析活动的进一步完善。在第二轮实践过程中，每个小组都借助概念图工具对信息素养、信息能力与信息技能三者的内涵及关系进行了图形化的呈现。随着小组知识的不断丰富与完善，学生发现之前对于三者关系的表达存在不妥之处，它们并不处于同一层次中。此时，教师设计了本次信息素养、信息能力与信息技能的关系分析活动，并在活动伊始为学生提供了"冰山模型"的案例，如图 5-14 所示。要求每个小组结合教师提供的案例支架，在文献综述、三者辨析活动的基础上，进一步商讨、确定信息素养、信息能力与信息技能三者之间的关系，并以图形的形式清晰地予以呈现。

图 5-14　"冰山模型"案例支架

② 实施情况

在本次协作活动中，每个小组结合之前协作知识建构活动中所生成的过程性资料，在教师提供的案例支架的帮助下，商讨确定了信息素养、信息能力与信息技能三者之间的关系，以图形的形式表达了本组的观点，并将小组成果及时上传至协作学习平台，促进了组间的共享与借鉴。整体来讲，每个小组都较为顺利地完成了本次协作活动。图 5-15 是第三小组的小组成果展示。

根据冰山模型以及本组所讨论信息技能、信息能力和信息素养三者之间的关系，本组认为信息技能、信息能力和信息素养三者属于包含关系且均有显性和隐性部分，不能单纯的认为信息技能就是简单的可观察到的行为，还应该包括内部的加工过程等隐性过程。

本组通过讨论如何体现三者之间的这两层关系，得出了以下两个结构形式：

结构一：

首先为了满足上述两层关系，本组设计了如下模型，并且杨苗苗同学运用精湛的 PS 技术将模型很好的呈现出来：

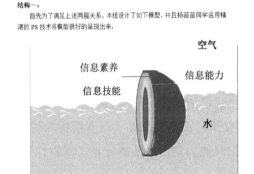

结构二：

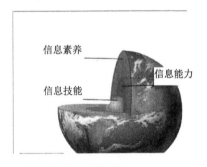

图 5-15　信息素养、信息能力与信息技能的关系模型

3.《勾股定理》教学设计与说课活动

1）设计思路

《勾股定理》教学设计与说课活动是《教学专业技能》课程第三轮实践较为完整的活动项目，由三个活动组成，分别是教学设计活动、说课活动、评课与方案完善活动。经过第二轮《爬山虎的脚》课程的具体实践，每个小组都对教学设计过程、教学实施过程以及评课过程等环节有了丰富的实践经验和充足的知识准备。本次《勾股定理》的教学设计与说课活动，是在学生已

有经验和准备的基础上，更进一步推动小组之间的交流互动，促进知识的共同建构。具体设计如下：

① 小组协作完成《勾股定理》的教学设计方案。与第二轮的实践活动类似，在本轮完整的活动中，小组成员需要共同协作，搜集整理课题相关的资源与材料，商讨确定《勾股定理》一课的教学目标、教学重难点、教学过程、具体活动安排等，完成整个教学设计方案。同时，要求各小组要根据已完成的教学设计方案，绘制相应的教学流程图，使教学思路更加清晰化，并将形成的教学设计方案与教学流程图上传至网络协作平台进行共享与完善。

② 空间融合的说课与评课活动。经过不断修改与完善的教学设计方案成为小组说课的主要依据。说课与评课活动是这样设计的，第一，每个小组选择一名成员进行说课比赛，将小组生成的认知成果实时地展现给全班同学；第二，其他同学在观摩说课比赛时，登录网络协作平台的相关讨论区，对该小组的说课进行实时量化与质性点评；第三，在每组说课结束时，教师回顾全体学生的点评情况，并对该组的说课作整体总结。活动具体要求如图 5-16 所示。

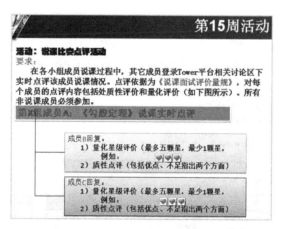

图 5-16 《勾股定理》说课比赛活动要求

③ 小组成果的修改与完善。说课比赛结束后，每个小组结合全体同学的评价建议，对本组的成果进行修改与完善，包括教学设计方案的完善、说课稿的完善、说课技能的完善等。

2）实施情况

为了较好地体现完成策略的目标，本次活动项目由三个环环相扣的具体活动组成。教学设计方案的制定体现了小组内部的协作过程，说课与评课活动则是小组之间的相互借鉴与相互激发过程。同时，各项活动的顺利实施一方面得益于线上与线下空间的完美融合，另一方面归功于学生对混合学习环境开展协作知识建构的深度把握与积极参与。在整个活动中，无论是学生个体还是协作小组，都在评价小组成果的过程中有所收获、有所反思，并对自己的努力方向有了更明确的认识。图 5-17 和图 5-18 分别是在线点评与说课比赛现场的截图。

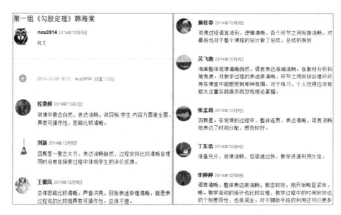

图 5-17　说课比赛在线实时点评截图

图 5-18　说课比赛活动现场截图

4．MOOC 专题研讨

1）设计思路

MOOC 专题研讨是《终身教育学》课程第三轮实践的另一次协作活动。活动紧紧围绕近两年在我国引起巨大反响的"大规模在线开放课程（MOOC）"这一主题而开展，使学生切身感受到自己处于终身学习的浪潮之中，更加深刻地领悟终身教育与终身学习的理念。活动具体设计如下：

① 在线资源支持的组内协作知识建构。每个小组借助在线学习资源，对 MOOC 这一主题开展组内研讨活动，并及时总结与动态展示本组对于 MOOC 的理解与认识。

② 基于问题支架的组间研讨活动。每个小组在内部协作知识建构的过程中，需要提出两个刁难性问题发布至网络协作平台，在稍后的汇报中指定其他小组回答。这样安排的组间问题支架一方面有利于促进学生深入全面地思考当前议题，另一方面又使小组之间的交互得到强化。

③ 线上线下相互结合的组间答疑。当每个小组都完成了对 MOOC 专题的学习，并对所需要回答的问题准备就绪后，同时在线下空间和线上空间开展小组之间的答疑活动，调动全体学生的参与积极性，推动知识建构朝着全体学生的目标发展。

2）实施情况

由于 MOOC 是近两年来国内比较火热的议题，加之 N 大学也正处于 MOOC 实践的队伍之中，学生对此深有感触，所以本次活动充分地调动了学生的好奇心和参与热情。首先，通过组内建构活动，快速生成了小组认知成果；第二，在组内建构活动中提出的刁难性问题推动了小组之间的互动交流与相互激发，如图 5-19 所示；第三，线上线下相互结合的组间答疑，促使每位学生对 MOOC 主题的积极思考与共同理解，如图 5-20 所示。总之，本次活动较为成功地达到了预期的目标。

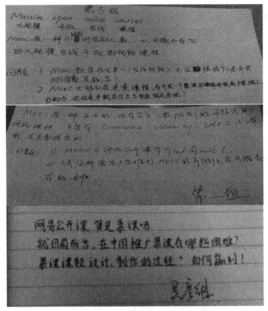

图 5-19　MOOC 主题研讨之问题支架截图

MOOC相关问题答疑

ncu2014 2014年12月12日
请各组将自己提出的问题，根据其他组回答的情况整理在此论坛中。形式如下：

第X 问题1：什么是慕课（MOOC）？

答：所谓"慕课"(MOOC)，顾名思义，"M"代表Massive(大规模)，与传统课程只有几十个或几百个学生不同，一门MOOCs课程动辄上万人，最多达16万人；第二个字母"O"代表Open(开放)，以兴趣导向，凡是想学习的，都可以进来学，不分国籍，只需一个邮箱，就可注册参与；第三个字母"O"代表Online(在线)，学习在网上完成，无需旅行，不受时空限制；第四个字母"C"代表Course，就是课程的意思。

吴飞燕 2014年12月12日
第四组：1、试分析国内外对慕课态度差异的原因？

答：目前美国对慕课的关注度比之以前有所下降，主要原因是慕课在发展的一年多以来出现了很多地问题，比如学习效果不理想，教学法、经费等方面都出现了问题，因此有些教育者开始冷静思考慕课的发展。而在中国慕课刚刚开始，慕课所带来的教学改革是值得期待的。所以中国的教育者对慕课总体上是很推崇的。这与慕课进入中国的时间普遍有关。但中国也有部分学者提出要冷静对待，比如李洪波先生提出的美国抛弃慕课，中国却趋之若鹜。这说明中国学者也是在冷静地看待慕课的。

图 5-20　MOOC 主题研讨之线上与线下组间答疑截图

5.3.3　深化策略实施总结

深化策略的预期目标和具体策略汇总如表 5-8 所示。

表 5-8　深化策略汇总表

预期目标	空间融合策略	共同体成长策略	知识建构策略
1．在相互融合的空间中开展学习活动 2．保持组内凝聚力，开展组间合作 3．拓展知识建构的范围，达到共同建构的状态	1．弱化线上与线下环境的区分 2．设计空间融合的学习活动	1．鼓励自组织机制的形成与发展 2．共同回顾取得的进步 3．强调整理员的重要作用 4．设计组间合作与竞争关系 5．指导组间互评的正确技巧	1．规定小组协作活动时间 2．基于支架的小组知识呈现 3．小组成果的动态展示与互评 4．基于互评的知识修改与完善

第三轮策略设计的目标在于促进两个空间相互融合、推动班级共同体的发展，进而形成共同建构知识的局面。从实践情况来看，深化策略的实施较好地实现了以上目标。首先，对这种主要由"无线网络+移动终端"所搭建的混合学习环境，师生在前两个阶段花费了大量的时间和精力来适应和体验。所以，在第三阶段的实践中，学生对于混合学习方式已经很熟悉，对线上空间与线下空间各自的优势也有所体悟。这便保证了第三阶段的实践在课堂内较好地达到了面对面的线上参与与线下学习相互融合的效果，在课堂外则以非面对面的线上交互为主，辅之以面对面的线下学习。其次，在两个空间相互融合的环境中，共同体的发展也得到了很好的促进。原本以小组为单位的学习共同体，在线上与线下交织的无缝空间中，形成了小组－小组交互、小组－个体交互以及个体－个体交互的多层次互动模式，促进了学生的相互学习与共同发展，进而推动了班级学习共同体的成长。第三，从最为核心的协作知识建构角度来看，在相互融合的空间环境与日渐成熟的学习共同体的共同作用下，使得知识建构突破了 6 人的小组范围，逐步形成了以小组内知识建构为主，小组间相互借鉴、相互激发，共同建构知识的良好局面。

经过三轮"策略设计"－"策略实施"－"策略改进"的迭代循环，我们也总结了一些在混合学习环境中开展协作知识建构的规律：（1）学生对混合学习环境的适应相对于共同体的成长与知识建构而言，是比较容易实现的。学生本来就处于一个富媒体的时代，对混合学习环境适应较为容易。教师需要做的是引导学生逐步认识到，这些富媒体不仅可用来娱乐休闲，也可用来提升学习。（2）三轮的实践表明，以小组为单位的学习共同体的发展是不同步的。绝大多数小组学习共同体的成长是十分快速的，经历了成员之间的相互磨合、相互介入、共担责任的历程，形成了较强的团队凝聚力。但也有个别小组学习共同体的发展比较迟缓，尤其是在形成相互介入、积极依赖的关系方面不尽如人意，进而导致共同体的成长速度跟不上其他小组。这种现象与多个因素有关，如成员之间的交互方式、成员的人格特质、成员在班级中的角色等，在以后的研究中应该重点分析。（3）三轮的实践磨合，使小组成员之间的了解非常深入，相互配合也十分默契。这既是好事但也有不利的方面，容易使小组内部在知识建构时思维逐渐僵化，不利于产生新的想法。因此，在后续研究中，需要关注如何在小组中注入新鲜力量，使协作知识建构保持良好的状态。

5.4 本章小结

本章在前几章对混合学习环境中协作知识建构理论深入探讨的基础上，设计了混合学习环境中协作知识建构的策略。考虑到学习者对线上空间和线下空间融合的适应、学习共同体的成长与发展以及协作知识建构的过程都要经历不同的发展阶段，同时，混合学习环境中协作知识建构是以线上空间和线下空间相互融合为大背景、以学习共同体为活动主体、以协作知识建构为核心而开展的，因此设计了在纵向上由"适应策略"、"发展策略"、"深化策略"，横向上由"空间融合策略"、"共同体成长策略"、"知识建构策略"组成的混合学习环境中协作知识建构的策略体系。经过三轮的"策略设计"—"策略实施"—"策略改进"的迭代循环，最终形成了混合学习环境中协作知识建构的完整策略体系，如表 5-9 所示。

表 5-9　混合学习环境中协作知识建构策略体系

	空间融合策略	共同体成长策略	知识建构策略
适应 策略	1. 选择网络协作学习平台 2. 引导学生熟悉运用协作学习平台各项功能 3. 创建小组网络学习空间	1. 创建协作学习小组 2. 明确小组成员个体职责 3. 制定小组学习评价制度	1. 句首词策略 2. 六项思考帽策略 3. 头脑风暴策略
发展 策略	1. 课堂活动的安排——公开表达、观点比较、观点冲突、观点协商 2. 网络活动的安排——信息共享、资源共享、小组总结、小组反思和个人反思	1. 向学生解释成功的标准 2. 设计相互依赖关系 3. 鼓励不同层次的参与 4. 强调共享技艺库的建设 5. 强调协调员的合法地位	1. 学习协作知识建构理论 2. 充分准备活动主题相关材料 3. 明确界定术语和迷思概念 4. 基于概念图的观点比较与冲突分析 5. 引发更多相关主题讨论 6. 及时阐明对已有成果的意义解释
深化 策略	1. 弱化线上与线下环境的区分 2. 设计空间融合的学习活动	1. 鼓励自组织机制的形成与发展 2. 共同回顾取得的进步 3. 强调整理员的重要作用 4. 设计组间合作与竞争关系 5. 指导组间互评的正确技巧	1. 规定小组协作活动时间 2. 基于支架的小组知识呈现 3. 小组成果的动态展示与互评 4. 基于互评的知识修改与完善

第 6 章
策略实施效果分析

　　本章将对混合学习环境中协作知识建构策略的实施效果进行整体分析。在分析之前，我们必须先明确评价协作知识建构的一些关键事项。首先，是分析单元的选择。协作知识建构是学习者在观点共享、冲突协商、共同创作与小组反思等一系列环节中进行的交互过程，对协作知识建构的评价与对传统学习的评价有较大差别，它关注的焦点不再是学习者个体头脑中发生了什么，而是学习者之间通过互动发生了什么。因此，在协作知识建构评价中，研究者普遍强调以小组作为分析单元相比于将个体作为分析单元在认识论上具有其优越性，此外应同时关注将小组作为分析单元和将个体作为分析单元，以尽量确保协作知识建构的过程得到全面的展现。第二，需要明确分析的具体内容。在第 3 章"混合学习环境中协作知识建构模型构建"的指导下，我们认为对于混合学习中协作知识建构效果的评价，首先要考虑到协作知识建构是被置于学习共同体的语境中来考量的，共同体是建构公共知识的主体；同时，线上与线下优势互补的混合学习环境是支撑协作知识建构顺利开展的基础条件。因此，混合学习环境中协作知识建构策略实施效果的分析评价应该从三个方面开展，分别是共同体成长分析、空间融合程度分析及协作知识建构效果分析。第三，研究方法的运用。根据已确定的分析单元与分析内容，综合运用多种研究方法来实现混合学习环境中协作知识建构策略实施效果的评价是十分必要的。在效果分析中，进行综合量化分析和质性研究，运用社会网络分析、内容分析、话语分析、统计分析等方法，尽量对协作知识建构的过程给予更加全面的呈现。本章对混合学习环境中协作知识建构策略的实施效果进行了全面分析。分析的框架如图 6-1 所示。

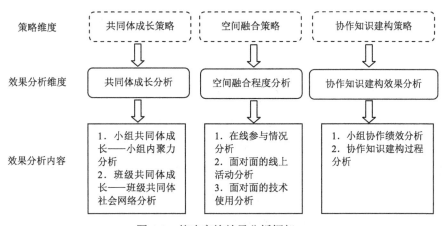

图 6-1　策略实施效果分析框架

6.1　学习共同体成长分析

以课程为依托的学习共同体是一种特殊的、有目的的共同体形式，这种学习共同体需要快速地创建起来并维持相对较短的时间，一般在课程结束后，学习共同体便进入转变期。为了使实验班级在原有人际关系的基础上快速成长为学习共同体，我们首先通过创建协作小组的方式推动了小组学习共同体的生成，继而在小组相互协作的过程中逐步促进班级学习共同体的成长。因此，学习共同体的成长分析将从两个方面开展，一是小组共同体内聚力的发展变化分析，二是班级共同体成员社会网络关系分析。

6.1.1　小组共同体内聚力分析

1. 小组内聚力概述

群体内聚力是指当人们以一定关系结成群体时，群体对成员的吸引力和群体成员之间的吸引力，以及群体成员的满意程度。当学习者以小组形式开展协作知识建构时，在小组内部会存在着一种类似的力量，这种协作组对其成员的吸引力和协作组各成员之间的吸引力，以及协作组成员的满意度，就叫作协作组内聚力（Group Cohesion Force）。小组内聚力对小组的活动有着重要的影响作用，因此，Garrison 将其视为评价学习共同体社会性存在的关键指标。Garrison 认为，一方面内聚力会使小组成员紧密地团结在一起，围绕着学习目标开展各项活动，从而使小组成为一个具有高度整合性的整体。高度的内聚力对于群体成员之间积极肯定的关系有着重要作用。另一方面，内聚力还对小组的工作效率有着重要影响，一般来说，高度的内聚力会促进小组成员提高士气，明确活动的动机，自觉地努力完成小组学习任务。在学习共同体中，成员首先需要感到安逸和舒适，同时需要有内聚力才能开始共同工作，内聚力是保持成员参与度与注意力的关键。

2. 数据来源

小组内聚力的分析数据是通过社会关系测量来获取的。社会测量法是调查团队内部成员之间相互关系的结构状态的一种方法，一般使用简单的问卷实施调查。通过社会关系的测量，可以把团队内部的人际关系状态数量化，以显示个体在团队中的地位、人际关系网络以及团队的内聚力。我们是这样来获得小组内聚力的测量数据的：在实践开始阶段和结束阶段，分别向所有参与实践的班级学生发放"班级成员人际关系调查表"（见附录 D），请每位学生用数字 1～10 来表明自己与班级其他学生的关系密切程度，10 表示最亲密，1 表示最疏远。接着，从获得的班级全体学生人际关系数据中分别抽取出每个小组的人际关系数据用于分析小组内聚力，这便减少了学生由于组间竞争而产生的防备心理，使内聚力的数据更加客观。

3. 数据分析

小组内聚力的分析将以教育技术学研究生班级第一小组为例作详细介绍，其他小组内聚力的分析方法和过程与之相同。

首先，根据测量获得的小组内聚力数据绘制测量矩阵，如表 6-1 所示。

表 6-1　研一组内聚力前测初始矩阵

	S1	S4	S7	S10	S16	S13
S1	10	9	4	5	8	5
S4	8	10	5	4	7	7
S7	4	6	10	3	5	4
S10	6	4	4	10	4	5
S16	9	6	2	5	10	6
S13	4	5	4	5	5	10

第二步，对初始矩阵做 2 值转换。由于在人际关系调查中明确规定用数字 1～10 来表示关系的亲密程度，因此可以选取均值 5.5 作为判断标准，对初始矩阵做 2 值转换。人际关系小于 5.5 认为是弱关系，将其转换为 0；大于 5.5 则认为是强关系，将其转换为 1，如表 6-2 所示。

表 6-2　研一组内聚力前测 2 值矩阵

	S1	S4	S7	S10	S16	S13
S1	—	1	0	0	1	0
S4	1	—	0	0	1	1
S7	0	1	—	0	0	0
S10	1	0	0	—	0	0
S16	1	1	0	0	—	1
S13	0	0	0	0	0	—

接着，根据 2 值矩阵计算成员之间的相互正选择矩阵，如表 6-3 所示。相互正选择是指小组成员中两人互为强关系。比如在表 6-2 中，S1 与 S4 是相互的正选择，表示两人相互认为彼此关系密切；而 S4 与 S13 则不是相互正选择。

表 6-3　研一组内聚力前测相互正选择矩阵

	S1	S4	S7	S10	S16	S13
S1	—	1	0	0	1	0
S4	1	—	0	0	1	0
S7	0	0	—	0	0	0
S10	0	0	0	—	0	0

续表

	S1	S4	S7	S10	S16	S13
S16	1	1	0	0	—	0
S13	0	0	0	0	0	—

由表 6-3 可知，研一组在内聚力前测中相互正选择数为 3（6/2=3）。小组的内聚力指数 C 就等于成员之间相互正选择的总数目除以可能存在的相互选择的总数目。其公式为：

$$C = \frac{\sum M_{i+j}}{C_N^2}$$

式中，M_{i+j} 表示协作组中成员 i 和成员 j 的相互正选择；C_N^2 是一个组合公式，其值为协作组中可能存在的相互选择的总数目。

最终，得出研一组内聚力前测 C 值为：

$$C = \frac{\sum M_{i+j}}{C_N^2} = \frac{3}{\frac{6 \times 5}{2}} = \frac{3}{15} = 0.2$$

比较不同协作组的 C 值，如果 C 值大，说明其内聚力高；C 值小，说明其内聚力低。用同样的计算方法求得其他小组前测与后测内聚力指数，如表 6-4 所示。

表 6-4　小组内聚力前测—后测结果对比

	前　测		后　测	
	相互正选择数	内聚力指数	相互正选择数	内聚力指数
研一组	3	0.2	11	0.73
研二组	7	0.47	9	0.6
研三组	8	0.53	14	0.93
本一组	4	0.27	12	0.8
本二组	8	0.53	12	0.8
本三组	1	0.07	10	0.67
本四组	1	0.07	8	0.53
本五组	6	0.4	14	0.93

对以上小组内聚力前测与后测的数据作相关样本平均数差异检验，数据基本统计量中，小组内聚力前测均值是 0.32（SE=0.068），内聚力后测均值是 0.75（SE=0.051），内聚力前测与后测相关系数为 0.589。配对样本 t 检验结果如表 6-5 所示。

表 6-5　内聚力测试配对样本 t 检验结果表

成对样本检验

		成对差分					t	df	Sig.（双测）
		均值	标准差	均值的标准差	差分的 95% 置信区间				
					下限	上限			
Pair 1	前测内聚力—后测内聚力	-0.43125	0.15869	0.05611	-0.56392	-0.29858	-7.686	7	0.000

从配对样本 t 检验的结果来看，t 统计量的值是 -7.686，95% 的置信区间是（-0.56392，-0.29858），临界置信水平为 0.000，远小于 0.05，说明小组前测与后测内聚力之间存在明显的差别。实践后期阶段，小组内聚力与前期阶段相比有显著的提高。

6.1.2　班级共同体社会网络分析

1. 社会网络分析概述

尽管对于班级是一种"初级群体"还是"社会组织"曾经存在较大争议，但将课堂视为学习共同体加以研究的转向日渐成型。以小组协作为主要组织形式的课堂教学会对组内成员和全班成员之间的社会关系产生一定的影响，特别是会影响班级原有学习支持关系构成的网络结构。通过对班级成员间学习支持关系社会网络结构动态变化的分析，可以从一定程度上反映教学实践对班级成员关系的影响。社会网络是指社会行动者（Social Actor）及其他们之间的关系的集合，是由多个点（社会行动者）和各点之间的连线（代表行动者之间的关系）组成的集合。社会网络分析（Social Network Analysis，SNA）方法就是通过对社会网络内部成员之间的互动关系等各种关系数据进行精确量化分析，发现网络的组织结构、组织特点、行为方式等特征和规律的研究方法。根据分析网络时的关注点不同，社会网络分析可分为个体网络（Ego-Network）、局域网（Partial Network）和整体网络（Whole Networks）三个层次。其中，整体网络是由一个群体内部所有成员之间的关系构成的网络，主要测度包括各种图论性质（Graph Properties）、密度（Density）、子图（Sub-Group）、角色和位置（Positions）以及 E-I 指数等。这里将主要从整体网络分析的视角考察全班关系和小组关系的变化情况。

2．数据收集

班级成员学习支持社会关系数据收集依然是基于社会测量法来实现，即在教学实践开始阶段和结束阶段分别向参与实践班级的学生发放"班级成员人际关系调查表"，让每位学生用数字 1～10 来表明自己与班级其他学生的关系密切程度，10 表示最亲密，1 表示最疏远。以调查每位学生得到的数据作为一行，形成关于全班成员关系的邻接矩阵。由于这种调查是"以行为为基础的方法"，构成的多值有向矩阵中的每行都有不同的来源，存在数据偏差。因此，在数据处理上首先进行了以矩阵平均值、个体打分平均值和得分平均值为基础的数据标准化矫正；然后将矩阵按亲密程度等级转换为 2 值有向矩阵进行分析。按理来说每次调查结果都可以转换为亲密程度从 1～10 的 10 个 2 值有向矩阵，但由于本研究测量的是熟人社会关系，按太低的亲密度取值得到的是完备图的关系矩阵，对于分析班级成员关系变化意义不大。为此，根据前后两次测量中矩阵的平均值，本节选取本科班学生亲密度分别为 6 和 8 的 2 值关系矩阵为分析对象，据此分析成员关系变化情况。

3．数据分析

（1）网络密度（Diameter of Network）变化分析。网络密度反映的是成员之间联系的紧密程度。在固定规模的网络中，成员之间的联系越密切，网络密度也就越大。有 n 个行动者的无向关系网的密度是：该网络中实际包含的关系数目 m 与该网络关系数在理论上的最大可能值 $n(n-1)/2$ 之间的比值，等

于 $m/[n(n-1)/2]=2m/[n(n-1)]$。对于包含 n 个节点的有向关系网络，其网络密度为 $m/[n(n-1)]$。因此，网络密度的值介于 0 和 1 之间，且同等规模的无向关系网络密度大于有向关系的密度。总体来说，整体网的密度越大，表明网络中成员间的关系越紧密，该网络对行动者的态度和行为产生的影响可能越大。

通过对前后两次测试的"6 级 2 值"矩阵和"8 级 2 值"矩阵的网络密度分析对比发现：在 6 级亲密度层次（6 级 2 值）前后两次测量中，网络的密度有了明显提高（$p=0.0002$），密度值由之前的 0.3839 提高到了 0.7138，连接数由之前的 334 个提高到 621 个；8 级亲密度层次（8 级 2 值）前后测网络密度也有了显著提高（$p=0.0036$），密度指数由之前的 0.1460 提高到了 0.2241，连接数由之前的 127 个提高到了 195 个。分析结果如表 6-6 所示。可见，全班成员整体关系都有了一定的改善，特别是原来的弱关系得到了增强。图 6-2～图 6-5 分别是前测 6 级、后测 6 级、前测 8 级、后测 8 级亲密度关系的社群图，更直观地显示了实验班学生关系前后变化情况。

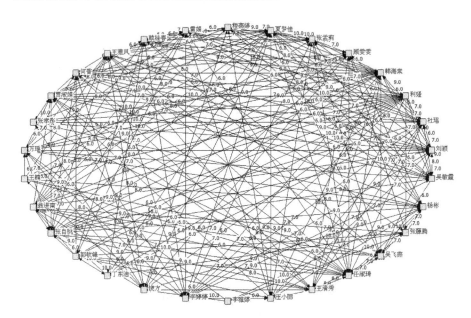

图 6-2　前测 6 级亲密度网络关系图

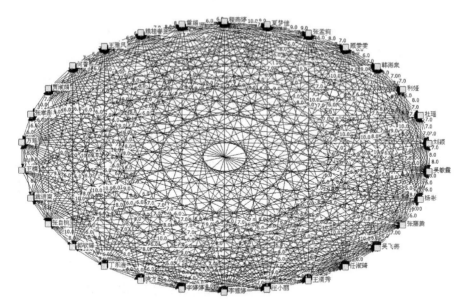

图6-3　后测6级亲密度网络关系图

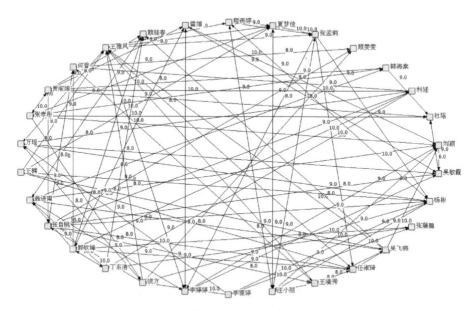

图6-4　前测8级亲密度网络关系图

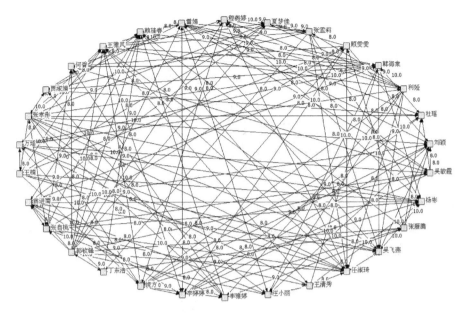

图 6-5　后测 8 级亲密度网络关系图

（2）网络中心势变化分析。社会网络分析从"关系"的角度对所研究群体的权力（中心性）进行定量化研究，常见的指标有针对网络中个体（节点）的中心势和针对整个网络的中心势。中心势指数是对群体中心性的量化分析，用于表征图的整体整合度或一致性。一个群体关系网络的中心势可以从整体上反映该群体的凝聚力或团结情况。中心势有度数中心势、中间中心势和接近中心势等。图的度数中心势反映了图中各节点度数中心势的差异情况，该值越大表明图的中心性越强，即网络中有少数节点处于核心地位。星形网络的度数中心势为 1，而一个完备网络的度数中心势为 0。中间中心势反映了网络中点控制其他点之间交往的能力，即网络中任意两点通过他人中介才能建立联系的水平，星形网络的中间中心势为 1，环形网络的中间中心势为 0。接近中心势反映的是网络中行动者不受他人"控制"的能力，值越大表明核心现象越明显，星形网络的接近中心势为 1，完备网络、环形网络的接近中心势为 0。如表 6-6 所示，通过对本科班前后两次测试的"6 级 2 值"矩阵和"8级 2 值"矩阵的网络中心势分析对比发现：在度数中心势方面，6 级亲密度层次的度数中心势明显下降，表明全班成员的度数中心势差异减小，普通成员间的关系变得更加对等；8级亲密度层次的度数中心势却显著提高，这表明原来关系紧密的成员间的度数中心势差异增大，内部之间的关系出现角色分化。在中间中心势方面，6级亲密度水平和8级亲密度水平的中间中心势都明显减小，表明班级成员之间的直接交往关系得到增强。在接近中心势方面，整个网络的接近中心势在6级亲密度水平没有明显变化，8级亲密度水平无法测得。整体来看，班级成员之间的学习支持关系网络是一个中间中心势很低，度数中心势和接近中心势较高的社会网络。这种现象表明在网络中可能存在多条途径，每个个体与很多点都接近，并且这种趋势愈加明显，即班级成员间的整体关系得到增强，对普通人之间弱关系的增强更明显，强关系个体之间的影响力产生了分化。

表6-6　本科班社会网络基本属性前测—后测对比

网络参数/分析层次	6级2值		8级2值	
	前测	后测	前测	后测
网络密度（Density）	0.3839	0.7138	0.1460	0.2241
连接数（No. of Ties）	334	621	127	195
度数中心势（Degree Centrality）	29.06%	21.18%%	24.14%	31.03%
中间中心势（Betweenness Centrality）	6.76%	1.78%	15.21%	5.11%
接近中心势（Closeness Centrality）	30.65%	31.97%	/	/

3）网络分派指数变化分析。社会网络分析中用于描述一个整体网络分派情况的方法有派系、n-派系、n-宗派、K-丛、K-核、成分等多种分析方法，还可以用一些指数加以衡量。E-I指数就是用于测量整体网络派系林立程度的重要指标。E-I指数的计算思路如下：把网络中存在的关系分为两大类，即派系之间的关系（External Links）和派系内部的关系（Internal Links），据此可构造出一个指数，即E-I指数（External-Internal Index，E-I Index），具体如下：

$$\text{E-I Index} = \frac{EL - IL}{EL + IL}$$

其中，EL代表所有子群体之间的关系数，IL代表所有子群体内部的关系数。E-I指数的取值范围为[-1，+1]。该值愈接近1，表明关系越趋向于发生在群体之间，意味着整个网络中派系林立的程度越小，或者说派系内成员的关系不紧密；该值越接近 0，表明派系内外关系数量差别不大；该值越接近-1，表明关系越趋向于发生在群体内部，意味着派系内成员关系越紧密，整个网络中派系林立的现象不明显。在计算 E-I 指数的时候，成员间派系关系的确立既可以通过凝聚子群分析获得，亦可根据成员人口学属性变量确定，这时就需要根据人口学特征构造成员派系归属矩阵。这里研究者更关注的是分组情况对成员关系的影响，即前期的随机分组在教学实践之后，成员间的关系是否更加密切了。通过对本科班前后两次测量得到的"6 级 2 值"矩阵和"8 级 2值"矩阵的 E-I 指数分析对比发现：由于分组数量和班级成员规模前后不变，在不同情况下计算得到的 E-I 期望值不变，均为 0.655；但在 6 级亲密度和 8 级亲密度两个层次上前后两次测量观察到的 E-I 指数明显下降，在 6级水平下降了 0.132（0.708-0.576），在 8 级水平下降了 0.371（0.732-0.361）；重排计算的 E-I 指数在后测均出现了负值，这说明到课程后期，各小组内部成员之间的关系变得更加紧密。从对各小组 E-I 指数变化的对比分析发现，在 6级亲密度和 8 级亲密度水平各小组 E-I 指数都有所降低，这说明班级成员之间的学习支持关系在后期更加倾向于发生在学习小组内部。计算结果如表 6-7所示。

表 6-7　本科班网络分派指数前测—后测对比

网络参数/分析层次		6 级 2 值		8 级 2 值	
		前测	后测	前测	后测
整体网络 E-I 指数（Whole Network E-I Index	Obs E-I Index	0.708	0.576	0.732	0.361
	Expected value for E-I Index	0.655	0.655	0.655	0.655
	Re-scaled E-I Index	0.173	−0.973	0.707	−0.227
小组 E-I 指数（Group level E-I Index）	第 1 组 E-I 指数	0.600	0.565	0.647	0.481
	第 2 组 E-I 指数	0.670	0.586	0.568	0.333
	第 3 组 E-I 指数	0.833	0.600	0.857	0.313
	第 4 组 E-I 指数	0.800	0.552	0.862	0.259
	第 5 组 E-I 指数	0.671	0.574	0.778	0.440

6.2　空间融合程度分析

混合学习环境在刚提出之时，被研究者界定为将传统面对面的学习与在线学习各自的优势相结合，既发挥教师引导、启发、监控教学过程的主导作用，又充分体现学生作为学习过程主体的主动性、积极性和创造性的一种学习环境。可以看出，混合学习的出现是人们对传统面对面教学和远程在线学习反思的结果，人们希望通过发挥两者各自的优势来促进学习。然而，长期以来，混合学习的实践基本处于线上学习辅助课堂学习的状态，从本质来讲，在线环境与课堂环境是相互分离而不是相互渗透的。随着信息技术的快速发展，技术支持的混合学习环境被赋予了新的使命，即混合学习环境应该能够促进面对面教学与分布式（以技术为媒介的）学习环境之间的相互融合，是开展所有正式学习和非正式学习活动所涉及的在线学习环境、课堂学习环境及人际关系环境的总和。本节中的空间融合是指线上空间（在线环境）与线下空间（课堂环境）两者的相互融合，融合是混合学习环境的终极目标。研究中，由于受制于收集空间融合数据的极大难度（比如，难以获得学生在课内使用手机阅览的支持协作知识建构的网络资源，也无法逐一获得学生课外的线上、线下学习记录）以及 Tower 协作平台的一些缺陷（Tower 协作平台只详细记录了参与者的"输出"数据，如发布帖子、回复帖子、上传作品、操作管理等，却没有详细记录学生的"输入"数据，如阅读帖子、登录时长等），因此，我们只重点关注了面授时段内（也就是课内）线上空间与线下空间的融合。具体通过三个方面的数据来分析空间融合的程度：首先，对网络协作平台产生的学习记录进行统计，分析学生在混合学习环境中的在线参与情况；其次，对面授时段内的网络数据进行详细归类统计，分析面对面的线上活动情况；最后，通过课堂观察记录表的数据，进一步分析学生在面对面环境中的技术使用情况。

6.2.1　在线参与情况分析

1. 概述

学生在混合学习环境两个空间中的参与情况可以从两个方面来分析，一方面，线上空间的参与情况可以通过网络协作平台的记录数据来分析；另一方面，线下空间的参与情况可以通过课堂观察记录来分析。分析空间融合的程度，首先需要对学生参与线上活动的情况进行分析。在线参与是空间融合的一个重要方面，也是空间融合的基础，只有积极的在线参与才有可能实现空间融合的最终目标。因此，以下对学生在一学期的实践中参与在线活动的情况给予呈现。

2. 数据来源

在线参与情况的分析数据来源于网络协作平台产生的记录数据。Tower网络协作平台同其他网络协作平台一样，都有自动记录的功能。当学生在网络协作平台上进行任何一项操作时，如发布帖子、回复帖子、上传作品、删除文件、指派任务等，平台都会自动产生一条记录，详细记录该条操作产生的日期、时间与主体。也就是说，只要学生在网络协作平台上有所"输出"，Tower 就会产生记录数据。然而，Tower 协作平台也有其自身的缺陷，即无法详细记录参与者在平台中的"输入"数据，如阅读帖子、登录时长等。因此，我们只能在可获得的数据基础上进行分析。

3. 数据分析

（1）整体分析。经过对三门课程网络协作平台数据的逐一整理与确认，剔除无关数据后，共收集到在线活动有效数据 3528 条，覆盖时长为 17 个教学周。以周为单位，统计分析学生参与在线活动的整体情况，结果如图 6-6 所示。数据显示，学生参与在线活动的情况总体保持着较为稳定的状态，除去国庆节前后的第 5 周和第 6 周，以及课程末尾的第 16 周和第 17 周外，每周的在线活动记录都在 150 条以上，最高值达到 350 条；学生在第 4 周的在线活动达到第一个高峰,产生了 350 条有效活动数据,这也是第一轮实践与第二轮实践交接的重要时期;接下来的第 5 周和第 6 周由于正值国庆节前后,使得在线参与产生了一个回落现象,之后的四周时间里,在线参与的积极性又开始稳步上升,在第 10 周时达到第二个高峰;从第 11 周开始进入了第三轮实践,在线参与的情况基本保持稳定,在第 14 周时出现了第三个小高峰,产生了 320 条有效活动记录。然而在学期末尾的两周里,学生在线参与情况开始急剧下降。

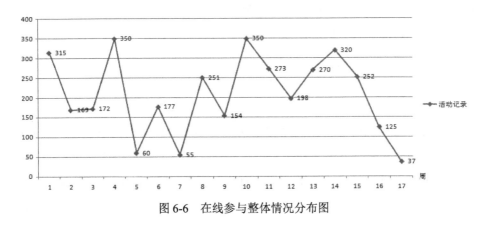

图 6-6　在线参与整体情况分布图

（2）时段分析。为了了解学生参与在线活动的时段,又对网络协作平台的每一条记录数据进行了课前、课内、课后三个时段的划分。以信息技术课程为例来说明时段划分的标准:首先,课内时段是确定的,即课程的授课时间,为每周一的 14:00—15:00；以课内时段为中心轴,左起周一 14:00 之前、前周的周日、周六及周五为课前时段；中心轴右起周一 15:00 之后、周二、周三、周四为课后时段。对三门课程进行时段划分之后,分析统计学生参与在线活动的时段分布,结果如图 6-7 所示。

首先是课前在线参与情况,总体来看,随着课程的推进,学生课前的在线参与逐步增加,尤其是从第 9 周开始,课前的在线参与出现了一个急剧上升的状态,这反映出学生在混合学习环境中开展协作知识建构的课前准备越来越充分。其次是课后在线参与情况,课后的在线参与基本处于下降的趋势。

在课程刚开始的四周里，出于对混合学习方式的新奇以及对网络协作平台功能的熟悉，学生在前四周的课后在线参与较为积极；此后，除去第 8 周课后在线参与较多以外，其他周的课后在线参与都较为少见。最后也是最重要的部分——课中在线参与。课中在线参与从第 1 周开始到第 10 周一直都比较稀少，而第 3 周由于教师设计了在线签到活动，使该周的课中在线参与达到了一个小高峰，产生了 97 条记录。这说明在前两轮实践中，课堂中形成的面对面空间融合现象具有较大的随机性，还没有形成气候；从第 11 周开始，也就是第三轮实践中，由于学生对混合学习环境两个空间优势的熟练把握，使得线上空间与线下空间之间的界线有所弱化，打破线上－非面对面与线下－面对面之间的联结关系，从而推动了学生在课中的在线参与大幅增加，基本形成了课内面对面的线上与线下相互融合的状态。

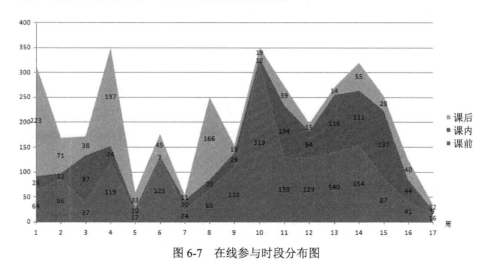

图 6-7　在线参与时段分布图

6.2.2　面对面的线上活动分析

1. 概述

经过对在线参与情况的分析，发现学生参与在线活动的时段表现出一定的特征，即课前在线参与总体上有所增加，而课后在线参与呈现下降的趋势；与此同时，课内的在线参与从第 11 周开始，也就是第三轮实践开始保持着较为稳定的状态直到学期末尾。课内的在线参与是探究空间融合规律的关键所在，因此，需要对课内面对面的线上活动进行细致的分析，以了解学生在课内面对面的时间段内在线上空间开展了哪些学习活动，是如何促进线上空间与线下空间之间的相互融合的。面对面线上活动的分析，一方面反映了课内面对面的线上空间与线下空间融合的效果，另一方面也从某种程度上体现了混合学习环境对协作知识建构的支持作用。

2．数据来源

面对面的线上活动分析是为了探究学生在课内面对面的时段内在线上空间开展了哪些学习活动，所以分析数据同样也是来自于网络协作平台所产生的记录数据。只是根据研究需要，这一部分分析选取了课内时段的数据作为分析的重点，来呈现课内时段线上活动的详细情况。

3．数据分析

面对面线上活动的分析需要对照着相应的课堂教学录像进行，以明确在线活动产生的具体情境。通过对 844 条课内面对面在线活动记录的逐一比对与确认，可以对课内在线活动内容从以下七个方面进行归类，分别是资源共享、成果展示、互评借鉴、总结反思、人际交往、在线讨论及项目管理。面对面在线活动类别划分的标准如表 6-8 所示。

表 6-8　面对面在线活动分类

类　别	名　　称	详细说明
1	资源共享	学生在线上空间共享与知识建构活动相关的信息资源
2	成果展示	学生在线上空间发布小组（或个人）的阶段性成果或最终成果，并对成果所体现的小组知识作必要解释
3	互评借鉴	师生共同学习所展示的小组作品（或个人作品），有疑惑之处要求对方给予解释，并在充分了解小组作品的基础上，在线上空间对作品提出改进建议
4	总结反思	学生在线上空间对正在进行的小组（或个人）活动与小组（或个人）状态的总结与反思

续表

类别	名 称	详细说明
5	人际交往	学生在课内时段，通过线上空间发表的与研讨主题并非直接相关的社交性言论
6	在线讨论	学生在课内时段，通过线上空间发表的与研讨主题相关的在线实时讨论
7	项目管理	学生在课内时段，通过线上空间进行的资源删除与移动等项目管理操作

确定面对面在线活动的分类标准之后，对课内时段的在线活动记录依据分类标准进行编码与统计，得出如下结果。如图 6-8 所示，在课内面对面时段，开展最多的线上活动是互评借鉴活动，共生成 399 条活动记录，占据面对面活动记录总数近一半的比重（47.27%）；排序第二的在线活动是资源共享活动，有 157 条记录数据，所占比重为 18.60%；人际交往是面对面在线活动的第三大类，产生了 118 条活动记录，所占比重为 13.98%；接下来的面对面在线活动依次为成果展示、在线讨论、总结反思及项目管理，四类活动所占比重分别是 9.72%、5.92%、2.49%与 2.01%。由此可见，成果展示、互评借鉴、资源共享与人际交往是课内时段开展的最主要的线上活动。混合学习环境的线上空间使得主题相关资源能够快速得到共享，也使得师生、生生之间的交互冲破了小组的限制，班级共同体逐渐在线上空间率先形成。最为重要的是，线上空间显著地扩大了协作知识建构的覆盖范围，使知识建构成果得以在小组之间借鉴与学习，增强了每位成员参与公共知识完善的机会与责任，从而推动了知识建构面向全体学生发展。

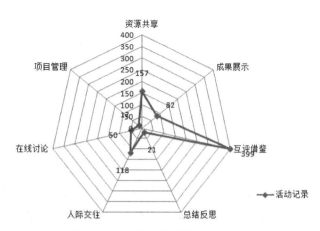

图 6-8 课内面对面在线活动分布图

6.2.3 面对面的技术使用分析

1. 概述

混合学习不仅要强调课内学习与课外学习、线上学习与线下学习的优势互补，更应该强调两两之间的优势激发与深度融合。随着无线接入技术的普及和智能手机、平板电脑等个人数字化终端的广泛运用，学习者与网络信息世界之间的连接关系得以彻底改变，学习者的学习行为方式也随之得到改变。正如余胜泉教授所言："技术正在改变（重组）着我们的头脑，我们使用的工具决定着我们的思维，人机结合是现代人认知世界的基本思维方式。"乔治·西孟斯（George Siemens）提出的"联通主义（Connectivism）"学习理论是对这一认识趋向的高度凝练并得到国内外研究者广泛关注。基于以上认识，本研究在面对面教学实践中鼓励学生借助手机访问 Tower 平台、搜索引擎等网络应用服务，以支持面对面的协作学习活动。接下来通过分析面对面课堂环境中的技术应用情况来了解技术嵌入课堂教学、实现线上学习与线下融合的情况。

2. 数据来源

为详细了解面对面环境中的技术应用情况，研究者对课堂教学中学生使用智能手机（或平板电脑、笔记本电脑等）的情况进行了分析。对于混合学习课堂教学中的技术应用情况的观察技术，目前鲜有专门的研究。就作者视野所及，微软创新学校项目（Microsoft Innovative Schools Program）的创新教与学研究（Innovative Teaching and Learning Research，ITL Research）计划评估研究中的课堂观察方法及其数据分析技术值得借鉴。在考察信息技术（笔记本电脑、平板电脑等）在课堂中的使用方面，项目评估者将技术使用分为基础水平（Basic-level）和高级水平（High-level）两个层次，基础水平应用包括利用技术练习或学习基本信息、利用网络搜索查阅资料、利用效能软件制作汇报作品；高级水平应用包括组织和分析数据、设计多媒体作品、管理项目或学习过程、评价自己或他人绩效、课上与教师或同学协作、与课外专家交流沟通等。基于以上认识和课堂教学中的观察实践，研究者将课堂教学中的技术应用情况分为以下四大类九种情况：（1）零使用水平（Zero-level），即在观察期间没有数字设备使用行为；（2）不当使用水平（Invalid-level），即观察期间存在无目的使用或非学习使用情况；（3）基础水平（Basic-level），即在观察期间学习者使用了数字设备辅助功能自动记录信息或利用数字设备获取网络信息，具体包括使用辅助功能、搜索阅读信息、查阅预置信息 3 种情况；（4）高级水平（High-level），即在观察期间学习者利用手机进行信息创作或输出活动，具体包括课内信息交流、组间互评绩效、制作发布作品三种情况，如表 6-9 所示。除此之外，课堂环境中有时还会出现这样一些情况，如学生既没有参与协作知识建构活动，也没有使用手机浏览各种信息，处于发呆或走神的状态，我们将这种情况界定为"X0—游离学习外"。

表 6-9　混合学习环境中面对面的技术使用情况分类

分　类	标记	情况分析	详细说明
零使用水平 （Zero-level）	X1	没有使用	未携带数字设备或观察时未使用数字设备
不当使用水平 （Invalid-level）	X2	无目的使用	习惯性地摆弄手机、无目的使用行为等
	X3	非学习使用	有使用手机行为，但内容与学习活动无关（如游戏、电影、短信、QQ、新闻等）
基础水平 （Basic-level）	L1	使用辅助功能	用手机录音、录像、拍照（非小组成果）
	L2	搜索阅读信息	利用搜索引擎查阅学习活动相关资料
	L3	查阅预置信息	利用手机查看预置于 Tower 平台或手机中的信息
高级水平 （High-level）	H1	课内信息交流	提问教师、总结要点、发布信息等
	H2	组间互评绩效	组内成员或小组作品的互评与建议
	H3	制作发布作品	做笔记；撰写发布小组讨论结果；拍照上传小组作品；撰写发布个人意见观点等输出活动

根据以上混合式课堂学习中数字设备使用情况分类，结合课堂观察过程中可能遇到的小组成员缺勤、学习者游离于课堂教学之外等情况，研究者设计了"混合式课堂学习中技术应用情况观察记录表"（见附录 E），据此对课堂学习中学习者的技术使用情况展开参与式观察。观察记录方式如下：（1）每

次面对面学习活动随机选择 5 个时间点对每个小组的协作情况及成员数字设备使用情况展开参与式观察，观察的时间点根据每次课的具体教学方式及活动安排由观察者灵活确定；（2）如果在课堂教学中预先设计了小组讨论、作品展示等小组学习活动，则 5 个观察时间点均集中于小组活动期间的技术使用情况，具体数字设备使用情况主要根据观察者在组间轮流指导时的所见确定，并在课后结合网络协作平台中的互动记录作校对和微调；（3）如果整节课中以教师讲授为主，则由观察者随机确定观察时间点并记录全班学生手机使用情况（如教师提问时、教师暗示可以临时查阅资料时），具体使用行为首先由观察者在参与式观察中根据教师教学进度及学生课堂反映进行综合预判，课后由观察者和授课教师一起结合课堂教学录像及网络协作平台活动记录情况确认和修订具体使用情形；（4）当学习者确有手机使用行为但无法确定具体使用内容时，则采取从 X3 到 H3 "就低不就高"的原则进行记录，在以教师讲授为主的课堂中无法确认具体使用情况时则直接定位为"非学习使用"。虽然在课堂观察中、特别是以教师讲授为主的课堂中确认学习者的手机使用行为确实是件困难的事，但通过以上观察方式和原则可以最大限度地确保观察结果的有效性。研究者与授课教师一起对本研究中三门课程教学中的技术使用情况进行了合作观察，下面将以获得的观察记录最为完整的本科教学班的观察结果为例，分析研究教学实践期间学生在面对面学习中的技术使用情况。

3. 数据分析

1）面对面学习中技术应用情况整体分析

研究者通过计算课堂教学中数字设备的"全班使用率"和"有效使用率"等参数来表征面对面学习中数字设备整体情况，如图 6-9 所示。其中"全班使用率"是指在每次授课期间全班所有学生在 5 个观察点上有 1 次以上手机使用行为的人数占全班总人数的比例，其中不当使用水平、基础应用水平和高级应用水平等所有使用行为都计算在内。"有效使用率"是指每次面对面授课中有效技术使用行为（基础水平和高级水平）在所有技术使用行为中所占的比例，即以每次授课中 5 个观察点上观察到的所有成员的有效使用次数之和除以所有成员的技术使用次数之和得到。"全班出勤率"则是指全班成员的处理比例。通过分析可以发现："全班使用率"在整学期的课程学习中呈现逐渐提高的趋势，多项式拟合曲线（之所以选择多项式拟合曲线，是因为在选择该曲线类型时的 R^2 值最大为 0.573）能够预测这种变化趋势。"有效使用率"在整学期的教学中亦呈逐渐上升的趋势，多项式趋势线则呈现出扁阔的 U 形曲线。从趋势线可以看出在第 8 周和第 14 周出现了有效使用率很低的现象，通过进一步分析本门课的课堂观察记录发现这两次课均是以教师教授为主的课型。

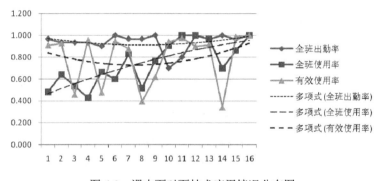

图 6-9　课内面对面技术应用情况分布图

2）不同阶段面对面学习中技术应用水平变化情况分析

为了分析在不同实践阶段学生面对学习中的技术应用水平，研究者以每个实践阶段各类技术使用情况所占比例为基础对比分析面对面学习环境中的技术应用水平变化情况，如图 6-10 所示。数据分析发现，"零使用水平（未使用技术）"在观察中所占的比例在中期以后迅速下降，即大部分学生在后期开始应用手机；"基础水平"行为在观察中所占的比例在整个实践中呈逐渐上升趋势，"高级水平"行为在后期有了明显提高。另外，"不当使用水平"行为在三个阶段呈微弱的下降趋势。从图 6-10 中可以发现，在本门课程的后期使用应用水平有了显著提高。之所以会出现这种后期使用水平明显提高的趋势，一方面是随着学生课程的推进学生在课堂学习使用技术使用习惯逐渐养成；另一方面，随着学生技术使用习惯的养成教师逐渐设计了更加负责的技术应用活动。

为进一步分析课程不同阶段技术使用具体行为的变化情况，研究者对课堂观察中记录的 10 种具体行为在每个阶段所占的比例进行了深入分析，分析结果如表 6-10 所示。可见，"H1—课内信息交流"、"H2—组间互评绩效"、"H3—制作发布作品"等高级技术使用行为在课程后期所占比例显著提高，进一步解释了不同阶段技术应用水平变化的成因。

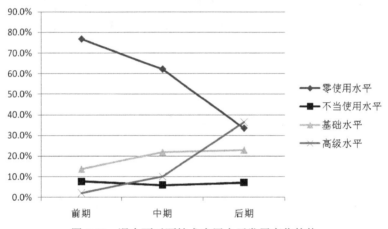

图 6-10　课内面对面技术应用水平发展变化趋势

表 6-10　面对面的技术使用行为分析

	前　期	中　期	后　期	合　计
X0—游离学习外	1.3%	0.9%	1.2%	1.1%
X1—没有使用	76.1%	61.7%	32.0%	56.5%
X2—无目的使用	1.0%	0.2%	0.0%	0.4%
X3—非学习使用	6.6%	5.6%	6.8%	6.3%
L1—使用辅助功能	1.4%	0.2%	8.2%	3.2%
L2—搜索阅读信息	5.9%	5.3%	1.5%	4.2%
L3—查阅预置信息	6.3%	16.3%	12.3%	11.9%
H1—课内信息交流	0.4%	0.0%	3.0%	1.1%
H2—组间互评绩效	0.3%	6.1%	28.6%	11.7%
H3—制作发布作品	0.7%	3.6%	6.4%	3.6%

6.3 协作知识建构效果分析

对协作知识建构效果的分析从小组协作绩效和协作知识建构过程两个方面进行。首先，分析了小组的协作绩效，它是反映小组协作成效的重要指标；接着，从量化和质性两个维度对协作知识建构的过程进行了详细分析，尽可能全面地展示协作知识建构过程的微观细节。

6.3.1 小组协作绩效分析

1. 概述

在 6.1.1 节中对小组内聚力进行了分析。小组内聚力表征的是协作组成员心理上的协作程度，这种心理上的协作程度所带来的具体效果、成就并不能确定。也就是说，小组内聚力的高低反映了成员之间心理上的协作程度，它无法反映协作的具体成效，因而无法依据内聚力来判断协作组内的成员是否实现了最大化个人和协作组的习得成果。那么，如果想要反映协作的成效应该用什么参量来体现呢？黄荣怀教授认为，可以用协作绩效（Cooperative Performance）来衡量小组协作的成效。一般来讲，协作组内每位成员的个人表现都会对协作绩效的高低造成一定程度的影响。如果协作组内成员表现普遍较高，那么协作绩效也一定高；反之，如果个人表现普遍较低，那么协作绩效也一定高不。因此，协作组的平均成绩可以作为协作绩效的一个维度。个体成绩的离散程度也是反映协作绩效的一个方面，可以定义为协作度（Cooperative Degree）来表征协作绩效的另一个维度。协作度与离散程度成"反比"，与成绩的评分进制无关。协作绩效最终由协作组内成员的个体成绩均值和协作度两个量值来表征。

2. 数据来源

小组协作绩效的分析数据主要是每位成员的个人表现成绩，在本研究中，学生的个人得分由四个部分组成，第一部分是学生对自我表现的评价，占总成绩的20%；第二部分是小组内部对每位成员的互评成绩，占总成绩的30%；第三部分是教师依据每位学生的表现对其进行评价，占总成绩的50%；第四部分是额外加分，表现优秀的小组，小组成员可获得额外的奖励分数。由这四个部分组成的个人得分，能够较为客观、公正地反映学生在协作知识建构中的实际表现。每一轮实践结束时，都要求学生认真填写一份"每一轮实践活动的总结反思表"（见附录 F）。总结与反思表中有一项内容就是对每个学生和每个小组的各项表现进行客观地评价。选取第一轮的评价数据和第三轮的评价数据，便获得了小组协作绩效分析的前测与后测数据。

3. 数据分析

小组协作绩效的分析将以教育学本科生班级第一小组为例作详细介绍，其他小组协作绩效的分析方法与过程与之相一致。

首先，需要对获得的原始评价数据，按照学生个人得分四个部分的权重进行汇总。

第二步，求得小组得分的集中量数。集中量数是反映协作组内各成员分数集中位置的特征数字，可以将它看作小组分数的代表数值。集中量数的形式有多种，如算术平均数、中位数以及众数等，但最为常用的是算术平均数。因此，我们也选择算术平均数作为协作绩效的指标之一。

假定协作组规模为 n，成员所得分数分别为 x_1、x_2、x_n，则协作组的算术平均成绩记为 $\bar{x}$，即

$$\bar{x} = \frac{1}{n}(x_1 + x_2 + ... + x_n)$$

或简记为

$$\overline{x} = \frac{1}{n}\sum_{i=1}^{n} x_i$$

第三步，求得小组得分的差异量数。差异量数表示小组成绩的分散程序或离散程度。差异量数的形式也有多种，最常用的是标准差量数。

假定协作组成员的分数分别为 x_1、x_2、x_n，则协作组成绩的标准差为 S，S 的计算方法如下：

$$S = \sqrt{\frac{1}{n}\sum_{i=1}^{n}(x_i - \overline{x})^2}$$

最后，根据协作绩效公式求得小组协作绩效。如果用 C 表示协作度，E 表示协作绩效，则

$$C = \frac{\overline{x}-s}{\overline{x}+s} \qquad E = (\overline{x}, C)$$

依据以上公式，本科生第一组的前测协作绩效 $E = (\overline{x}, C) = (76.5, 0.836)$，详细计算过程如下。绩效得分如表 6-11 所示。

$$S = \sqrt{\frac{1}{n}\sum_{i=1}^{n}(x_i - \overline{x})^2} \approx 6.85$$

$$C = \frac{\overline{x}-s}{\overline{x}+s} = \frac{76.5-6.85}{76.5+6.85} \approx 0.836$$

$$E = (\overline{x}, C) = (76.5, 0.836)$$

表 6-11　本一组协作绩效得分

小组成员	S1	S2	S17	S22	S27	S23	平均成绩
个体得分	76	65	82	87	74	75	76.5
与均值的偏差 $(x_i-\overline{x})$	-0.5	-11.5	5.5	10.5	-2.5	-1.5	76.5
偏差值的平方 $(x_i-\overline{x})^2$	0.25	132.25	30.25	110.25	6.25	2.25	

从计算结果中可以看出，协作度是一个小于 1 的数值，且与评分的进制无关。当协作组的平均成绩越高，内部差异越小时，协作绩效就越好；反之亦然。用同样的计算方法求得其他小组前测与后测协作绩效，如表 6-12 所示。

表 6-12　小组协作绩效前测—后测结果对比

	前　测		后　测	
	协作度	协作绩效	协作度	协作绩效
研一组	0.742	（71.1，0.742）	0.84	（80.77，0.84）
研二组	0.721	（75，0.721）	0.839	（79.53，0.839）
研三组	0.866	（79.47，0.866）	0.916	（84.7，0.916）
本一组	0.836	（76.5，0.836）	0.903	（85.32，0.903）
本二组	0.782	（77.57，0.782）	0.884	（83.55，0.884）
本三组	0.775	（71.17，0.775）	0.77	（78.3，0.77）
本四组	0.741	（75.38，0.741）	0.862	（89.42，0.862）
本五组	0.766	（67.55，0.766）	0.889	（79.68，0.889）

对以上小组协作度和小组平均成绩前测与后测的数据进行相关样本的平均数差异检验。数据基本统计量中，小组协作度前测均值是 0.78（SE=0.018），后测均值是 0.86（SE=0.017），内聚力前测与后测相关系数为 0.572；小组平均成绩前测均值是 74.22（SE=1.398），后测均值是 82.66（SE=1.330），小组平均成绩前测与后测相关系数为 0.617。配对样本 t 检验结果如表 6-13 所示。

表 6-13　协作绩效测试配对样本 t 检验结果表

成对样本检验

		成对差分					t	df	Sig.（双测）
		均值	标准差	均值的标准差	差分的95%置信区间				
					下限	上限			
Pair 1	前测协作度—后测协作度	−0.08425	0.04461	0.01577	−0.12155	−0.04695	−5.342	7	0.001
Pair 2	前测平均成绩—后测平均成绩	−8.44125	3.38048	1.19518	−11.26740	−5.61510	−7.063	7	0.000

从配对样本 t 检验的结果来看，前测协作度—后测协作度的 t 统计量值为

−5.342，95%的置信区间是[−0.12155，−0.04695]，临界置信水平为 0.001，远小于 0.05，说明小组前测与后测协作度之间存在明显的差别，实践后期阶段，小组协作度与前期阶段相比有显著的提高；前测平均成绩—后测平均成绩的 t 统计量值为−7.063，95%的置信区间是[−11.2674，−5.6151]，临界置信水平为 0.000，小于 0.05，说明小组前测与后测平均成绩之间存在明显的差别，实践后期阶段，小组平均成绩与前期阶段相比有显著的提高。

6.3.2 协作知识建构过程分析

1．概述

在协作知识建构效果的整体分析中，如果协作绩效只是从外围层面体现了知识建构中小组协作的成效的话，那么，接下来的协作知识建构过程分析则是从微观、细致的角度反映了协作知识建构的核心。协作知识建构过程分析主要依据刘黄玲子的协作知识建构过程分析体系进行。在其博士学位论文中，刘黄玲子首先从理论分析入手，用"自上而下"的方法确定协作知识建构过程分析编码的基本类别；随后设计协作知识建构任务，以"自下而上"的方法进一步明确了协作知识建构过程分析编码基本类别的子类别和具体指标。最终形成了协作知识建构过程分析编码，如表 6-14 所示。

表 6-14　协作知识建构过程的言语类型编码

CKB	代码	英文解释	类　型	详细解释
共享	OI	Offer Ideas	提出个人看法	提供或引入观点、看法、建议、立场
	RI	Request Ideas/Information	要求发表观点	要求提供个人想法、建议、观点、信息
	SI	Share Infromation	提供一些信息	提供或引入相关事实、资源或已有的知识
	DC	Describe Cognitive State	描述个人状况	说明个人对问题、任务或某个观点的理解和认识情况
论证	OE	Offer Elaboration	解释	补充说明或进一步阐述原因、观点，进一步解释、分析观点或方案
	RE	Request More Information	要求给予解释	要求提供更多的信息以说明、解释，通常以提问的形式表征该意图

续表

CKB	代码	英文解释	类　型	详细解释
协商	RC	Request Check	要求核对	要求小组成员对某一观点、结论或信息予以确认，以继续话题或开始新的话题
	OC	Offer Check	核实/评论	核实、确认、判断评论已有的结论、观点、事实信息
	OR	Offer Rebutal	反驳	质疑或反对前述观点，并提出反对的理由
	CM	Modify	修改	修改、补充、调整观点、方案等
创造	OS	Offer Summary	总结	综合各观点或论述，做出提炼和概括
反思	RR	Reflection	反思	重述、思考、评估、总结交互中的事件、重点言行、问题经验及收获等
管理	MM	Command	命令	命令或指示成员按某种方式行事或思考
	OP	Offer Promise	承诺	陈述自己保证或承诺要做的事情
情感	SG	Social Greetings	社交	表达问候、相互介绍之类的开场白或结束用语，表示社交目的的言论
	EM	Social Emotion	情感	表达或描述个人情感
表态*	OO	Opinion Objection	反对	给出意见，做出反对的表态
	OA	Opinion Agree	支持	给出意见，做出支持的表态
	ON	Opinion Neutrality	中立	态度中立或含糊
其他	OT	Other	其他	其他无法归入上述类别的言论

注："*"独立于上下文背景的"表态"并不反映任何 CKB 特征，但却是真实的日常会话中经常遇见的、用于响应他人言论的一种交互意图。

2．数据来源

　　每一次开展的协作知识建构活动都要求小组对整个活动过程进行录音，因此，协作知识建构过程的分析数据就是这些录音文件。分别选取教育技术学研究生班第三组第一轮"信息素养结构研讨"协作活动录音（时长 41 分钟）和第三轮"信息素养、信息能力与信息技能的关系分析"协作活动录音（时长 53 分钟）作为分析样本，以便对前期和后期协作知识建构的过程进行对比。

3．数据分析

1）量化分析

在量化分析前，需要先做好一些准备工作。第一步，对录音文件进行转稿处理。为了避免分析误差，将两个协作知识建构过程的录音文件转为文字稿。文字稿要完整保存发言人、发言内容、时间轴等信息，以尽可能全面地体现协作知识建构过程；第二步，确定编码的基本单位。在会话分析中，有些研究以原始记录中的句子为分析单位，有些研究以段落为分析单位，还有一些研究则以一轮对话为分析单位。在本研究中，由于协作知识建构过程的交互较为频繁，每句话都体现了特定的交互意图，因此我们以发言中的每一句话作为分析的基本单位；第三步，对转录的文字稿进行编码。第四步，分析编码数据。以下是协作知识建构过程的分析结果。

首先，协作知识建构过程分析的整体情况如表 6-15 所示。从表中的数据可知，前期的协作知识建构过程以信息共享与观点共享为主要特征，占据了整个活动过程六成多的比重（61.54%）；表态类言语是前期协作知识建构过程中的第二大类言语，所占比重为 10.73%；同时，在前期伴随有小部分的论证和协商的言语，所占比重分别为 8.41% 和 10.38%；后期的协作知识建构过程则以观点协商和观点论证为主要特征，两者所占比重（67.62%）超过了整个活动过程的三分之二；共享（18.33%）仍然是后期协作知识建构的第三大类言语，创造与反思的比重在后期也有所增加，而情感与表态则有所下降。综合来看，后期的协作知识建构过程与前期相比，在论证、协商、创造与反思等方面都有所增加，尤其是协商类言语所占比重有较为明显的提升；而共享类言语在后期有所减少。

表 6-15　协作知识建构过程整体情况分析

		共　享	论　证	协　商	创　造	反　思	管　理	情　感	表　态
前期	频次	344	47	58	12	13	3	22	60
	百分比	61.54%	8.41%	10.38%	2.15%	2.33%	0.54%	3.94%	10.73%
后期	频次	103	127	253	19	22	5	8	25
	百分比	18.33%	22.60%	45.02%	3.38%	3.91%	0.89%	1.42%	4.45%

其次，以分钟为时间单位，细化分析协作知识建构的过程，得到图 6-11和图 6-12。

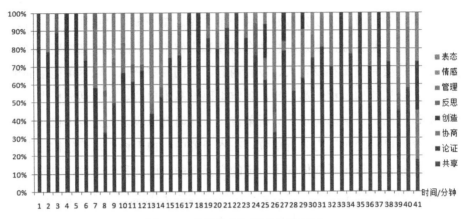

图 6-11　前期协作知识建构过程图

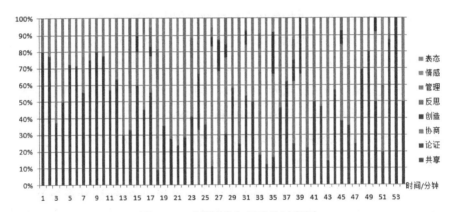

图 6-12　后期协作知识建构过程图

对比前期与后期协作知识建构的详细过程图，可以更加清楚地看到各类言语的具体分布情况。前期的协作知识建构过程以共享为最主要的言语类型，活动的每分钟都产生过共享类言语；除此之外，在前期协作知识建构过程的第 2 分钟、第 4 分钟、第 5 分钟等 22 分钟内产生过论证类言语，在第 7 分钟、第 8 分钟、第 9 分钟等 23 分钟内产生过协商类言语。与前期有所不同的是，后期协作知识建构过程以协商为最主要的言语类型，与前期相比有很大程度的增加，几乎在活动开展的每一分钟都出现了协商类言语，同时，共享类言

语与前期相比有所下降。由此可知，前期的协作知识建构是处于比较肤浅的
表面层次的，在这一阶段，成员之间的互动以信息共享和观点共享为主，缺
乏观点之间的交互与联结，这便导致了最终形成的小组观点要么是所有观点
的简单罗列，要么选取一名成员的观点作为小组观点；而后期的协作知识建
构与前期相比有了深入的发展，成员在冲突、协商、论证的过程中最大化个
人与小组的智慧，在积极协作的过程中推动公共知识的生成。

2）质性分析

通过对前期与后期协作知识建构过程的量化分析，已较为细致地反映了
前期与后期协作知识建构过程的一些特征。为了更进一步提示协作知识建构
过程的规律，我们分别选取了前期与后期协作知识建构过程大约 5 分钟左右
的片断在此呈现（见表 6-16 和表 6-17），对其作以质性的分析。

表 6-16　前期"信息素养结构研讨"片段（14:00—18:40）

14:00	S6:	只说一下结构吧，我之前在找信息的时候发现结构是从两方面来讲的
14:09	S9:	嗯
14:10	S6:	一个就是从理性上、从知识方面来说的，分为了三个结构：信息意识、信息技能、信息伦理这三个方面。/然后再有一个总说法是过程性的，就是统一信息素养的过程，也就是从信息素养的养成分为那几个阶段。/提出了有确定任务、决定决策，然后搜索、获取、加工、利用、合成、展示、鉴赏、评价这几个过程。/这是一个过程性的信息素养结构分法
14:35	S9:	嗯
14:36	S6:	然后下边……下边是另外一种，比较综合一点儿的，就是在前面这个基础上，它又加上了一个，应该就是你（S9）的那部分，加了一个信息知识。/也就是说形成了这四个方面
14:47	S3:	嗯
14:48	S6:	嗯。然后也就是这四个结构，我大致上就是分了这三种，然后就没了。我搜索到的就是这些
14:56	S3:	嗯
14:57	S18:	嗯
14:59	S18:	我提的结构非常少，呵呵（笑声）。/就是那个钟志贤教授的有八个方面的能力，这个是算的吧？我都不太确定它是不是

15:09	S12:	能力……应该是算的
15:11	S18:	算的哈。/那八个特别多，我就不念了，你们也看了。/然后我自己总结了一下，就是看了这么多文献里面，从文献中总结了一下信息素养的结构。/也就是说，信息素养是一种处理信息的综合能力，它包括获取信息、信息应用、评价信息以及伦理道德准则四个方面。/嗯，综合一下这个。然后没了
15:37	S12:	信息道德准则？
15:40	S6:	这个也感觉像是过程性方面的，是吧
15:45	S9:	像我总结的这个信息素养里面，这些可能是二级指标。/我就是还没提炼出一级指标。/ 二级维度，我给大家共享一下。/就是通过那个前面的综述，有信息意识、信息敏感度、信息需求分析。/这几个可能就是一级指标。可以划为一级指标下
16:09	S18:	信息意识
16:11	S9:	对信息的意识观嘛。/第二个是信息获取、批判、组织、运用、迁移与创造。/这个可能就……
16:17	S12:	能力，技能类的
16:21	S9:	这个可能就是偏向于信息的技能观的。/第三个就是反馈与分享、评价、信息伦理和信息案例/这个可能放到这个……
16:29	S6:	那个道德下面。/伦理观，那个道德准则的里面
16:32	S9:	对，差不多
16:29		但是这个评价、反馈与分享应该也算是技能里边吧
16:33	S6:	那可以啊。/这些是可以讨论的
16:44	S6:	喵喵
16:50	S15:	喔，我写的也同样是结构方面。/结构方面一个就是信息需求，然后一个信息意识，一个信息能力，还有一个信息道德，最后一个就是信息免疫。/我觉得应该增加一个信息创新能力。/是不是应该划在信息能力方面。/喔，如果具体说的话就是能够在实践中不断地查找和探究新鲜性。/就是信息需求方面，还有信息意识方面的。/然后就是能够对所获得的信息进行鉴别和分析，就是他（S9）刚提到的那个批判性。/喔，对，就是那个意思。/还有对信息的评估能力，也还是批判性的思考。/就是可以灵活地支配信息、选择信息、拒绝信息。/还有一个就是能够自由地表达自己的思想和观念并且和他人进行分享。/最后一个就是信息创新意识，就是利用所获得的信息然后创造新的信息。/ 就这么多

续表

18:15	S9:	就这一项，我感觉可以当二级维度。/一级维度我们需要提炼出来
18:22	S18:	刚才你自己也总结了一级，/后面你觉得这个应该包括在什么里面，然后你再扩散一下
18:28	S9:	这样才是完整的一级维度
18:33	S3:	那这样吧，我们自己再总结一下维度，然后再综合一下，这样就形成了结构。好吗？
		……

上述研讨过程较为有代表性地反映了前期协作知识建构的典型特征。在前期阶段，学生对协作知识建构的理论和理念不熟悉，致使他们将协作知识建构活动当作短暂的、一般的课堂讨论活动来对待。活动的过程基本都是由成员轮流发表观点，在每位成员观点阐述完毕后，小组内出现一个短暂的交互，即其他成员对刚才的发言进行点评，这时会生成一小部分的论证和协商言语。从学生言论中可以看出，此时在他们的观念中，认为小组的最终知识就是通过"我总结一点，你总结一点，再综合一下"这样的方式形成的。因此，前期的协作知识建构是处于比较肤浅的表面层次的。

表 6-17　后期"信息素养、信息能力与信息技能的关系分析"片断（00:00—06:15）

00:06	S12:	那我给大家说一下我的模型吧。/我之前看一个类似于"冰山"这样的，就是刚刚老师说的这个"冰山"模型。/像我们的知识技能它就属于漂在水面上的显性的东西。/像那个能力的话，就是在水面上和水面下若隐若现的这一块。/那个素养是完全看不到的，在最底下。/冰山的话就分为这三个部分，/我感觉是，我突然想到的
00:44	S18:	我同意这个观点。/但是这个模型我感觉有点太笼统了，就是没有计划，有点概括了
00:58	S9:	我感觉还好
01:04	S3:	没有，我觉得从显性和隐性这方面来划分的话，这种方法不错。/但是如果说我们想要把各方面的那个特点都概括了，/就是说要体现信息素养的范围大于信息能力，大于信息技能，信息技能是能力的基础，能力是信息素养的基础，然后这不两点吗。/还有一个显性和隐性，就这三个特点弄到一个模型怎么弄，我在想这个。/因为这个模型，对显性和隐性有了一定的规划。/但是在范围方面，我认为其实一直挺困难的。/因为如果划得这么清楚，以这边为界限，这

01:04	S3:	一块是若隐若现的能力部分，这一块是信息素养的部分，这一块是信息技能部分，信息素养它的范围是比它大，但是如何能够看到它是一个包含的关系呀
02:36	S12:	没有下面的怎么会有上面的，冰山不是一点点累积上来的吗，下面没有的话就没有上面的
02:43	S3:	它是累积，/这样的累积不是一个单纯的罗列。/那这样的话是不是就把它单纯地罗列了？这一部分是能力，这一部分是技能
03:03	S9:	我明白你的意思。/所以我之前呈现的那个结果是用两个图来做的。/第一个先用这个拓扑图体现的是包含关系，这个图就体现的了发展水平问题
03:14	S6:	嗯，发展水平问题
03:15	S9:	然后第二个图就是就是素养、能力、技能下面所包括的具体内容。/你的意思是把这两种关系整合到一个图里
03:30	S3:	嗯。整合到一个图里，让它更简洁，我是这样想的
03:32	S12:	其实，我觉得这个冰山关系与 S9 画的这个三角形的关系是很吻合的。/它是发展到一定的水平的时候才会浮到水面上来，再慢慢地就会推出到水面上。/像这个技能的话，心理学上有个动机在这里面，/由动机推动慢慢往上涨的话就达到一个技能了。/我是想表达这个关系
04:00	S6:	不是，按你那个想法，这不成了先有素养，然后慢慢长成技能了吗？
04:14	S9:	这个冰山理论我最先是在一本书上看到的，在《教育传播学》那本书上有。/我用这个冰山理论的时候，其实我是解释了这个图，就是只解释了技能与能力的关系。/我当时用的时候觉得这个浮在水面这个外显的知识就是我们讨论的技能，/加上一些隐性知识会是能力。/我当时用冰山图只解释能力与技能之间的关系。当时信息素养还没有用这个图来解释
0456	S18:	我觉得这个冰山理论……我可不可以质疑这个理论？
05:00	S9:	嗯，可以
05:03	S18:	我觉得这个理论不怎么科学。/因为我觉得技能、能力还有素养，是全部看不到的。/ 我觉得都要通过行为，还有所做出的成果或者交流的方式，或者外显的评价才能看出来一个人技能的高低和他的信息素养
05:29	S15:	我赞同
05:35	S18:	我觉得这个理论是不科学的
05:38	S12:	要通过素养的高低才能外显……

续表

| 05:41 | S18: | 我觉得它是外显不了的。/因为它本身不能外显，因为它是一种能力嘛，能力是看不出来的。/只有通过外显、创新出来一种成果，或者是某种行为，或者表达出的某种想法，才能表现出一个人有很高的信息素养，或者体现他的信息技能比较高一点儿 |
| 06:07 | S6: | 那我可不可以说这样一种观点，/就是能力越高，在模型上面显现出来的知识就越多越广。/我感觉这个模型下面基础越大的话，浮现在上面的越多。所以这个冰山一角应该是越来越大的 |

······

　　经过三轮协作知识建构策略的设计与实施，到后期阶段，学生对协作知识建构理论有了大致的理解，明白了协作知识建构活动不等于课堂讨论活动，成员之间需要共同发挥聪明才智来创造属于小组的公共知识。从上述过程可以看出，后期阶段学生言论中的观点交互与观点协商显明增多了。虽然也是从共享信息和观点开始话题的，但是整个过程中他们十分清楚小组最终要实现的目标，是必须在借鉴每位成员智慧的基础上生成小组作品。因此，不会再像前期那样简单罗列观点、综合观点来形成小组知识，而是经过观点冲突、观点论证与协商的过程生成小组知识与作品，从而使协作知识建构的过程走向深入。

6.4　本章小结

　　本章对混合学习环境中协作知识建构策略的实施效果进行了全面的分析。在分析数据之前，澄清了协作知识建构策略的效果分析与传统学习效果分析存在较大差异，从而明确了本章效果分析的分析单元、分析内容及分析方法。在分析单元的选择上同时关注将小组作为分析单元和将个体作为分析单元，以尽量确保协作知识建构的过程得到全面的展现；在分析内容上，混合学习环境中协作知识建构策略实施效果的分析评价从共同体成长分析、空间融合程度分析和协作知识建构效果三个方面开展；在分析方法上，运用社会网络分析、内容分析、话语分析、统计分析等方法，对混合学习环境中协作知识建构策略的实施效果进行了全面的考察。

首先，学习共同体的成长分析从两个方面进行，一方面分析了小组共同体内聚力的发展变化；另一方面，分析了班级共同体成员社会网络关系。分析的结果显示，随着混合学习环境中协作知识建构策略的稳步实施，在小组共同体层面上，所有参与协作知识建构活动的小组，其后期的内聚力指数与前期的内聚力指数存在显著差异，表明三轮策略的完整实施，使得小组内聚力有显著的提高；在班级共同体层面上，不论是网络密度的分析，还是网络中心势的分析，抑或是网络分派指数的分析，各种分析结果都表明，策略的顺利实施推动了班级共同体的逐步形成，班级成员的社会网络关系也得到了进一步的完善与优化。

其次，对空间融合程度的分析由于受制于收集空间融合数据的极大难度，最终只重点关注了面授时段内（也就是课内）线上空间与线下空间的融合。具体通过三方面数据的相互印证来显示策略的实施对空间融合程度的促进作用：（1）通过对在线参与情况的分析表明，在策略实施的后期阶段，打破线上－非面对面与线下－面对面之间的联结关系，推动了学生在课中的在线参与大幅增加，基本形成了课内面对面的线上与线下相互融合的状态。（2）进一步考察课内面对面的线上活动发现，成果展示、互评借鉴、资源共享与人际交往是课内时段开展的最为主要的线上活动。课内时段以上活动在网络空间顺利开展，使相关主题资源得以快速在线上空间共享，也使师生、生生之间的交互冲破了小组的限制，极大地扩展了协作知识建构的覆盖范围，推动了知识建构面向全体学生发展。（3）结合课堂观察与教学录像分析，考察了面对面课堂环境中学生使用技术的具体情况。分析结果表明，随着策略的实施到实践的后期阶段，学生在课堂中使用技术的水平有了显著提高。最为直接的表现是"H1—课内信息交流"、"H2—组间互评绩效"、"H3—制作发布作品"等高级技术使用行为在课程后期所占比例显著提高。

最后，协作知识建构效果的分析从小组协作绩效和协作知识建构过程两

方面进行。小组协作绩效是衡量小组协作成效的重要指标，分析结果显示，
到实践后期阶段，小组的协作绩效与前期相比有了显著提升。这表明混合学
习环境中协作知识建构策略的实施切实提高了小组的协作绩效。同时，对协
作知识建构过程的量化分析和质性分析显示，实践的后期阶段，协作知识建
构的深度与前期相比有了很大程度的提高。最直接的体现是小组成员十分清
楚小组最终要实现的目标是，必须在借鉴每位成员智慧的基础上生成小组作
品。因此，不会再像前期那样简单罗列观点、综合观点来形成小组知识，而
是经过观点冲突、观点论证与协商的过程生成小组知识与作品，从而使协作
知识建构的过程深入发展。

　　总而言之，混合学习环境中协作知识建构策略的有序、稳步实施，有效
地促进了学习共同体的成长，增进了线上空间与线下空间的融合，推动了协
作知识建构的深入发展。

第7章
研究结论与展望

■ 7.1　研究结论
■ 7.2　后续研究展望

本章将对"混合学习环境中协作知识建构策略研究"这一课题所开展的主要研究工作、取得的研究成果、得出的研究结论作一回顾与总结，对后续研究作一展望。

7.1　研究结论

作者以社会文化学习理论、建构主义学习理论、联通主义学习理论和分布式认知理论为指导，采用文献研究、理论分析、基于设计的研究范式，以及课堂观察法、内容分析法、社会网络分析法等方法，展开了以下几个方面的研究：（1）在相关理论的指导下，考察了协作知识建构的三个经典模型，以此为基础，建构了混合学习环境中协作知识建构的模型。（2）在分析和梳理传统协作学习关键要素和计算机支持的协作学习关键要素的基础上，借鉴已有研究思路，从小组组织与管理、协作知识建构和空间融合三个方面出发，提取了混合学习环境中协作知识建构的要素项，并最终确定混合学习环境中协作知识建构的关键要素。（3）为了促进全日制在校大学生在混合学习环境中有效地开展协作知识建构活动，分阶段设计了混合学习环境中协作知识建构的策略体系，并在《教学技能训练》《终身教育学》《信息技术课程》三门课程的教学中具体实施了策略体系。经过三轮"策略设计"—"策略实施"—"策略改进"的迭代循环，逐步完善了策略体系。（4）对混合学习环境中协作知识建构策略的实施效果进行了系统、全面的考察。混合学习环境中协作知识建构策略实施效果的分析从三个方面开展，分别是共同体成长分析、空间融合程度分析及协作知识建构效果分析，得出研究结论。

7.1.1　构建了混合学习环境中协作知识建构的理论模型与组织模型

在社会文化学习理论、建构主义学习理论、联通主义学习理论和分布式认知理论等理论基础的指导下，以 Crawley 协作学习会话模型、Stahl 协作知识建构过程模型和 Smith 协作知识建构的信息流模型三个经典模型为参考,重点依据混合学习环境的特征、协作知识建构的过程要素和两者之间的相互关系建构了混合学习环境中协作知识建构的理论模型与组织模型。

混合学习环境中协作知识建构的理论模型阐释了混合学习环境中协作知识建构的核心是在面对面学习环境与在线学习环境相结合的学习环境中,以学生的全面参与为导向,以线上空间和线下空间的融合为支撑,推动协作知识建构的深入发展。线上与线下空间的相互融合、共同体的逐渐成长和协作知识建构的深入开展三者是相互促进、相互推动、共同发展的。混合学习环境中协作知识建构的组织模型为混合学习环境中协作知识建构活动的具体组织与实施提供了指导,强调了充分发挥混合学习环境的独特优势,合理、细致地安排协作知识建构活动,促进学习共同体的成长、两个空间的融合与协作知识建构的深入发展。混合学习环境中协作知识建构的理论模型与组织模型对研究的组织实施发挥了重要的指导作用。

7.1.2　明确提出了混合学习环境中协作知识建构的关键要素

作者首先详细梳理了与协作知识建构密切相关的传统协作学习的关键要素和计算机支持的协作学习的关键要素,在此基础上,借鉴已有研究成果,从小组组织管理、协作知识建构和空间融合三个方面出发,采用文献研究和内容分析的方法提取了混合学习环境中协作知识建构的要素项 38 个。在提取要素项之后,考虑到由于混合学习方式与协作知识建构两者相结合的实践探索尚处于起步阶段,较为缺乏有力的成功经验和成熟的理论指导。为了从 38 个要素项中确定混合学习环境中协作知识建构的关键要素,便依据这些要素项编制了专家调查问卷,请该领域的专家学者对已提取的各要素项的重要程度给予鉴别,由此确定了混合学习环境中协作知识建构的 19 个关键要素,如表 7-1 所示。这 19 个关键要素切实体现了混合学习环境中协作知识建构的核心本质,也为策略的针对性提出提供了可靠的依据。

表 7-1　混合学习环境中协作知识建构的关键要素

1. 小组目标 1	6. 个体职责	11. 小组作品最优化	16. 面对面的交流
2. 混合学习活动设计	7. 观点收敛	12. 成员关系	17. 冲突解决方式
3. 教师指导	8. 观点陈述	13. 小组作品社会化	18. 意义解释
4. 评价方式	9. 学习共同体	14. 协作平台功能	19. 冲突焦点确认
5. 小组目标 2	10. 数字资源获取	15. 数字资源发布	

7.1.3　设计了混合学习环境中协作知识建构的策略体系

在对混合学习环境中协作知识建构理论深入探讨的基础上，设计了混合学习环境中协作知识建构的策略。考虑到学习者对线上空间和线下空间融合的适应、学习共同体的成长与发展以及协作知识建构的过程都要经历不同的发展阶段，同时，混合学习环境中协作知识建构是以线上空间和线下空间相互融合为大背景，以学习共同体为活动主体，以协作知识建构为核心而开展的，因此设计了在纵向上由"适应策略"、"发展策略"、"深化策略"，横向上由"空间融合策略"、"共同体成长策略"、"知识建构策略"构成的混合学习环境中协作知识建构的策略体系。经过三轮的"策略设计"—"策略实施"—"策略改进"的迭代循环，最终形成了混合学习环境中协作知识建构的完整策略体系，如表 7-2 所示。混合学习环境中协作知识建构策略体系的有序、稳步实施，有效地促进了学习共同体的成长、增进了线上空间与线下空间的融合、推动了协作知识建构的深入发展。

表 7-2　混合学习环境中协作知识建构策略体系

	空间融合适应策略	学习共同体成长适应策略	知识建构策略
适应策略	1. 选择网络协作学习平台 2. 引导学生熟悉运用协作学习平台各项功能 3. 创建小组网络学习空间	1. 创建协作学习小组 2. 明确小组成员个体职责 3. 制定小组学习评价制度	1. 句首词策略 2. 六顶思考帽策略 3. 头脑风暴策略

续表

	空间融合适应策略	学习共同体成长适应策略	知识建构策略
发展策略	1. 课堂活动的安排——公开表达、观点比较、观点冲突、观点协商 2. 网络活动的安排——信息共享、资源共享、小组总结、小组反思和个人反思	1. 向学生解释成功的标准 2. 设计相互依赖关系 3. 鼓励不同层次的参与 4. 强调共享技艺库的建设 5. 强调协调员的合法地位	1. 学习协作知识建构理论 2. 充分准备活动主题相关材料 3. 明确界定术语和迷思概念 4. 基于概念图的观点比较与冲突分析 5. 引发更多相关主题讨论 6. 及时阐明对已有成果的意义解释
深化策略	1. 弱化线上与线下环境的区分 2. 设计空间融合的学习活动	1. 鼓励自组织机制的形成与发展 2. 共同回顾取得的进步 3. 强调整理员的重要作用 4. 设计组间合作与竞争关系 5. 指导组间互评的正确技巧	1. 规定小组协作活动时间 2. 基于支架的小组知识呈现 3. 小组成果的动态展示与互评 4. 基于互评的知识修改与完善

7.2　后续研究展望

混合学习环境中协作知识建构的研究是非常有意义的一个研究领域。通过对该课题近两年的理论研究与实践探索，作者深切感受到本研究在研究方法的运用上没能达到预期的目标。同时作者发现，国内已有的网络协作学习平台在支持面对面环境与网络环境融合方面和支持协作知识建构方面还有可待完善的地方。基于以上认识，作者将在后续研究中重点关注基于信息流的视角和基于空间融合的视角两个方面。

7.2.1　研究方法的继续跟进——基于信息流的视角

混合学习环境中协作知识建构具有典型的分布式认知的特征。在这样一个分布式认知系统中，认知分布于学习者个体内部（之间）、协作小组内部（之间）以及线上和线下两个空间中。因此，信息在两个空间的流动、在学习者个体之间的流动、在协作小组之间的流动是推动空间融合和知识建构的关键所在。如果后续研究能在研究方法上有所突破，对混合学习环境中协作知识建构的效果从信息流的角度进行分析，将是对该领域的一项重大贡献。

7.2.2　协作学习平台的设计与开发——基于空间融合的视角

经历了本课题的研究过程，作者坚信混合学习环境的独特优势使其对协作知识建构的支持作用非单纯的面对面环境或完全的在线环境所能比拟的。而现有的大多数协作学习平台的设计都没有较好地体现如何发挥两个空间的优势来支持协作学习。因此，在后续研究中设计开发基于空间融合的协作学习平台也是一项有意义的工作。

参考文献

外文文献

[1]　Bernard Berelson, Content Analysis in Communication Research[M].New York: The Free Press, 1952.

[2]　C. J. Bonk and C. R. Graham(Eds.), Handbook of Blended Learning: Global Perspectives, Local Designs[M]. San Francisco, CA: Pfeiffer Publishing, 2006.

[3]　Carl Bereiter. Education and Mind in the Knowledge Age[M].Mahwah, NJ: Lawrence Erlbaum, 2002.

[4]　Coelho, E..Learning together in the multicultural classroom[M]. Pippin Publishing Corporation, 1994.

[5]　D. Randy Garrison, Norman D. Vaughans.Blended Learning in Higher Education: Framework, Principles, and Guidelines[M].John Wiley & Sons, Inc., 2008.

[6]　Eggen, P. D.,Kauchak.Strategies and Models for Teachers: Teaching Content and Thinking skills[M]. Allyn & Bacon, 1996.

[7]　Hutchins,E.. Cognition in the wild[M]. The MIT Press, 1995.

[8]　J. Michael Spector, M. David Merrill,Jeroen van Merrienboer, Marcy P.

Driscoll (Eds.). Handbook of Research on Educational Communications and Technology(third Edition). New York: Lawrence Erlbaum Associates, 2008.

[9] Jeffery S. Drysdale, Charles R. Graham, Kristian J. Spring, Lisa R. Halverson.An analysis of research trends in dissertations and theses studying blended learning[J]. Internet and Higher Education, 2013, vol(17):90-100.

[10] Kaye Throne(2003).Blended Learning: How To Integrate Online And Traditional Learning[M].London:Kogan Page, 2003.

[11] Sadhana Puntambekar, Gijsbert Erkens, Cindy Hmelo-Silver. Analyzing Interactions in CSCL: Methodologies, Approaches and Issues[M]., NewYork: Springer, 2011.

[12] Salomon G. ed. Distributed cognitions: psychological and educational considerations[M]. USA: Cambridge University Press, 1993.

[13] Smith, J.B..Collective Intelligence in Computer Based Collaboration, Mahwah, NJ: Lawrence Erlbaum, 1994.

[14] UNESCO Bangkok Office Learning to Live Together: Education Policies and Realities in the Asia-Pacific [M]. Bangkok: Themma Group, 2014.

[15] A.L. Veerman, J.E.B. Andriessen, G. Kanselaar. Collaborative Learning Through Computer-Mediated Argumentation[C]. In the proceedings of the Computer Support for Collaborative Learning Conference, Proceedings of CSCL, 1999.

[16] Baker, M.J. & Lund, K. (1996). Flexibly structuring the interaction in a CSCL environment. In Proceedings of the EuroAIED Conference, 1996: 401-407.

[17] Bannon, L. J. Issues in Computer Supported Collaborative Learning[A]. In C.O'Malley(Ed.) Computer Supported Collaborative Learning[C]. Springer-Verlag, 1995: 267-282.

[18] Blandford, A. E.. Teaching Through Collaborative Problem Solving[J]. Journal of Artificial Intelligence in Education, 1994 vol 5: 51-84.

[19] Charles R.Graham. Blended Learning Environments. In J. Michael Spector, M. David Merrill,Jeroen van Merrienboer, Marcy P. Driscoll (Eds.). Handbook of Research on Educational Communications and Technology (third Edition). New York: Lawrence Erlbaum Associates, 2008: 269-276.

[20] Cindy E. Hmelo-Silver.Analyzing collaborative knowledge construction: multiple methods for integrated understanding[J]. Computers & Education, 2003vol(41): 397-420.

[21] Crawley, R.M.. "Evaluating CSCL-theorists' and users' perspectives." JISC paper in the series: "Towards valid CSCL tools from an educationalist perspective.", 1999.

[22] D. Randy Garrison & Heather Kanuka. Blended learning: Uncovering its transformative potential in higher education [J]. Internet and Higher Education, 2004, vol 7: 95-105.

[23] Definitions of Blended Learning[EB/OL]. http://www.arches.uga.edu/~ mikeorey/blendedLearning/.

[24] Fisher, F., Bruhn, J., Grasel, C., & Mandl, H. Fostering collaborative knowledge construction with visualization Tools [J]. Learning and Instruction, 2002, 12: 212-232.

[25] George Siemens. Connectivism: A Learning Theory for the Digital Age[J]. Instructional technology & distance learning, 2005, 2(1): 3-10.

[26] Graham, C. R. (2006). Blended learning systems: definition,current trends, and future directions. In C. J. Bonk and C. R. Graham(Eds.), Handbook of Blended Learning: Global Perspectives, Local Designs. San Francisco, CA: Pfeiffer Publishing: 3-21.

[27] Gunawardena. Social Presence Theory and Implications for Interaction and Collaborative Learning in Computer Conferences[J]. International Journal of Educational Telecommunications, 1995, vol(2): 147-166.

[28] Halverson.An analysis of research trends in dissertations and theses studying blended learning[J]. Internet and Higher Education, 2013, vol(17): 90-100.

[29] Hansen,T., Dirckinck-Holmfeld,L., Lewis,R., & Rugelj, J.. Using telematics for collaborative knowledge construction [A]. In P.Dillenbourg, Collaborative learning: cognitive and computational approaches [C]. Oxford: Pergamon Press, 1999: 169-196.

[30] Harvey Singh. Building Effective Blended Learning Programs[J]. Educational Technology, 2003, vol(43): 51-54.

[31] Jonassen, D. H.. the collaboration principle in multimedia learning. In R. E. Mayer(Ed.) The handbook of multimedia learning. U.K.. Cambridge University Press, 2005:247-270.

[32] Jung-Chuan Yen, Chun-Yi Lee. Exploring problem solving patterns and their impact on learning achievement in a blended learning environment[J]. Computers & Education, 2011, vol56:138-145.

[33] Kaye, A. R. Computer supported collaborative learning [A]. In Heap, N. , Thomas, R. Einon, G., Mason, R., Mackay, H.(Eds).Information Technology and Society[C]. Sage Publications, 1995:192-210.

[34] Law, N., Wong, E. Developmental Trajectory in Knowledge Building: An Investigation. In: Wason, B., Ludvigsen, S., Hoppe, U. (eds.) Designing for Changing in Networked Learning Environments. Kluwer Academic Publishers, London, 2003.

[35] Marlene Scardamalia, Carl Bereiter.Computer.Support for Knowledge-

Building Communities[J]. The Journal of the Learning Sciences, 1994, Vol(3): 265-283.

[36] Partership for 21st century skills.FRAMEWORK FOR 21ST CENTURY LEARNING [EB/OL]. http://www.p21.org/about-us/p21-framework.

[37] Pumlma Vallathan. Blended Learning Models[EB/OL]. http://www.purnima-valiathan.com/ readings/ Blended- Learning-Models-2002- ASTD.pdf.

[38] Robert E. Slavin. Research on Cooperative Learning and Achievement: What We Know, What We Need to Know[EB/OL]. http://www.aegean.gr/culturaltec/c_karagiannidis/2003-2004/collaborative/slavin1996.pdf.

[39] Robert M. Aiken (2004), Supporting Collaborative Learning with an Intelligent Web-based System [DB/OL]. http://www.ie.iwi.unibe.ch/aktuell/resource/aiken/aiken_collaborative_presentation.pdf.

[40] Rogers Y. A brief introduction to distributed cognition[EB/OL]. http://mcs.open.ac.uk/yr258/papers/dcog/dcog-brief-intro.pdf.

[41] Russel T. Osguthorpe & Charles R. Graham.Blended learning environments: definitions and directions[J].The Quarterly Review of Distance Education, 2003,vol4:227-233.

[42] Scardamalia, M., & Bereiter, C. . Knowledge building: Theory, pedagogy, and technology. In K. Sawyer (Ed.), Cambridge Handbook of the Learning Sciences. New York: Cambridge University Press, 2006: 97-115.

[43] Scardamalia, M., Bereiter, C., & Lamon, M.. The CSILE Project: Trying to Bring the Classroom into World 3 [A]. K. Mcgilly (Ed.).Classroom LessonsIntegrating Cognitive Theory and Classroom Practice [C].CA: The MIT Press, 1994:201-228.

[44] Scardamalia, M., Bereiter, C.. Knowledge Building. In Encyclopedia of

Education (2nd edition)[M]. New York: Macmillan Reference, 2003, 1370-1373.

[45] Scardamalia, M., Bereiter, C..A brief history of knlwledge building[J]. Canadian Journal of Learning and Technology, 2010, vol36:2-16.

[46] Seel, N. M. Models of Instructional Design: Introduction and Overview[A]. In R. D. Tennyson, F. Schott, N. M. Seel, S. Dijkstra (Eds.), Instructional Design: International Perspectives Vol1:Theory, Research and Models[M]. Mahwah, NJ: Lawrence Erlbaum Associates, Inc. 1997.

[47] Siobhan Smyth. Catherine Houghton, Adeline Cooney, Dympna Casey. Blended learning in higher education: Students' experiences of blended learning across a range of postgraduate programmes [J].Nurse Education Today, 2012,vol32:464-468.

[48] Slavin, R. E..Cooperative learning[J]. Review of educational research, 1980, vol(50):315.

[49] SRI International for Microsoft Worldwide Public Sector(2010). The Microsoft Innovative Schools Program Year 2 Evaluation Report[R]. Redmond, WA: Partners in Learning Program [DB/OL]. http://www.itlresearch.com/images/stories/reports/isp_year_2_eval_full_report%20final.pdf.

[50] Stahl, G. Building collaborative knowing: Elements of a social theory of CSCL. In J.-W. Strijbos, P. Kirschner & R. Martens (Eds.), What we know about CSCL: And implementing it in higher education. Boston, MA: Kluwer Academic Publishers, 2004: 53-86.

[51] Stahl, G.Meaning and interpretation in collaboration. Proceedings of CSCL 2003.

[52] Stahl, G. Reflections on WebGuide: Seven Issues for the Next Generation of

Collaborative Knowledge-Building Environments. In C. M. Hoadley and J. Roschelle (Eds.), Proceedings of the Computer Support for Collaborative Learning(CSCL) 1999 Conference, 1999:600-610.

[53] Stahl,G. A Model of Collaborative Knowledge Building [A].In B.Fishman &S.O'Connor Divelbiss (Eds.), Fourth International Conference of the Learning Sciences [C].Mahwah, NJ:Erlbaum, 2002: 70-77.

[54] U.S. Department of Education, Office of Planning, Evaluation, and Policy Development. Evaluation of Evidence-Based Practices in Online Learning: A Meta-Analysis and Review of Online Learning Studies[R]. Washington, D.C., 2010.

[55] U.S.Department of Education, Office of Planning, Evaluation, and Policy Development. Evaluation of Evidence-Based Practices in Online Learning: A Meta-Analysis and Review of Online Learning Studies[R].Washington, D.C., 2010.

[56] Wang,F.& Hannafin,M.J. Design-based research and technology-enhanced learning environments [J]. Educational Technology Research & Development, 2005, 53(4):5-23.

[57] Young，J.R.."Hybrid" Teaching Seeks To End the Divide between Traditional and Online Instruction.[J]. Chronicle of Higher Education, 2002, 48(28): A33-A34.

[58] Zhang, Jianwei., Hong, Huang-Yao., Scardamalia, Marlene., Teo,Chew Lee & Morley, Elizabeth A.. Sustaining knowledge building as a principle-based innovation at an elementary school[J]. Journal of the Learning Science, 2011, vol(20):289.

中文文献

[59] 阿兰·柯林斯，理查德·哈尔弗森. 数字革命与美国的学校教育[M]. 上海：华东师范大学出版社，2012.2.

[60] 埃蒂纳·温格. 实践社团：学习型组织知识管理指南[M]. 边婧译. 北京：机械工业出版社，2003.9.

[61] 边玉芳. 教育心理学[M]. 杭州：浙江教育出版社，2009.5.

[62] 博诺. 六项思考帽[M]. 冯杨译. 太原：山西人民出版社，2008.3.

[63] 查尔斯·M·赖格卢斯. 教学设计的理论与模型 教学理论的新范式 第 2 卷[M]. 北京：教育科学出版社，2011.1.

[64] 大卫·W·约翰逊，罗格·T·约翰逊，卡尔·A·史密斯. 合作性学习的原理与技巧[M]. 刘春红，等，译. 北京：机械工业出版社，2001.8.

[65] 大卫·W·约翰逊，罗杰·T·约翰逊，爱迪斯·约翰逊·贺路伯. 合作性学习 ABC[M]. 魏陆，等，译. 上海：上海科学普及出版社，2006.7.

[66] 大卫·W·约翰逊，罗杰·T·约翰逊，爱迪斯·约翰逊·贺路伯. 合作性学习进阶——培养学生积极化解冲突的能力[M]. 魏陆，等，译. 上海：上海科学普及出版社，2008.9.

[67] 大卫·W·约翰逊，罗杰·T·约翰逊，爱迪斯·约翰逊·贺路伯. 合作性学习进阶——学习的圈子[M]. 魏陆，等，译. 上海：上海科学普及出版社，2008.9.

[68] 戴尔. H. 申克. 学习理论（第六版）[M]. 南京：江苏教育出版社，2012.3.

[69] 戴维. H. 乔纳森. 学习环境的理论基础[M]. 郑太年，译. 上海：华东师范大学出版社，2002.9.

[70] 董海军. 社会调查与统计[M]. 武汉：大学出版社，2009.8.

[71] 高文. 教学模式论[M]. 上海：上海教育出版社，2002.2.

[72] 何克抗，林群芬，张文兰. 教学系统设计[M]. 北京：高等教育出版社，2006.4.

[73] 黄启兵. 大众化高等教育质量保障 基于知识的解读[M]. 北京：北京师范大学出版社，2011.

[74] 黄荣怀，周跃良，王迎. 混合学习的理论与实践[M]. 北京：高等教育出版社，2006.

[75] 黄荣怀. 计算机支持的协作学习：理论与方法[M]. 北京：人民教育出版社，2003.

[76] J·莱夫，E·温格. 合法的边缘性参与[M]. 王文静，译. 上海：华东师范大学出版社，2004.1.

[77] 联合国教科文组织. 教育——财富蕴藏其中[M]. 北京：教育科学出版社，1996.3.

[78] 梁小筠，祝大平. 抽样调查的方法和原理[M]. 上海：华东师范大学出版社，1994.12.

[79] 刘军. 整体社会网络分析讲义：UCINET 软件实用指南[M]. 上海：格致出版社，2009.

[80] 刘兴富. 现代教育理论选讲[M]. 沈阳：东北大学出版社，2009.1.

[81] 罗伯特·D. 坦尼森. 教学设计的国际观第 1 册 理论·研究·模型[M]. 任友群，等，译. 北京：教育科学出版社，2005.10.

[82] 皮亚杰. 发生认识论原理[M]. 王宪钿，等，译. 北京：商务印书馆，2009.4.

[83] 任剑锋，马池珠，刘菁. 现代教育技术基础教程[M]. 北京：首都师范大学出版社，2010.6.

[84] 邵光华，张振新．教育研究方法[M]．北京：高等教育出版社，2012.2.

[85] 石冠峰．团队边界管理、凝聚力和效能间关系研究[M]．北京：经济管理出版社，2011.5.

[86] 索耶．剑桥学习手册[M]．徐晓东，等，译．北京：教育科学出版社，2010.4：526-528.

[87] 宋林飞．社会调查研究方法[M]．南京：江苏教育出版社，2009.9.

[88] 唐卫海，刘希平．教育心理学[M]．天津：南开大学出版社，2005.11.

[89] 王晨．课堂教学技能[M]．北京：中国文史出版社，2005.1.

[90] 王坦．合作学习——原理与策略[M]．北京：学苑出版社，2001.10.

[91] 维果茨基．维果茨基教育论著选（第二版）[M]．余震球，选译．北京：人民教育出版社，2005.1.

[92] 吴义生．系统科学概论[M]．北京：中共中央党校出版社，1996.10.

[93] 武法提．网络教育应用[M]．北京：高等教育出版社，2011.5.

[94] 谢幼如．信息技术与小学课程整合[M]．北京：高等教育出版社，2007.6.

[95] 杨德慧．策略规划与设计[M]．北京：首都经济贸易大学出版社，2013.1.

[96] 野中郁次郎．知识经营的魅力：知识管理与当今时代[M]．赵群，译．北京：中信出版社，2012.1.

[97] 叶瑞祥．学习学概论[M]．广州：广东高等教育出版社，1997.12.

[98] 袁方．社会研究方法教程[M]．北京：北京大学出版社，1997.

[99] 詹泽慧．混合学习活动系统设计：策略与应用效果[M]．广州：华南理工大学出版社，2011.3.

[100] 赵建华．计算机支持的协作学习[M]．上海：上海教育出版社，2006.6.

[101] 赵健. 学习共同体的建构[M]. 上海：上海教育出版社，2008.8.

[102] 周晓虹. 现代社会心理学 社会学、心理学和文化人类学的综合探索 [M]. 南京：江苏人民出版社，1991.3.

[103] 佐藤学. 学校的挑战：创建学习共同体[M]. 钟启泉，译. 上海：华东 师范大学出版社，2010.

[104] 曹俏俏，张宝辉. 知识建构研究的发展历史——理论－技术－实践的三 重螺旋[J]. 现代远距离教育，2013（1）：14-22.

[105] 陈柏华. 论课程行动研究——兼论头脑风暴法和中立主席法[J]. 外国教 育研究，2001（8）：32-37.

[106] 陈纯槿，王红. 混合学习与网上学习对学生学习效果的影响——47 个实 验和准实验元分析[J]. 开放教育研究，2013（4）：69-78.

[107] 陈茹，刘文艳，万龄，姜海洲. 论教学策略的内涵、结构及地位[J]. 高 等工程教育研究，2006 年增刊：68-70.

[108] 陈卫东，刘欣红，王海燕. 混合学习的本质探析[J]. 现代远距离教育， 2010（5）：30-33.

[109] 陈斌，李晓华. 教学设计：从远程教育到第二代在线学习——与加拿大 远程教学设计专家迈克尔·鲍尔对话[J]. 中国电化教育，2011（2）：1-5.

[110] David H.Jonassen. 基于良构和劣构问题求解的教学设计模式（上）[J]. 钟志贤，等，编译. 电化教育研究，2003（10）：33-39.

[111] David H. Jonassen. 基于良构和劣构问题求解的教学设计模式（下）[J]. 钟 志贤，等，编译. 电化教育研究，2003（11）：61-66.

[112] 甘永成. Web 协作学习与 CSCL 的应用研究[J]. 中国远程教育，2003（1）： 54-57.

[113] 甘永成. 论虚拟学习社区中的知识建构[J]. 中国远程教育，2006（2） 上：17-21.

[114] 甘永成. 虚拟学习社区中的知识建构和集体智慧研究[D]. 华东师范大学博士学位论文, 2004.4.

[115] 干静枫, 唐小云. 维果茨基认识论和方法论的研究[J]. 湖南社会科学, 2012（9）: 37-40.

[116] 高文. 维果茨基心理发展理论与社会建构主义[J]. 外国教育资料, 1999（8）: 10-14.

[117] 国务院. 国家中长期人才发展规划纲要（2010－2020 年）[DB/OL]. http: //www.gov.cn/jrzg/2010-06/06/content_1621777.htm.

[118] 何克抗. 从 Blendeing learning 看教育技术理论的新发展（上）[J]. 中国电化教育, 2004（3）: 5-10.

[119] 何克抗. 从 Blending Learning 看教育技术理论的新发展[J]. 国家教育行政学院学报, 2005（9）: 37-48.

[120] 何克抗. 对美国《教育传播与技术研究手册》（第三版）的学习与反思之五——由"技术研究取向变化"所引发的关于"教育技术本质及未来发展"的争论[J]. 电化教育研究, 2013（11）: 34-45.

[121] 何锡江. 混合模式应用于培训教育的研究[D]. 华南师范大学, 2005.5.

[122] 黄荣怀, 马丁, 郑兰琴, 张海森. 基于混合式学习的课程设计理论[J]. 电化教育研究, 2009（1）: 9-14.

[123] 黄荣怀. CSCL 的理论与方法[J]. 电化教育研究, 1999（6）: 21-30.

[124] 焦建利. 基于设计的研究: 教育技术学研究的新取向[J]. 现代教育技术, 2008（5）: 5-11.

[125] 柯清超. 面向混合学习的教师教育技术能力培训模式研究[J]. 电化教育研究, 2008（2）: 58-62.

[126] 柯小华，李红波. 试探析"基于设计的研究"的理论归属[J]. 开放教育研究，2008（4）：53.

[127] 况姗芸，周国林. 利用"六项思考帽"促进 BBS 研讨的实证研究[J]. 现代教育技术，2010（1）：101-104.

[128] 梁文鑫，余胜泉. 基于设计的研究的过程与特征[J]. 电化教育研究，2006（7）：19-21.

[129] 廖春燕. 混合学习模式下的教师角色期待研究[J]. 湖北成人教育学院学报，2009（5）：6-7.

[130] 刘黄玲子，黄荣怀. CSCL 中的交互研究[J]. 电化教育研究，2005（5）：9-17.

[131] 刘黄玲子. 基于交互分析的协同知识建构过程研究[D]. 北京师范大学博士论文，2006.

[132] 刘小强. 高等教育教学质量建设的新方向——高等教育教学质量建设的微观深层研究[J]. 中国高教研究，2010（10）：89-91.

[133] 刘学忠. 大学生创新精神与创新能力的培养[J]. 教育研究，2008（1）：103-105.

[134] 彭绍东. 从面对面的协作学习、计算机支持的协作学习到混合式协作学习[J]. 电化教育研究，2010（8）：42-50.

[135] 乔海曙，李远航. 大学生创新能力培养研究综述[J]. 大学教育科学，2008（1）：20-23.

[136] 任剑锋. 非面对面 CSCL 交互行为促进策略研究[D]. 华南师范大学博士学位论文，2006.5.

[137] 时长江，刘彦朝. 课堂学习共同体的意蕴及其建构[J]. 教育发展研究，2008（24）：26-30.

[138] 谭志敏，郭亮. 头脑风暴在教学中的运用及其注意要点[J]. 继续教育研究，2007（5）：142-144.

[139] 童慧，杨彦军. ICT 支持的人类学习方式的发展与变革[J]. 电化教育研究，2013（5）：25-30.

[140] 托娅，夏志兰. 教育的"四大支柱"对少数民族高层次人才培养的启示[J]. 内蒙古师范大学学报（教育科学版），2008（11）：11-13.

[141] 王文静. 基于设计的研究：教育研究范式的创新[J]. 教育理论与实践，2010（8）：3-6.

[142] 王佑镁，祝智庭. 从联结主义到联通主义：学习理论的新取向[J]. 中国电化教育，2006（3）：5-9.

[143] 王佑镁. 协同学习技术系统中的知识建构动力学机制研究[J]. 电化教育研究，2011（2）：20-24.

[144] 王佑镁. 协同学习系统的建构与应用研究[D]. 华东师范大学博士学位论文，2009.4.

[145] 王志军，陈丽. 联通主义学习理论及其最新进展[J]. 开放教育研究，2014（3）：11-28.

[146] 吴康宁. 教育社会学视野中的班级：事实分析及其价值选择——兼与谢维和教授商榷[J]. 教育研究，1999（7）：42-48.

[147] 吴涛，顾月琴. 试析 CSCL 的理论基础及协作原则[J]. 教学研究，2009（3）：9-17.

[148] 西蒙斯，李萍. 关联主义：数字时代的一种学习理论[J]. 全球教育展望，2005（8）：9-13.

[149] 谢盛文. 全面性混合学习环境中实体与网路同步群体班级气氛与学习成效之比较分析[R]. "中国台湾行政院国家科学委员会"辅助专题研究计划成果报告，2008.10.

[150] 谢维和. 班级：社会组织还是初级群体[J]. 教育研究，1998（11）：19-24.

[151] 谢维和. 论班级活动中的管理主义倾向——兼答吴康宁教授的商榷文章[J]. 教育研究，2000（6）：54-59.

[152] 谢幼如，宋乃庆，刘鸣. 基于问题的网络课堂协作知识建构模式[J]. 电化教育研究，2010（1）：36-38.

[153] 谢幼如，宋乃庆，刘鸣. 网络课堂协作知识建构的群体动力探究[J]. 电化教育研究，2009（2）：55-58.

[154] 谢幼如. 网络课堂协作知识建构模式研究[D]. 西南大学，2009.

[155] 薛焕玉. 对学习共同体理论与实践的初探[J]. 中国地质大学学报（社会科学版），2007（1）：1-10.

[156] 闫寒冰. 信息化教学的学习支架研究[J]. 中国电化教育，2003.11：18-21.

[157] 杨彦军. 面向区域在职教师协同成长的虚拟学习社区建设研究[D]. 西北师范大学硕士学位论文，2010.5.

[158] 于小涵，李恒威. 认知和心智的边界——当代认知系统研究概观[J]. 自然辩证法通讯，2011（2）：23-28.

[159] 余亮，黄荣怀. 在线协作学习支持平台的历史、现状及研究趋势[J]. 电化教育研究，2009（12）：54-58.

[160] 詹泽慧，李晓华. 混合学习：定义、策略、现状与发展趋势——与美国印第安纳大学柯蒂斯·邦克教授的对话[J]. 中国电化教育，2009（12）：1-5.

[161] 张建伟. 基于问题解决的知识建构[J]. 教育研究，2000（10）：58-62.

[162] 张建伟. 知识的建构[J]. 教育理论与实践，1999（7）：48-53.

[163] 张力，章国英. 以混合学习模式实现创造性学习的设计方法[J]. 中国医学教育技术，2006（1）：59-63.

[164] 张丽. 在线实践共同体培育策略研究[D]. 华东师范大学博士学位论文, 2011.4.

[165] 张文兰, 刘俊生. 基于设计的研究——教育技术学研究的一种新范式[J]. 电化教育研究, 2007（10）: 13-17.

[166] 张学波, 郑志华. 协作知识建构的社会网络分析[J]. 开放教育研究, 2009（8）: 43-47.

[167] 张义兵, 陈伯栋, Marlene Scardamalia, Carl Bereier. 从浅层建构走向深层建构——知识建构理论的发展及其在中国的应用分析[J]. 电化教育研究, 2012（9）: 5-12.

[168] 张义兵. 美国的"21世纪技能"内涵解读——兼析对我国基础教育改革的启示[J]. 比较教育研究, 2012（5）: 86-90.

[169] 张玉茹. 混成学习对大学生研究计划写作态度、写作品质与班级气氛的影响[J]. 中国台湾教育科学研究期刊, 2009, 54（1）: 143-177.

[170] 张云. 让小组头脑风暴变得更有效[J]. 现代教育论丛, 2010（11）: 17-20.

[171] 张云. 头脑风暴法作为一种教学法的研究[D]. 杭州师范大学硕士学位论文, 2011.4.

[172] 赵呈领, 疏凤芳, 万力勇. 基于社会性软件的混合学习在免费师范生教育技术能力培养中的应用研究[J]. 现代远距离教育, 2012（1）: 62-68.

[173] 赵国栋, 原帅. 混合式学习的学生满意度及影响因素研究[J]. 中国远程教育, 2010（6）: 32-38.

[174] 赵海霞. 网络环境下基于问题的协作知识建构设计与实践[J]. 中国电化教育, 2013（1）: 100-105.

[175] 赵建华, David McConnel. 网络学习中的协作知识建构[J]. 外语电化教学, 2007（6）: 38-46.

[176] 赵建华. CSCL 的原理与基本结构（上）[J]. 电化教育研究，2003（6）：21-24.

[177] 赵建华. CSCL 的原理与基本结构（下）[J]. 电化教育研究，2003（6）：22-27.

[178] 赵建华. Web 智能协作学习系统构建的理论与方法[D]. 华南师范大学，2002.10.

[179] 赵建华. 知识建构的原理与方法[J]. 电化教育研究，2007（5）：9-15.

[180] 赵健. 学习共同体——关于学习的社会文化分析[D]. 华东师范大学博士学位论文，2005.4.

[181] 中华人民共和国财政部. 财政部 教育部关于印发《高等学校本科教学质量与教学改革工程专项资金管理暂行办法》的通知[J]. 中华人民共和国财政部文告，2008（2）：35-37.

[182] 钟启泉. "课堂互动"研究：意蕴与课题[J]. 教育研究，2010（10）：74-80.

[183] 周国梅，傅小兰. 分布式认知——种新的认知观点[J]. 心理科学进展，2002（2）：147-153.

[184] 周南照. 二十一世纪教育的四大支柱[J]. 世界教育信息，2010（1）：32-35.

[185] 庄慧娟，柳婵娟. 基于解释的协作知识建构过程模型[J]. 现代教育技术，2008（9）：19-22.

[186] 莊谦本，谢念慈，黄议正，吕伟慈. 不同比例实虚混合学习策略在学习效果之探讨——以高职电子学课程为例[J]. 内湖高工学报，2013（4）：113-124.

[187] 邹景平. 睡着的巨人——混合学习[J]. 中国远程教育，2005（7上）：28-29.

附 录

附录 A：混合学习环境中协作知识建构的要素专家征询表

尊敬的老师：

您好！为了分析混合学习环境中影响协作知识建构质量的关键要素，我们组织了本次问卷调查。问卷中的有关项目是经过文献研究和内容分析得出的。希望您根据已有的经验与知识，对有关项目的重要程度进行等级判定，帮助我们明确混合学习环境中协作知识建构的关键要素。非常感谢您的支持！

一、个人信息

1. 您所在学校名称：

2. 您的主要研究领域是：

3. 您的职称是：

A. 教授　　　　　B. 副教授　　　　　C. 讲师　　　D. 其他

4. 您的学历是：

A. 博士研究生　　　　B. 硕士研究生　　　C. 其他

5. 您在混合学习环境中开展教学（或参与学习）的经历大多属于哪种情况？

A. 多媒体教学（PPT、E-mail、QQ群等简单工具）

B. 面授为主的网络辅助教学（在线讨论、网络资源、教学管理）

C. 基于多终端平台的全面混合教学（线上线下、课内课外相融合）

D. 基于网络课程（MOOC、爱课程等）的翻转课堂

6. 您是否有实施协作知识建构活动的经验（开展教学、参与活动、指导实验）？

A. 有　　　　　　　B. 无

7. 您对协作知识建构的相关理论是否熟悉（如阅读过相关文章或书籍）？

A. 熟悉　　　　　　B. 不熟悉

8. 您是否开展过与协作知识建构相关的研究工作（如发表过相关文章、申报相关课题）？

A. 是　　　　　　　B. 否

二、请根据您的理解与经验，对以下各项关于混合学习环境中影响协作知识建构质量的描述做出重要程度的判定。

序号	详细描述	5非常重要 4重要 3一般 2不重要 1非常不重要
1	每次协作学习活动有明确的任务或目标	
2	小组成员对协作学习目标有较高的共识	
3	小组活动中每个成员有明确的责任分工	
4	学习小组内成员之间有荣辱与共的团队意识	
5	每个学习小组内有引领型的成员	
6	既能保证组内公平又能增强小组凝聚力的评价方式	
7	每个学习小组的成员规模设置合理（5人左右）	
8	学习小组内各成员之间有相同的知识能力背景	
9	学习小组内各成员之间的知识能力结构能够互补	
10	每个学习小组有相对固定的成员并能持续较长时间（1学期）	
11	小组内对讨论问题及相关术语有明确一致的认识	
12	小组讨论中每个成员有机会公开陈述自己的观点	
13	小组内及时发现不同成员发言内容的区别和联系	
14	成员间通过互问互答的形式引发更多任务相关讨论	
15	小组内及时发现讨论中出现的错误概念	

续表

序号	详细描述	5非常重要 4重要 3一般 2不重要 1非常不重要
16	小组讨论中成员能够明确彼此观点之间差异的焦点所在	
17	小组讨论中成员能够找出彼此之间观点冲突产生的原因	
18	小组解决冲突时选择正面解决而不是简单回避的方式	
19	小组成员及时阐明自己对小组已有认知成果的最新理解	
20	每个成员观点的总结与升华，最终形成小组知识	
21	小组对认知成果至少以文字的形式进行外显表达	
22	小组对认知成果以凝练的形式进行表达（如图表、模板、绘画、公式）	
23	阶段性小组作品的组间展示、互评与解答	
24	在组间互评的基础上对小组作品的修改完善	
25	小组成员对本阶段协作知识建构活动成功与不足之处的评价	
26	小组成员对下一阶段协作学习活动的改进计划	
27	小组内对每个成员所提供信息有用性的准确评估	
28	协作学习活动的任务属性（良构/劣构、长期/短期等）	
29	小组的注意力始终聚焦于小组任务而不跑题	
30	每个小组成员在整个小组活动中的认知参与水平	
31	学校的网络基础设施支持学生设备的便捷接入	
32	学生拥有开展全面混合学习的设备（如个人电脑和移动终端设备）	
33	协作学习平台支持多终端访问（APP、桌面应用、Web 页面访问）	
34	协作学习平台具备支持协作知识建构活动的工具（同步异步讨论、共同编辑、富媒体功能等）	
35	促进知识建构的混合学习活动设计	
36	学生方便快捷地获取与讨论议题相关的各类数字资源	
37	学生方便快捷地共享获取到的数字资源或发布小组作品	
38	学生及时获取网络学习平台最新活动进展	
39	教师在混合学习环境中对学生的引导与反馈	
40	线上、线下协作活动中以小组为单位的学习共同体的形成	
41	小组成员之间面对面的相互鼓励、相互帮助、相互支持	

三、您认为混合学习环境中影响协作知识建构质量的要素还应该包括哪些？

要素 1＿＿＿＿＿＿＿＿＿＿＿＿＿＿＿＿＿＿＿＿＿＿＿＿＿＿

要素 2＿＿＿＿＿＿＿＿＿＿＿＿＿＿＿＿＿＿＿＿＿＿＿＿＿＿

要素 3＿＿＿＿＿＿＿＿＿＿＿＿＿＿＿＿＿＿＿＿＿＿＿＿＿＿

要素 4＿＿＿＿＿＿＿＿＿＿＿＿＿＿＿＿＿＿＿＿＿＿＿＿＿＿

要素 5＿＿＿＿＿＿＿＿＿＿＿＿＿＿＿＿＿＿＿＿＿＿＿＿＿＿

附录 B：专家问卷统计结果

题目/选项	5 非常重要	4 重要	3 一般	2 不重要	1 非常不重要	平均分	标准差
（1）每次协作学习活动有明确的任务或目标	43	2	0	0	0	4.96	0.21
（2）小组成员对协作学习目标有较高的共识	21	20	4	0	0	4.38	0.65
（3）小组活动中每个成员有明确的责任分工	23	16	6	0	0	4.38	0.72
（4）学习小组内成员之间有荣辱与共的团队意识	14	24	7	0	0	4.16	0.67
（5）每个学习小组内有引领型的成员	12	20	11	2	0	3.93	0.84
（6）既能保证组内公平又能增强小组凝聚力的评价方式	21	22	2	0	0	4.42	0.58
（7）每个学习小组的成员规模设置合理（5人左右）	7	27	11	0	0	3.91	0.63
（8）学习小组内各成员之间有相同的知识能力背景	3	7	20	13	2	2.91	0.95
（9）学习小组内各成员之间的知识能力结构能够互补	10	14	17	4	0	3.67	0.93
（10）每个学习小组有相对固定的成员并能持续较长时间（1学期）	3	22	12	7	1	3.42	0.92
（11）小组内对讨论问题及相关术语有明确一致的认识	7	22	8	7	1	3.6	1.01
（12）小组讨论中每个成员有机会公开陈述自己的观点	16	27	2	0	0	4.31	0.56
（13）小组内及时发现不同成员发言内容的区别和联系	10	23	9	3	0	3.89	0.83
（14）成员间通过互问互答的形式引发更多任务相关讨论	8	26	11	0	0	3.93	0.65
（15）小组内及时发现讨论中出现的错误概念	7	27	11	0	0	3.91	0.63
（16）小组讨论中成员能够明确彼此观点之间差异的焦点所在	12	22	11	0	0	4.02	0.72

续表

题目/选项	5 非常 重要	4 重要	3 一般	2 不重要	1 非常不 重要	平均分	标准差
（17）小组讨论中成员能够找出彼此之间观点冲突产生的原因	12	20	13	0	0	3.98	0.75
（18）小组解决冲突时选择正面解决而不是简单回避的方式	12	23	10	0	0	4.04	0.71
（19）小组成员及时阐明自己对小组已有认知成果的最新理解	13	21	10	1	0	4.02	0.78
（20）每个成员观点的总结与升华，最终形成小组知识	20	20	4	1	0	4.31	0.73
（21）小组对认知成果至少以文字的形式进行外显表达	10	20	13	2	0	3.84	0.82
（22）小组对认知成果以凝练的形式进行表达（如图表、模板、绘画、公式）	15	14	16	0	0	3.98	0.84
（23）阶段性小组作品的组间展示、互评与解答	16	19	10	0	0	4.13	0.76
（24）在组间互评的基础上对小组作品的修改完善	13	28	4	0	0	4.2	0.59
（25）小组成员对本阶段协作知识建构活动成功与不足之处的评价	8	24	13	0	0	3.89	0.68
（26）小组成员对下一阶段协作学习活动的改进计划	9	25	10	1	0	3.93	0.72
（27）小组内对每个成员所提供信息有用性的准确评估	8	25	11	1	0	3.89	0.71
（28）协作学习活动的任务属性（良构/劣构、长期/短期等）	13	16	14	1	1	3.87	0.94
（29）小组的注意力始终聚焦于小组任务而不跑题	11	20	14	0	0	3.93	0.75
（30）每个小组成员在整个小组活动中的认知参与水平	7	28	8	2	0	3.89	0.71
（31）学校的网络基础设施支持学生设备的便捷接入	11	18	15	1	0	3.87	0.81

续表

题目/选项	5 非常 重要	4 重要	3 一般	2 不重要	1 非常不 重要	平均分	标准差
（32）学生拥有开展全面混合学习的设备（如个人电脑和移动终端设备）	12	20	11	2	0	3.93	0.84
（33）协作学习平台支持多终端访问（APP、桌面应用、Web 页面访问）	9	18	14	3	1	3.69	0.95
（34）协作学习平台具备支持协作知识建构活动的工具（同步异步讨论、共同编辑、富媒体功能等）	15	21	8	0	1	4.09	0.85
（35）促进知识建构的混合学习活动设计	28	15	2	0	0	4.58	0.58
（36）学生方便快捷地获取与讨论议题相关的各类数字资源	12	31	2	0	0	4.22	0.52
（37）学生方便快捷地共享获取到的数字资源或发布小组作品	10	29	6	0	0	4.09	0.60
（38）学生及时获取网络学习平台最新活动进展	7	28	9	1	0	3.91	0.67
（39）教师在混合学习环境中对学生的引导与反馈	29	12	4	0	0	4.56	0.66
（40）线上、线下协作活动中以小组为单位的学习共同体的形成	18	22	5	0	0	4.29	0.66
（41）小组成员之间面对面的相互鼓励、相互帮助、相互支持	14	21	9	1	0	4.07	0.78

附录 C：学生访谈提纲

（1）你认为通过本学期《教学技能训练》课程的学习是否对班级同学之间的关系产生了某些影响？

（2）如果产生了某些积极的影响，这些影响具体表现在哪些方面（请举例说明）？

（3）你认为课程教学中教师（或同学）的哪些具体做法（行为或要求）致使班级同学关系发生变化？

（4）与课程刚开始实施相比，学期后半部分中，你们小组成员之间通过共享与协商来创作小组作品的效率是否有所提高？

（5）如果有一定程度的提高，你认为你们小组能够快速形成小组作品的原因是什么？

（6）你认为采用"网络协作平台+课堂小组协作活动"的混合学习方式，对你自身的学习和发展是否产生过哪些积极的影响？

（7）如果产生了积极的影响，这些积极的影响具体体现在哪些方面？请举例说明。

（8）以后如果有机会，你还会采用在线学习和传统学习相结合的方式进行学习吗？

附录 D：班级成员人际关系调查表

你的姓名：

在平时的学习和生活中，你与班里的哪些小伙伴联系最为密切呢？请在表格中填入数字 1～10，10 表示联系最密切，1 表示联系最少。（前测）

编　　号	姓　　名	最密切 10　　最疏远 1
1	WJN	
2	WQX	
3	HX	
4	ZZT	
5	WFY	
6	WN	
7	WYF	
8	RSQ	
9	LJ	
10	LY	
11	WMX	
12	LTT	
13	XMJ	
14	ZML	
15	LGC	
16	WXL	
17	CYT	
18	ZXT	
19	DY	
20	JDJ	
21	HHT	

编　号	姓　名	最密切 10　　最疏远 1
22	YB	
23	ZTT	
24	RF	
25	LYT	
26	WY	
27	GWW	
28	DDH	
29	GQF	
30	LY	

你的姓名：

经过一学期的接触与磨合，你与班级小伙伴的关系如何呢？依据关系的亲密程度，请在表格中填入数字 1～10，10 表示关系最亲密，1 表示关系最疏远。（后测）

编　号	姓　名	最密切 10　　最疏远 1
1	WJN	
2	WQX	
3	HX	
4	ZZT	
5	WFY	
6	WN	
7	WYF	
8	RSQ	
9	LJ	
10	LY	
11	WMX	
12	LTT	
13	XMJ	

续表

编　号	姓　名	最密切 10　最疏远 1
14	ZML	
15	LGC	
16	WXL	
17	CYT	
18	ZXT	
19	DY	
20	JDJ	
21	HHT	
22	YB	
23	ZTT	
24	RF	
25	LYT	
26	WY	
27	GWW	
28	DDH	
29	GQF	
30	LY	

附录E：混合式课堂学习中技术应用情况观察记录表

课程名称：_____ 课程内容：_____

周　　次：_____ 日　　期：_____年___月___日

组　别	成员	课堂情形					
		观察次数	1	2	3	4	5
第一组	WJN						
	WQX						
	QXL						
	HHT						
	WY						
	YB						
第二组	HX						
	WYF						
	CYT						
	GQF						
	WMX						
	XMJ						
第三组	ZZT						
	RSQ						
	WN						
	LGC						
	LYT						
	ZXT						
第四组	WFY						
	LJ						
	DDH						
	JSJ						
	ZML						
	LY						

续表

组　别	成员	课堂情形					
		观察次数	1	2	3	4	5
第五组	LY						
	DY						
	LTT						
	GWW						
	ZTT						
	RF						
记录标记	（1）课堂情境：　1=教师讲授　2=小组讨论　3=汇报展示　4=其他（　　　　） （2）使用情况：　X1=没有使用（不标记）　X2=无目的使用　　　X3=非学习使用 　　　　　　　　　L1=使用辅助功能　　　　L2=搜索阅读信息　　L3=查阅预置信息 　　　　　　　　　H1=课内信息交流　　　　H2=组间互评绩效　　H3=制作发布作品 （3）其他情况：　X=缺勤　X0=游离教学之外（走神、非课程相关学习）						

附录 F：每一轮实践活动的总结反思表

第一轮　总结与反思

你的姓名

同学你好！本学期已经过去三分之一了，今天将针对《教学技能训练》这门课程的开展情况进行一些总结与反思。我们会对每位同学数据做好保密工作，所以希望大家尽量客观地、不要有所顾虑地填写。谢谢大家！

一、打分活动（所有项目请按 10 分制打分，最高得分为 10 分，最低得分为 1 分）

1.对本组成员打分						
	成员 1	成员 2	成员 3	成员 4	成员 5	成员 6
网络活动参与程度						
课堂讨论参与程度						
对小组作品的贡献程度						
与你关系的亲密程度						
2.对其他小组打分						
	1组		2组	3组	4组	5组
小组综合表现得分						

二、回忆活动

在本学期《教学技能训练》课程的学习中，我们都将采取"网络活动+课堂讨论+老师讲授+小组协作"的方式开展具体教学。请同学们回忆一下近几周所经历的这种新型学习方式，让你最为受益的、感受最深的一两件事情是什么？请举例详细说明。

事件一：

事件二：

三、反思活动

以后的课程还会以"网络活动+课堂讨论+老师讲授+小组协作"的方式开展，你认为你们小组在下一阶段的学习中最需要改进的一个方面是什么？（请写背面）